창업에서 각종 정부지원정책으로

소상공인!
이렇게 생존합시다!

편저 프랜차이즈창업연구회
법률감수 김태구 변호사

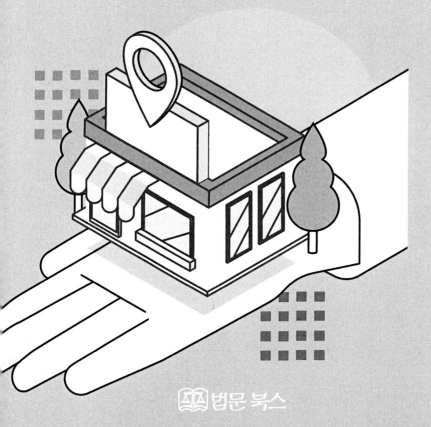

법문 북스

창업에서 각종 정부지원정책으로

소상공인!
이렇게 생존합시다!

편저 프랜차이즈창업연구회
법률감수 김태구 변호사

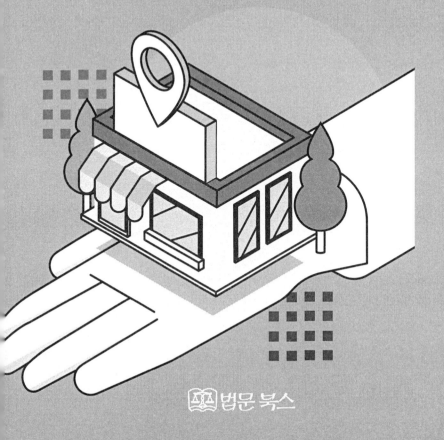

법문 북스

머리말

고려·조선 시대의 직업에 따른 사회계급으로 사농공상(士農工商)이 있었듯이, 지속적으로 사회가 발전되면서 현대사회를 형성하기 위하여 끊임없이 다른 사람과 상호작용을 하고 공동으로 협동하여 생활하게 되었습니다. 20세기를 지나고 21세기를 맞이하면서 산업사회의 급격한 발전과 변화로 다양한 직업이 필요하게 되어 이에 발맞추어 여러 가지 직업이 생기고 소멸되는 현상이 반복되고 있습니다.

직업 분화가 심화되지 않았던 옛날의 농경사회에서는 오늘날과 같은 상업시장이 세분화 되어 있지 않았으며, 다양한 제품들이 생산되지 않아 유통시장도 복잡하거나 다양하지 못했습니다. 오늘날 여러 직업군이 형성되면서 소상공인이 무려 7백만명에 달하고 있으며, 업종도 새롭게 탄생하고 세분화되어 이들에게 주어지는 각종 규제와 혜택 및 지원도 매우 많아지고 있는 실정입니다.

이에 소상공인 영역을 경제정책의 독립 분야로 보고 이들에게 특화된 기본법을 제정함으로써 소상공인의 법적 지위와 권리를 보장하고, 소상공인 정책의 통일성, 체계성과 지속성을 확보하며, 이를 통해 소상공인의 지속가능한 성장과 경영안정, 사회적·경제적 지위향상 및 고용안정에 이바지하려는 목적으로 「소상공인기본법」이 제정되었습니다.

이 법에서 소상공인이란 광업, 제조업, 건설업 및 운수업의 경우 상시 근로자 수 10명 미만, 그 밖의 업종은 상시 근로자 수 5명 미만의 사업자를 말한다고 규정하고 있습니다.

이 책에서는 소상공인에게 지원되는 다양한 각종 지원제도와 창업을 위한 절차, 경영에 대한 자세한 노하우와 음식점 운영자가 꼭 알아 두어야 할 사항과 지원제도를 알기 쉽게 체계적으로 정리하였습니다. 이러한 자료들은 법제처의 생활법령과 중소벤처기업부, 소상공인시장진흥공단, 한국소비자원의 홈 페이지를 참고하였으며, 이를 종합적으로 정리, 분석하여 누구나 이해하기 쉽게 편집하였습니다,

  이 책이 소상공인으로 창업하려는 분과 현재 소상공인으로 사업하시며 코로나19 때문에 경영에 어려움에 처해 있는 모든 분들에게 큰 도움이 되리라 믿으며, 열악한 출판시장임에도 불구하고 흔쾌히 출간에 응해 주신 법문북스 김현호 대표에게 감사를 드립니다.

2022. 01.
편저자

||| 목 차 |||

제1편 소상공인
제1장 소상공인은 어떤 요건을 갖추어야 하나요?
§. 소상공인 지원 한 눈에 보기

제2장 소상공인의 창업은 어떤 절차로 하나요?

§. 창업절차

§. 창업지원

제3장 소상공인 운영단계에서는 어떤 지원을 받을 수 있나요?

§. 운영준수사항

§. 운영지원

제4장 소상공인 폐업이후에도 지원이 있나요?

제5장 소상공인과 자영업자가 묻고 정부가 답하다.

제2편 음식점 운영자
제1장 음식점 운영관리에 유의할 점은 무엇이 있을까요?

§. 운영시 준수사항

§. 고객과의 분쟁 해결

§. 모범업소 지정 및 지원

제2장 식품관리에는 어떤 점에 유의해야 하나요?

§. 식품의 위생관리

§. 원산지 표시의무

제3장 점포관리는 어떤 점에 유의해야 하나요?

§. 시설관리 시 준수사항

§. 임대차계약의 관리

제4장 종업원 관리에 유의할 점은 무엇인가요?

§. 종업원 채용

§. 종업원의 위생관리

제5장 어떤 종류의 세금을 납부해야 하나요?

제6장 영업사항의 변경 및 폐업 등에는 어떤 조치를 해야 하나요?

§. 영업사항의 변경

§. 휴업 및 폐업신고

부록 : 관련법령

제1편

소상공인

제1장
소상공인은 어떤 요건을 갖추어야 하나요?

§. 소상공인 지원 한 눈에 보기

1. "소상공인"이란?

"소상공인"이란 「중소기업기본법」 제2조제2항에 따른 소기업(小企業) 중 다음의 요건을 모두 갖춘 자를 말합니다(소상공인 보호 및 지원에 관한 법률 제2조, 소상공인 기본법 제2조제1항 및 소상공인 기본법 시행령 제3조제1항).

1) 상시 근로자 수가 10명 미만일 것
2) 업종별 상시 근로자 수 등이 다음의 어느 하나에 해당할 것
 - 광업·제조업·건설업 및 운수업 : 10명 미만
 - 광업·제조업·건설업 및 운수업 외의 업종 : 5명 미만

2. 소상공인 손실보상제도 시행

2-1. 시행목적

정부 방역조치로 인해 2021년 7월 7일부터 9월 30일까지 발생한 소기업의 손실을 피해 규모에 비례하여 맞춤형으로 보상하려는데 그 시행목적이 있습니다.

2-2. 지원대상

① (기간) 2021년 7월 7일부터 9월 30일 동안 집합금지· 영업시간 제한 조치를 이행하여 경영상 심각한 손실이 발생한 「중소기업기본법」상 소기업이 지원대상입니다. 「소상공인 보호 및 지원에관한 법률」(이하 「소상공인법」) 개정·공포일('21.7.7.) 이후 발생한 손실부터 보상하도록 부칙에 명기되어 있습니다.

② (방역조치) 중앙재난안전대책본부 또는 지방자치단체가 감염병예방 및 관리에 관한 법률」(이하 「감염병예방법」) 제49조제1항제2호에 따라 발령한 집합금지 또는 영업시간제한 조치를 말하며, 그 외의 방역조치는 「감염병예방법」 제49조제1항제2호에 따른 조치에 해당하지 않습니다.

(예시) ▲면적당 인원 제한, ▲수용인원 제한, ▲시설 일부 사용 제한, ▲사적 모임 제한, ▲다중이용시설 기본 방역수칙 등

③ (손실) 영업이익 감소(국세청 과세자료 등으로 확인)

④ (규모) 「중소기업기본법」 및 동법 시행령에 따른 업종별 소기업 요건을 충족한 다음의 대상시설을 말합니다.

방역 조치	사회적 거리두기 단계		
	2단계	3단계	4단계
집합 금지			■ 유흥·단란주점 ■ 클럽·나이트 ■ 감성주점 ■ 헌팅포차 ■ 콜라텍·무도장 ■ 홀덤펍·홀덤게임장 ※ 사회적 거리두기 2~3단계 시 영업시간 제한 적용
영업 시간 제한	■ 식당·카페 ■ 노래연습장	■ 식당·카페 ■ 노래연습장 ■ 직접판매 홍보관 ■ 목욕장 ■ 수영장	■ 식당·카페 ■ 노래연습장 ■ 직접판매홍보관 ■ 목욕장 ■ 수영장 ■ 실내체육시설 ■ 학원 ■ 영화관·공연장 ■ 독서실·스터디카페 ■ 놀이공원 ■ 워터파크 ■ 오락실·멀티방 ■ 상점·마트·백화점(300㎡ 이상) ■ PC방 ■ 카지노 ■ 이·미용업 (21.7.7일~8.8일만 해당)

※ 실제 손실보상 대상 시설 여부는 사회적 거리두기 단계 및 지방자치단체별로 상이할 수 있습니다.

2-3. 지급 기준

□ (산정방식) 개별업체 손실규모에 비례한 맞춤형 보상금을
   산정합니다.

> ◆ 손실보상금 = 일평균 손실액 × 방역조치 이행일수 × 보정률

< 손실보상금 기본 산식 >

일평균 손실액(천원*)
2019년 대비 2021년 동월의 일평균 매출감소액 × (2019년 영업이익률 + 2019년 매출액 대비 인건비 비중** + 2019년 매출액 대비 임차료 비중)

× 방역조치 이행일수(일) × 보정률(80%)

  * 보상금액은 천원 단위로 절상
 ** 코로나19에 따른 고용 인원 축소 여부와 관계없이
     '19년 매출액 대비 인건비 비중을 100% 반영

① 일평균 손실액

□ 기본 원칙 : 일평균 매출감소액('19년 대비 '21년)에 영업이익률
   ('19년) 및 매출액 대비 인건비·임차료 비중('19년)을 반영합니다.

  ○ (일평균 매출감소액) 월별 과세인프라매출액(이하 인프라
     매출액)* 감소분('19년 대비 '21년)을 해당 월의 일(日)수로
     나눈 값

    * ▲현금영수증 결제금액, ▲신용카드 결제금액, ▲전자세금
       계산서발급액, ▲전자지급거래액, ▲전자계산서 발급액

  ※ 인프라매출액에서 누락되는 현금매출을 반영하기 위해 부가
     가치세 신고매출액(이하 부가세매출액)도 활용

○ (영업이익률) 매출액('19년) 중 영업이익('19년)의 비중

○ (인건비·임차료 비중) 매출액('19년) 중 인건비와 임차료 ('19년)의 비중

＊ 고정비 중 소상공인 부담이 가장 큰 인건비·임차료 비율을 보상금 산정 시 100% 반영

□ 세부 산정방식

① (일평균 매출감소액) 코로나19 발생 이전인 '19년도 월 인프라매출액을 기준으로, '21년 동월 인프라매출액과 비교하여 산출합니다.

－ 월 인프라매출액은 개업일이 속한 달의 다음 달 자료부터 적용

－ 최근에 개업하여 '19년 인프라매출액이 없는 경우, 계절적 요인을 반영하기 위해 '20년 또는 '21년 동월 인프라매출액으로 '19년 인프라매출액 추정

－ 인프라매출액에서 누락되는 현금매출을 반영하기 위해 부가세 매출액을 활용하여 보정

◈ 일평균 매출감소액 :

('19년 월 매출액 － '21년 월 매출액) ×

$\dfrac{\text{'19년 부가세매출액}}{\text{'19년 인프라매출액}}$ ÷ 해당 월의 일 수

< 예외적인 경우 >
◇ '19년 7~9월 중 개업하여 '19년 인프라매출액을 반영하는 것이 적합하지 않은 경우
 * (예시 : '19.7.22. 개업 시 '19.7월 매출 발생 일수는 최대 10일에 불과)

☞ 개업일이 속한 달에 대해서는 '20년 동월 인프라매출액 활용
☞ 해당 시설의 '20년 대비 '19년 동월 평균 인프라매출액을 활용하여 '19년 동월 인프라매출액을 추정
 * (예시) '19.7월 매출액 = '20.7월 인프라매출액 × $\dfrac{\text{'19.7. 시설평균인프라매출액}}{\text{'20.7. 시설평균인프라매출액}}$

◇ '19년 1월 ~ '21년 9월 동안의 인프라매출액이 전부 없는 경우
◇ 방역조치 이외의 사유로 '19년~'21년의 7~9월 인프라매출액만 없는 경우
 * (예시 : 사업장 공사, 계절적 요인, 쇼핑몰 팝업스토어 입점 등)
☞ 부가세매출액 및 시설평균매출감소율을 활용하여 추정 (단, 부가세매출액도 없으면 미지급)
 * (예시) '18년 이전 개업자 : $\dfrac{\text{'19.부가세매출액}}{365}$ × 시설평균매출감소율('19년 대비 '21년)

'19년~'20년 개업자 : '20 부가세매출액 × $\dfrac{\text{영업한 일수}}{}$

$\dfrac{\text{'19.시설평균부가세매출액}}{\text{'20 시설평균부가세매출액}}$ ×시설평균매출감소율('19년대비'21년)

◇ 보상 대상인 달('21년 7~9월)과 개업일이 속한 달이 일치
  하는 경우
  * (예시 : '21.7월 개업자의 '21.7월 보상금 산정)
☞ 개업일이 속한 달의 인프라매출액 활용

◇ '20년 7월 이후 개업하였고, '19년 인프라매출액의 시설
  평균값과 '20년~'21년 인프라매출액의 시설평균값이 일치
  하는 경우
  * (예시 : '21.7월 인프라매출액× $\frac{\text{'19.7. 시설평균인프라매출액}}{\text{'21.7 시설평균인프라매출액}}$
 ='21.7월 인프라매출액)
☞ '21년 4~6월 평균인프라매출액으로 '19년 7~9월 인프라
  매출액 대체

② (영업이익률, 인건비·임차료 비중) 개별 사업장의 종합소득세,
  법인세 신고자료로 산출하되 신고자료가 없는 경우('21년 개업,
  단순경비율 대상자 등)는 업종·시설별 평균값*을 적용합니다.
  * 평균값 산출 자료 : (영업이익률) '19년 귀속 경비율 고시
  (국세청) (인건비·임차료 비중) '19년 서비스업 조사(통계청)
  − 매출액에서 비용을 차감한 금액을 영업이익으로 산출하고,
   해당금액이 매출액에서 차지하는 비중을 영업이익률로 산정

기장(記帳) 유형	영업이익 산출 방법
복식부기 의무자	(영업이익)=(매출액)−{(매출원가)+(판매비와관리비)}
간편장부 대상자	(영업이익)=(총수입금액)−(필요경비)
기준경비율 대상자	(영업이익)=(총수입금액)−{(주요경비)+(기준경비)}
단순경비율 대상자	(영업이익)=(총수입금액)−(단순경비)

- 2019년 자료 적용을 원칙으로 하되, 개업 시점에 따라 부적합한 경우에는 2020년 또는 업종·시설별 평균값 적용

개업 시점	적용 자료
~'18.12.31.	2019년 귀속 종합소득세, 법인세 신고자료
'19.1.1.~' 20.12.31.	2020년 귀속 종합소득세, 법인세 신고자료
'21.1.1.~' 21.9.30.	2019년 귀속 경비율 고시(국세청) 및 2019년 서비스업 조사(통계청) ※ 개업한 날이 속한 달부터 9월까지의 자료로 대체 가능

2-4. 방역조치 이행일수

□ 사업장별로 '21.7.7.~'21.9.30. 동안 집합금지 또는 영업시간 제한조치를 실제로 이행한 일(日)수를 말합니다.

○ (일반사업자) 해당 사업장에 방역조치를 발령한 시·군·구가 방역조치 행정명령을 이행하였음을 확인한 기간으로 산정

○ (폐업자) 「부가가치세법」 제8조제7항에 따라 국세청에 폐업 신고를 한 경우, 해당 기간을 제외하고 산정

○ (방역조치 위반자) 집합금지·영업시간 제한 조치를 위반한 일(日)수 및 「감염병예방법」 제49조제3항*에 따른 운영 중단·시설폐쇄 기간을 제외하고 산정

* 「감염병예방법」 제49조제1항제2호의2의 조치 위반시, 해당 장소나 시설의 폐쇄를 명하거나 3개월 이내의 기간을 정하여 운영의 중단을 명할 수 있음.

2-5. 보정률

□ 손실액의 80%

※ 코로나19 장기화로 인해 전 국민과 모든 업종들이 피해와 고통을 겪는 점 등을 고려하여 손실보상 심의위원회에서 80%로 의결하였습니다.

2-6. 보상금액의 상·하한

□ (상한액) 분기 1억원 / (하한액) 분기 10만원

○ 최종 산정된 손실보상금 합계가 상한액을 초과하면 상한액을 지급하고, 하한액 미만이면 하한액을 지급합니다.

2-7. 신청방법 및 절차

중소벤처기업부 공고 제2021-564호(2021.10.26.)를 참고하시기 바랍니다.

2-8. 손실보상제도에 관한 중요한 Q&A

Q 소상공인 손실보상제도의 의미는?

A ① 소상공인 손실보상제도는 소상공인 재난지원금과 달리 집합금지·영업시간제한 방역조치를 이행한 소상공인에게 예측가능한 보상제도가 마련되었다는 점에서 큰 의미가 있습니다.

② 또한, 소상공인 재난지원금은 일정 구간별 정액을 지급해 온 반면, 업체별 손실규모에 비례한 맞춤형 보상금을 산정한다는 점이 가장 큰 특징이라 할 수 있습니다.

Q 소기업 기준은 어떻게 되는지요?

A
① 소기업은 상시근로자 수와는 무관히 연 매출액으로 판단합니다.

② 소기업 기준 매출액은 「중소기업기본법 시행령」 별표3에 따라, 숙박·음식점업은 10억원 이하, 예술·스포츠·여가 관련 서비스업은 30억원 이하, 도·소매업은 50억원 이하 등 업종에 따라 상이합니다.
  * (10억원 이하) 숙박 및 음식점업, 교육 서비스업 등
    (30억원 이하) 예술·스포츠 및 여가 관련 서비스업, 전문·과학 및 기술 서비스업 등
    (50억원 이하) 도매 및 소매업, 정보통신업 등
    (80억원 이하) 운수 및 창고업, 건설업, 광·농·임·어업, 섬유제품 제조업 등
    (120억원 이하) 식료품·음료 제조업, 금속가공제품 제조업, 전기장비 제조업 등

Q 영업시간제한을 받은 대형마트에 입점한 옷가게는 손실보상을 받을 수 있는지요?

A ① 해당 사업체가 속한 시설에 대해 집합금지·영업시간제한 조치가 발령되었을 경우, 시설 내에 입점하여 물리적 공간을 구성하고 있는 사업체는 확인보상 대상입니다.

② 확인보상 신청 시 지자체에서 발급받은 시설분류확인서를 제출하면 지방청 확인 후 보상금을 받으실 수 있습니다.

Q 일평균 매출감소액과 일평균 손실액은 어떻게 다른지요?

A ① 일평균 손실액은 일평균 매출감소액에 영업이익률과 매출액 대비 인건비·임차료의 합을 곱해서 산정합니다.

② 정상적으로 영업을 하셨을 경우와 비교하여 산정된 순수익의 감소분으로, 매출감소액과 차이가 있습니다.

Q 배달플랫폼을 통한 매출도 고려되는지요?

A ① 과세인프라 매출액*에 플랫폼을 통한 매출액(전자지급결제액)도 반영하여 보상금을 산정합니다.

 * 현금영수증 결제금액, 신용카드 결제금액, 전자세금계산서발급액, 전자지급거래액, 전자계산서 발급액

Q

고정비는 다 반영되는지요?

A

① 고정비 중 소상공인들의 부담이 가장 큰 항목인, 매출액 대비 인건비**·임차료 비중을 손실보상 산정(일평균 손실액)에 반영합니다.

 * 급여 + 퇴직급여 + 복리후생비, 코로나19에 따른 고용 인원 축소 여부와 관계없이 '19년의 매출액 대비 인건비 비중을 100% 반영

 ** 임차료·인건비와 달리 전기료, 광고선전비, 설비비 등은 경영환경에 따라 비용이 증감하는 변동비 성격이 강한 점 고려

Q

종합소득세 신고를 안하는 영세 자영업자의 경우, 영업이익률과 고정비 비중은 어떻게 계산되는지요?

A

① 영세 자영업자 등 단순경비율 대상자는 국세청·통계청 자료를 활용하여 영업이익률과 고정비 비중을 산정합니다.

② 영업이익률은 국세청의 「19년 귀속 경비율 고시」를, 고정비(인건비, 임차료) 비중은 통계청의 『19년 서비스업 조사 보고서」를 활용합니다.

Q '19년 7월에 개업하여 개업한 일이 속한 월 매출이 크지 않은 경우, 보상액 산정에 불리한 것 아닌지요?

A

① '19년 7월에 개업하신 경우, 계절적 요인을 고려하여 '20년 7월 인프라 매출액을 토대로 '19년 7월 매출액을 추정합니다.

② '20년 7월 과세인프라 매출액에 해당 사업체가 속한 시설 전체의 '20년 7월 대비 '19년 7월 과세인프라 매출액 비율을 곱하여 추정합니다.

Q '19년 자료가 없는 '20년 또는 '21년 개업자 보상액 산정은?

A

① '20년 또는 '21년에 개업하신 경우 '19년 과세인프라 매출액을 추정하여 보상액을 산정합니다.

② 개업일이 속한 연도의 과세인프라 매출액에 해당 사업체가 속한 시설 전체의 '20년 또는 '21년 7·8·9월 대비 '19년 7·8·9월 과세인프라매출액 비율을 곱하여 추정합니다.

Q 보정률을 80%로 설정한 이유는?

A
① 코로나19 장기화로 인해 전국민, 모든 업종이 함께 피해와 고통을 겪고 있는 점 등을 고려하여 심의위원회에서 80%로 결정하였습니다.

② 영업이익 감소의 80%는 방역조치 이행에 따른 영향으로, 나머지 20%는 코로나19에 의한 경기위축 등의 영향으로 분석하였습니다.

Q 다수사업장을 운영하는 경우 어떻게 산정되는지요?

A
손실보상은 대상이 되는 사업장별(개별 사업자등록번호)로 보상금을 산정하여 지급할 예정입니다.

Q 방역조치를 위반한 경우 어떻게 되는지요?

A
① 방역조치를 위반한 사업체는 보상금의 일부 또는 전부를 감액하여 지급하며, 이미 지급되었을 경우 감액산정된 금액에서 초과된 보상금에 대해 환수 절차를 진행합니다.

② 방역조치 위반일·운영중단 기간에 해당하는 일수는 보상액 산정에서 제외*하고, 위반 횟수에 따라 최종 보상금의 일정 비율을 감액합니다.

  * 월 매출액 및 방역조치 이행기간에서 차감

Q 손실보상금의 상·하한액은?

A 분기별 보상금액의 상한은 1억원, 하한은 10만원으로 손실보상 심의위원회에서 의결하였습니다.

Q 손실보상은 언제 어디에서 어떻게 신청 가능한지요?

A

□ 온라인·오프라인으로 모두 신청이 가능합니다.
  * 신속보상금에 부동의한 경우, 지방자치단체 시설분류 확인이 필요한 경우 등

① 신속보상의 경우, 온라인으로는 10월 27일부터, 오프라인으로는 11월 3일부터 신청할 수 있습니다.
  - 온라인 신청은 "소상공인손실보상.kr"에서 사업자등록번호 입력 및 본인인증 후 별도 서류제출 없이 신청할 수 있으며,
  - 오프라인 신청은 손실보상신청서*를 사업장 소재지 관할 시·군·구청에 제출하여 신청할 수 있습니다.
  * 「소상공인 보호 및 지원에 관한 법률 시행규칙」 별지 제1호 서식

② 확인보상의 경우, 온라인으로는 10월 27일부터, 오프라인으로는 11월 10일부터 신청할 수 있습니다.
  - 온라인 신청은 "소상공인손실보상.kr"에서 사업자등록번호 입력 및 본인인증 후 필요한 증빙서류를 업로드하여 신청할 수 있습니다.
  - 오프라인 신청은 필요한 증빙서류와 확인보상신청서*를 사업장 소재지 관할 시·군·구청에 제출하여 신청할 수 있습니다.
  * 「2021년 3분기 소상공인 손실보상 기준 등에 관한 고시(안)」 별지 제1호 서식

Q

신속보상과 확인보상의 차이는?

A

① 신속보상은 국세청·지자체 등의 행정자료*로 보상금을 사전 산정, 서류제출 없이 신청과 동시에 빠르게 지급하는 지급절차입니다.

  * 지자체 → 각 지역별 방역조치 시설명단, 국세청 → 과세자료

  \- 보상금 산정·심의 과정이 필요하지 않아, 신청 당일~2일 이내 지급이 가능합니다.

② 확인보상은 신속보상에서 산정된 보상금에 동의하지 않는 경우 증빙자료제출 등으로 보상금을 재산정하는 지급절차입니다.

  \- 증빙서류에 대한 심사가 필요하고, 심의위원회 의결을 거쳐야 하므로 신청 이후 지급까지 다소 시간이 소요될 수 있습니다.

Q

이의신청은 언제 어디에서 어떻게 신청 가능한지요?

A

□ 이의신청은 확인보상을 신청하여 재산정된 보상금이 지급된 이후, 확인보상 결과를 통지받은 날로부터 30일 이내에 온·오프라인으로 신청할 수 있습니다.

  ○ 온라인의 경우, "소상공인손실보상.kr"에서 사업자등록번호 입력 및 본인인증 후, 필요한 추가 증빙서류를 업로드하여 신청합니다.

  ○ 오프라인의 경우, 필요한 추가 증빙서류와 이의신청서*를 사업장 소재지 관할 시·군·구청에 제출하여 신청해야 합니다.

   * 「2021년 3분기 소상공인 손실보상 기준 등에 관한 고시(안)」 별지 제2호 서식

3. 소상공인시장진흥공단의 지원

이 외에도 소상공인시장진흥공단(www.semas.or.kr)에서는 소상공인 희망회복자금, 소상공인재도전 장려금, 정책자금을 신청에 의해 해당 소상공인에게 지급하고 있습니다.

4. 소상공인 육성을 위한 국가지원

4-1. 소상공인 지원계획의 수립·시행

① 정부는 소상공인의 보호·육성을 지원하기 위해 3년마다 다음의 사항이 포함된 소상공인 지원 기본계획(이하 "기본계획"이라 함) 을 수립·시행해야 합니다(소상공인기본법 제7조제1항 및 제3항).

1) 소상공인 지원정책의 기본방향

2) 소상공인 현황 및 여건, 전망에 관한 사항

3) 소상공인 보호를 위한 시책에 관한 사항

4) 소상공인 창업, 혁신 및 육성을 위한 시책에 관한 사항

5) 그 밖에 소상공인의 보호·육성을 지원하기 위하여 필요한 사항

② 기본계획을 수립하거나 변경하는 경우에는 국무회의의 심의를 거쳐야 합니다. 다만, 다음의 경미한 사항을 변경하는 경우에는 국무회의의 심의를 거치지 않습니다(소상공인기본법 제7조제2항 및 소상공인기본법 시행령 제6조).

1) 소상공인 보호 및 지원사업의 명칭을 변경하는 경우

2) 기본계획의 기간 내에서 사업별 사업기간을 변경하는 경우

3) 계산 착오, 오기, 누락을 수정하는 경우

③ 정부는 기본계획에 따라 매년 정부와 지방자치단체가 소상 공인을 보호·육성하기 위하여 추진할 소상공인 지원 시행계획 (이하 "시행계획"이라 한다)을 수립하여 관련 예산과 함께 3월

까지 국회에 제출해야 합니다(소상공인기본법 제8조제1항).

④ 특별시장·광역시장·특별자치시장·도지사 및 특별자치도지사(이하 "시·도지사"라 함)는 기본계획에 따라 매년 관할 지역의 특성을 고려한 지역별 소상공인 지원 시행계획(이하 "지역별 시행계획"이라 함)을 수립·시행해야 합니다(소상공인기본법 제8조제2항).

⑤ 중소벤처기업부장관은 전년도 시행계획의 실적과 성과를 평가하고, 그 평가결과를 반영하여 소상공인 정책에 관한 연차보고서를 정기국회 개회 전까지 국회에 제출해야 합니다(소상공인기본법 제8조제4항).

⑥ 시행계획을 수립하는 중앙행정기관의 장과 성과평가를 실시하는 중소벤처기업부장관은 필요한 경우 관계 중앙행정기관과 지방자치단체의 장에게 협조를 요청할 수 있습니다. 이 경우 요청을 받은 자는 특별한 사유가 없으면 그 요청에 따라야 합니다(소상공인기본법 제8조제5항).

4-2. 실태조사 및 통계작성

① 중소벤처기업부장관은 소상공인 보호·육성에 필요한 시책을 효율적으로 수립·시행하기 위하여 매년 다음의 사항이 포함된 실태조사를 실시하고 그 결과를 공표해야 합니다(소상공인기본법 제9조제1항 및 소상공인기본법 시행령 제8조제1항).

1) 업종별·지역별·성별 소상공인의 현황
2) 소상공인 창업의 현황
3) 소상공인의 매출액, 영업시간, 고용 등 경영실태
4) 소상공인의 사업전환(소상공인이 운영하던 사업을 그만두고 새로운 사업을 운영하는 것을 말함) 실태
5) 그 밖에 기본계획과 시행계획의 효율적인 수립·시행을 위하여 필요한 사항

② 중소벤처기업부장관은 실태조사 등을 참고하여 소상공인에 관한 통계를 작성·관리하고 공표해야 하며, 필요한 경우 통계청장과 협의할 수 있습니다(소상공인기본법 제9조제2항).

③ 중소벤처기업부장관은 실태조사 및 통계의 작성·관리를 위하여 필요한 때에는 관계 중앙행정기관의 장, 시·도지사, 공공기관의 장, 소상공인 또는 소상공인 관련 단체에 자료 또는 의견 제출을 요청할 수 있습니다. 이 경우 요청을 받은 자는 특별한 사유가 없으면 그 요청에 따라야 합니다(소상공인기본법 제9조제3항).

④ 중소벤처기업부장관은 실태조사 및 통계의 작성·관리 업무를 전문연구평가기관 또는 소상공인시장진흥공단에 위탁할 수 있습니다(소상공인기본법 제9조제4항).

5. 소상공인 창업-성장-재기 지원 알아보기

사업명	개 요	예산 (억원)	지원 규모	지원대상	사업 공고
신사업 창업 사관학교	신사업 등 유망 아이디어와 아이템 등을 기반으로 창업하려는 예비창업자를 선발하여 창업교육, 온·오프라인 점포경영체험 및 멘토링, 사업화 자금 등 지원	189.5	500명	신사업 등 유망 분야 예비창업자	(13기) 1월 (14기) 5월
생활혁신형 창업지원	생활 속 아이디어를 적용하여 성공 가능성이 있는 생활혁신형 창업자에 성공불융자 지원	5.18	1,000명 내외	신사업 분야 예비창업자	2월
소상공인 온라인판로 지원	소상공인 온라인 역량강화, 기반마련, 진출지원 등 온라인판로지원	762	5만개사 내외	소상공인	2월
스마트 슈퍼 확산	동네슈퍼가 비대면 소비확산 등 유통환경 변화에 대응해 경쟁력을 높일 수 있도록 스마트 슈퍼 구축에 필요한 장비·기술 도입 등을 지원	67	800개	동네슈퍼	1월
중소슈퍼 협업화	중소슈퍼에 공동세일전 등 공동마케팅, 상품배송 등 공동사업 활성화 지원	17	2개 내외	슈퍼조합 (연합회)	2월
상생협력 프랜차이즈 육성	가맹점과 상생협력 하는 프랜차이즈 가맹본부를 대상으로 브랜드 홍보, 해외진출 등 맞춤 지원	11	12개 내외	소상공인 중소 가맹본부	2월
이익공유형 사업화 지원	성공CEO가 노하우를 소상공인에게 전수하고 성과 향상시 이익 일부 공유	27	70곳	소상공인	3월
소상공인	소상공인간 협업 및 공동사업	165.7	300여개	(예비)소상공인	2월

협업 활성화	지원을 통해 소상공인의 경쟁력을 제공		내외	협동조합	
소상공인 경영교육	예비창업자 및 소상공인이 경영/기술 환경 변화에 대처할 수 있도록 전문기술교육/경영개선교육 지원	108.6	21,000명	소상공인 및 예비창업자	1월
소상공인 역량강화	소상공인 경영역량 강화를 위한 컨설팅 제공, 경영애로 소상공인에게 경영환경개선 등 맞춤형 연계 지원	80	5,000개 내외	소상공인 및 예비창업자	2월
백년가게 및 백년소공인 육성	오랜 경험과 노하우를 가진 우수 소상공인을 발굴하여 백년이상 존속·성장할 수 있도록 지원 및 성공모델 확산	58.5	700개 내외	백년가게 백년소공인	2월
소상공인 자영업자를 위한 생활혁신형 기술개발	소상공인을 위한 BM기획 및 개발지원과 소상공인이 즉시 활용할 수 있는 기술개발지원	39.6	69개사	소상공인 중소기업	3월
소상공인 스마트 상점기술보급	소상공인 점포가 밀집된 상권을 스마트상가로 지정, 스마트기술 도입 지원	220	스마트상 가 100곳	소상공인 (상점가)	3월
희망리턴 패키지	소상공인의 폐업 부담을 완화하고, 신속한 재기를 위해 사업정리컨설팅, 점포철거, 법률자문, 차·재창업 교육 등 지원	691	37,000건	폐업(예정) 소상공인	2월
1인 자영업자 고용·보험료 지원	'자영업자 고용·보험'기준보수 1~4등급에 가입한 1인 자영업자에게 보험료 일부(30~50%) 지원	26	13,000명	1인 자영업자	2월

[출처: 『2021년 소상공인 지원사업 통합 공고』(중소벤처기업부 공고 2020-615호, 2020. 12. 31. 발령·시행) 2쪽 참조]

6. 노란우산공제(소기업·소상공인 공제부금)

6-1. 도입배경

① 노란우산공제 제도가 생겨난 배경은 소기업 소상공인의 사회 안 전망 구축의 필요에 의한 것으로 노동법이 근로자들의 퇴직금을 보 장하는 것과도 맥락을 같이 합니다. 근로자들의 경우 퇴직금은 사 업주(고용주)가 마련해 주어야 하지만, 사업주 자신의 퇴직금은 정작 자신이 저축해서 모으는 것 외에 다른 대안은 없습니다. 그래서 정부는 사업주가 노란우산공제에 가입하여 자기 퇴직금을 저축하도록 장려하 기 위해 여러가지 혜택을 주고 있으며 이러한 혜택들은 법령에 근거 를 두고 있습니다.

② 중소기업협동조합중앙회는 소기업과 소상공인이 폐업이나 노 령 등의 생계위협으로부터 생활의 안정을 기하고 사업재기의 기 회를 제공받을 수 있도록 소기업과 소상공인을 위한 공제사 업을 관리 운영합니다(중소기업협동조합법 제115조).

③ 거주자가 가입하여 납부하는 공제부금에 대해서는 해당 연도의 공제부금 납부액과 다음 각 호의 구분에 따른 금액 중 적은 금액을 해당 연도의 사업소득금액에서 공제합니다(조세특례제한법 제86조 의3).

1) 해당 과세연도의 사업소득금액이 4천만원 이하인 경우 : 500만원
2) 해당 과세연도의 사업소득금액이 4천만원 초과 1억원 이하 인 경우 : 300만원
3) 해당 과세연도의 사업소득금액이 1억원 초과인 경우 : 200만원

6-2. 현황

2007년 9월 노란우산공제 사업이 개시 된지 13년째인 2020년 2월 기준으로 누적가입자 수가 160만명에 달하였고 조성된 부금 총액이 15조원에 이릅니다.

6-3. 500만원 소득공제

노란우산공제 가입자가 110만명에 육박하는 이유는 납입부금에 대해 최대 연 500만원까지 소득공제를 받을수 있어서, 탁월한 절세전략으로 활용 할 수 있기 때문입니다.

6-3-1. 소득공제의 개념

① 일반적으로 한 해 1억원의 매출을 올리는 식당이 있습니다. 매출이 1억원이면 실제 버는 수입은 30%인 3천만원 정도로 추산합니다.

② 임대료, 인건비, 재료비 등의 비용을 빼고 남는 돈이 수입이기 때문입니다. 소득세를 신고할 때에 이 수입금액 3천만원을 그대로 신고한다면 수백만원의 세금이 부과될 것입니다.

③ 그러므로 가능한 한 각종 공제(부양가족, 의료비, 교육비, 국민연금 등등..)를 차감하고 더 이상 뺄 수 없이 남은 최종금액을 소득금액으로 신고하게 됩니다.

④ 이 최종적으로 신고하는 소득신고금액 중 1,200만원 이하까지는 6.6%의 세율을 곱해서 세금을 내야 하고, 1,200만원을 초과하는 부분에 대해서는 16.5%의 세율을 곱해서 세금을 내야 합니다.

6-3-2. 종합소득세율(지방세 포함)

과세표준(소득신고금액)	세율
1,200만원 이하	6.6%
1,200만원 − 4,600만원	15.6%
4,600만원 − 8,800만원	26.4%
8,800만원 − 1억5천만원	38.5%
1억5천만원 − 3억원	41.8%
3억원 − 5억원	44%
5억원 초과	46.2%

① 만일 소득신고금액이 1,700만원 이라면

1,200만원 × 6.6% = 792,000원

500만원 × 16.5 = 825,000원

도합 1,617,000원의 소득세를 부과 받게 됩니다.

그런데 지난 1년동안 500만원 이상을 노란우산공제에 적립했다면, 소득신고금액이 1700만원에서 500만원 차감되어 1,200만원이 됩니다. 결과적으로 825,000원의 세금을 덜 내도 되는 것입니다.

② 노란우산공제에 가입되어 있는 한 이런 방식으로 매년 절세할 수 있습니다.

6-3-3. 참고사항

소득수준에 따라 매년 소득공제 받는 범위가 다음과 같이 차별되어 있습니다.

1) 4000천만원 이하 : 연 500만원까지 소득공제
2) 40000만원부터 1억원까지 : 연 300만원까지 소득공제
3) 1억원 이상 : 연 200만원까지 소득공제

6-4. 부가사비스

① 소기업 소상공인들은 일반 직장인들이 누리고 있는 여러 가지 복지 혜택에서 소외되어 있습니다. 하지만, 전국 100만명에 육박하는 노란우산공제 가입자 들을 묶어 하나의 단체로 업체 들과 제휴를 맺어 할인된 가격으로 각종 서비스를 이용할 수 있게 되었습니다.

② 휴향시설
강원 알펜시아, 전국 한화, 대명, 켄싱턴, 일성, 금호리조트, 레이크힐스 등 전국 주요 관광지 80개의 리조트, 콘도 등을 할인된 가격에 이용할 수 있습니다.

③ 의료시설
서울아산병원, 삼성서울병원, 아주대, 연세대, 순천향대병원 등 전국의 주요 대학병원 29개와 전문검진센터 2곳에서 건강 검진을 저렴한 가격으로 이용할 수 있습니다.

④ 여행/렌트카
1,2위 여행종합기업인 하나투어와 모두투어는 노란우산공제 고객님에게 SM면세점 기프트카드 제공' 및 '지역별 과일/와인서비스', '문화-공연 상시 할인' 등 특별한 혜택과 다양한 프로모션을 제공해 드리고 있습니다. 롯데렌트카와 SK렌트카에서도 노란우산공제 고객들께 특별 우대 혜택을 드립니다.

⑤ 택배이용

2017년 6월부터 CJ대한통운과 업무제휴로 노란우산공제 가입자의 경우 보다 더 저렴한 가격으로 택배 이용이 가능합니다.

⑥ 단체상해보험 지원

노란우산공제는 불의의 사고로 상해를 입은 공제 고객에게 도움을 드립니다. 공제 고객 누구나 노란우산공제가 무상 지원하는 단체상해보험에 자동으로 가입되어 상해에 대해 보장받으실 수 있습니다.

※ 2011.06.30까지의 가입자는 계속 지원하며, 2011.07.01부터 가입자는 가입 후 2년간 지원합니다.

⑦ 복지몰

"복지몰"은 문화, 여행, 건강, 생활 및 온라인 최저가 쇼핑 등 다양한 서비스를 온라인을 통해 제공할 뿐만 아니라 고객님 회사의 상품을 서로 거래할 수 있는 직거래장터와 고객님 회사의 사업을 소개할 수 있는 홍보마당도 마련됩니다.

⑧ 경영지원단

법률, 세무, 노무, 지식재산, 회계 등 전문 분야의 서비스는 일반에 널리 제공되고 있으나, 소기업, 소상공인 등에게는 여전히 높은 문턱이 존재합니다. 마땅한 전문가를 찾기가 어렵거나, 막상 찾아가는 것이 부담스럽기도 하고, 비용이 많이 들까봐 걱정되기도 합니다. 일을 맡겨도 성실히 잘 처리해주지 않을 것 같아 불안하기도 합니다. 이에 우리 중소기업중앙회에서는 「소기업·소상공인 경영지원단」을 발족하여 소기업, 소상공인 등의 경영활동 과정에서 발생하는 문제에 대해 전문적이고 체계적인 상담, 자문 등의 서비스를 제공해드리고자 합니다.

6-5. 가입 전 필수지식

Q 노란우산의 만기는 언제입니까?

A 　소상공인들의 퇴직은 곧 폐업입니다. 소상공인을 위한 퇴직금 이라는 취지에 맞게 노란우산의 만기는 폐업입니다. 가입 후 1년 만에라도 폐업신고 후, 노란우산 공제금을 신청하면, 원금과 이자를 모두 받을 수 있으며, 노란우산 가입 기간동안 받았던 소득공제 혜택은 그대로 보존됩니다.

　또한 가입자가 120회(10년)을 납부한 시점에 만 60세 이상이라면, 노령의 사유로 공제금을 신청할 수 있습니다. 10년을 납부한 시점에 가입자가 사업을 계속하고 있기 때문에 공제금 수령을 더 미루고 싶다면 그렇게 할 수 있습니다.

Q 아직 젊은데, 만기까지는 너무 시간이 길지 않나요?

A 　젊은 사장님들의 경우 노란우산의 만기인 만 60세는 너무 먼 훗날 처럼 느껴지실 것입니다. 하지만, 첫 사업자등록증이 평생토록 가는 경우는 극히 드뭅니다. 중간에 사업을 확장 또는 축소 할 일이 있고, 인테리어나 리모델링 또는 사업장 이전을 할 경우도 발생하게 됩니다.

　이러한 변화의 시기에 정상적인 영업을 단기간 중단하게 되는 경우 기존 사업자등록을 말소(폐업신고)하고 신규로 등록하게 된다면, 이 때가 공제금을 수령하는 좋은 타이밍이 될 것입니다.

　다시 말해, 생업을 완전히 정리하는 진짜 폐업이 아니라 형식상의 폐업신고 만으로도 노란우산 공제금을 신청할 수 있으므로 젊은 사장님들의 경우 만기를 너무 부담스럽게 생각하지 않아도 될 것입니다. 한편, 퇴직금이 반드시 마련해야 하는 돈이라면 기간은 사실 중요하지 않습니다. 원래 퇴직금이라는 것이 특별한 사유로 중간정산을 할 수 있는 경우를 제외하고는 퇴직할 때까지 계속 적립하는 것 아니던가요?

Q 폐업은 하지 않았지만, 경영이 어려워지면 어떻게 해야 하나요?

A 그러한 경우 아래의 세 가지 방법을 적절히 활용하시면 됩니다.

① 경영악화 사유로 6개월간 납부유예 할 수 있으며, 12개월 연체하더라도 강제 해지 되지 않는다.

② 월 부금액을 5만원에서 100원 사이로 자유롭게 변경할 수 있다.

③ 해지 환급금의 90%까지 (납입원금의 85%정도까지) 무담보 대출이 가능하다. 따라서 폐업을 결정하지 못한 상태에서 경영이 어려워지면 우선 월 부금을 5만원으로 낮추어 유지하다가, 그것도 힘들면 폐업을 고민하는 동안 18개월 동안 납부를 중단할 수 있습니다. 또한 임의 해지를 하지 않고 그간 모아둔 자금을 활용하기 위해서는 대출을 활용할 수 있겠습니다.

Q 중간에 해지 할 수 있습니까?

A 네 임의 해지도 가능합니다. 임의 해지시에는 납부횟수 13회 이상이면, 원금 100%가 보장됩니다. 또한 4-12회까지는 90%의 원금을 받을 수 있습니다.

하지만, 소득공제를 통해 절세한 세금이 있다면 그 금액이 원금에서 차감되므로 주의 하셔야 합니다. 몇년동안 노란우산을 납부하다가 임의로 해지하게 되면 계산상으로는 손해가 없지만, 그 동안 받은 소득공제 절세 혜택을 전부 반환해야 하기 때문에 체감상으로는 손해를 본 것처럼 느껴질 것입니다.

보통 해지를 고려하는 이유는 목돈이 필요하기 때문인데 이때 해지보다는 대출을 활용하는 것이 가입자에게 훨씬 더 유리합니다. 대출을 받은 상태에서도 그 동안 납입한 원금에 대해서는 이자가 적립이 됩니다. 2020년 현재 적금 이자는 2.7%, 대출 이자는 3.4% 이므로 0.7%의 적은 부담하고 자신의 적립액 상당부분을 출금할 수 있습니다.

6-6. 공제금 압류금지

법률에 의해 공제금은 압류, 양도, 담보제공이 금지되어 폐업 시에도 최소한의 생활안정과 사업재기를 위한 자금 확보가 가능합니다. 또한 계좌 자체에 대한 압류가 법적으로 금지되는 압류방지계좌('행복지킴이통장')로 더욱 안전하게 수령할 수 있습니다.

6-7. 복리이자 적용

폐업, 사망, 노령 등 소기업·소상공인의 사업재기 및 생활안정을 기하기 위해 도입된 소기업·소상공인공제는 연 단위 복리로 이자가 적립되므로 장기 가입자에게 유리한 제도입니다.

6-8. 희망장려금

① 소상공인의 생활안정 및 사회안전망 확충을 위해 중소기업중앙회와 협약을 맺은 지자체에서 노란우산 가입자에게 희망장려금을 지원합니다.

② 매월 부금 납입 시마다 지자체별 지원금액을 적립하여 공제금 수령 시 장려금과 부리된 연복리 이자를 지급합니다.

③ 중도해약 시 장려금이 지급되지 않을 수 있습니다.

6-9. 복지플러스

노란우산공제 고객의 경영부담을 줄이고 행복한 생활을 위해 다양한 복지혜택을 제공합니다. 경제적 어려움과 정보부족으로 복지혜택을 제대로 누리지 못한 소기업·소상공인들은 노란우산공제 복지플러스를 통해 저렴한 가격으로 양질의 복지플러스를 이용하고 사업경비의 부담을 줄일 수 있습니다.

6-10. 공제사업기금 혜택

6-10-1. 무담보 대출

① 4회 이상 납부시 무담보 신용대출이 가능합니다.

② 단기운영자금대출로 운영되며 공제계약자가 상거래로 인한 외상매출금의 회수가 지연되거나 단기운영자금이 부족하여 도산할 우려가 있는 공제기금 회원들을 위한 대출 상품입니다.

③ 대출대상 : 매출채권 회수가 곤란하여 긴급히 경영 자금이 필요하신 공제기금 가입 회원이 대출대상입니다.

④ 대출자격 : 공제부금과 상환중인 대출의 미납이 없는 회원 가입 후 매월 부금을 납입하고 4회차 부금을 납부한 경우에 는 대출자격이 있습니다.

상환기간	부금내	1년~3년
	부금잔액초과	1년
대출한도	무보증	부금 잔액 최고 3배 이내
	부동산 담보	부금 잔액 10배 이내
대출이율	부금잔액 내	3.50%
	부금잔액초과	−부금잔액 내 : 4.5% − 부금잔액 초과분 : 5.61~9.39% −담보 대출시 4.5%
연체이자		연 12% −연체이자 = 미상환금 x 연체이율 (연 12%) x 연체일수 / 365

⑤ 대출 한도 및 이자율은 신용평가 후 신용등급(1~9등급)에 따라 결정됩니다.

⑥ 장기우수이용업체(가입후 7년) 및 노란우산공제 가입업체는 0.2%p 인하됩니다(중복적용 불가).

6-10-2. 상환방법

① 원금 : 일시상환 또는 원금균등분할 상환
(상한기일 15일전에 공제대출금상환일이 예고 통지되며, 대출 만기일까지 대출조건에 따른 상환일자에 공제기금거래계좌에 상환금 입금)

② 이자 : 대출후 매월 후취

③ 상환종류
1년 : 만기 일시상환
2~3년 : 매월 균등분할 상환

6-11. 해지시 원금 보장

공제부금을 해지하더라도 납부부금 원금이 보장됩니다.

구 비 서 류 안 내	청약서(소정양식)
	사업체 사업자등록증 1부 (무등록 소상공인의 경우 사업소득원천징수확인서류)
	사업체 재무제표 또는 부가세과세표준증명원 등 매출액을 확인할 수 있는 서류
	법인등기부등본(법인인 경우)
	매출액 확인서 (매출액을 확인할 수 있는 서류가 없는 경우)
	무등록 소상공인 폐업미적용 확인서

6-12. 가입철회

① 가입한 날로부터 30일 이내에는 계약을 철회할 수 있습니다.
   납부하신 부금은 전액 환급하여 드립니다.
② 구비서류 : 청약철회 신청서

제2장
소상공인의 창업은 어떤 절차로 하나요?

§. 창업절차

1. 점포계약

1-1. 임대차 계약 체결

"상가건물 임대차계약"이란 임대인이 상가건물의 전부나 일부를 임차인에게 사용··수익하게 하고, 임차인은 그에 대한 대가로 차임을 지급할 것을 약정하는 계약을 말합니다(민법 제618조 참조).

1-2. 계약서 작성

① 공인중개사의 중개로 임대차계약을 체결하는 경우, 임대차 계약서에는 다음의 사항이 기재되어야 합니다(공인중개사법 제26조제1항 및 공인중개사법 시행령 제22조제1항). 당사자 간에 직접 계약을 체결하는 경우에도 이에 준하여 계약의 내용을 특정할 수 있도록 계약서를 작성하여야 할 것입니다.

1) 거래당사자의 인적 사항
2) 물건의 표시
3) 계약일
4) 거래금액·계약금액 및 그 지급일자 등 지급에 관한 사항
5) 물건의 인도일시
6) 권리이전의 내용

7) 계약의 조건이나 기한이 있는 경우에는 그 조건 또는 기한
8) 중개대상물확인·설명서 발급일자
9) 그 밖의 약정내용

② 임대차계약서를 작성하면 계약서에 기재된 대로 권리와 의무를 부담하므로 신중해야 합니다. 특히 업종특약, 권리금, 주차장 이용 등 문제가 발생할 수 있는 부분에 대해서는 꼼꼼히 확인한 후 임대인과 충분히 협의해 계약서에 기재합니다.

[서식 예] 상가건물 임대차 표준계약서

이 계약서는 법무부에서 국토교통부·서울시 중소기업청 및 학계 전문가와 함께 민법, 상가건물 임대차보호법, 공인중개사법 등 관계법령에 근거하여 만들었습니다. 법의 보호를 받기 위해 【중요확인사항】(별지)을 꼭 확인하시기 바랍니다.

상가건물 임대차 표준계약서

임대인(이름 또는 법인명 기재)과 임차인(이름 또는 법인명 기재)은 아래와 같이 임대차 계약을 체결한다.

[임차 상가건물의 표시]

소재지				
토 지	지목		면적	m²
건 물	구조·용도		면적	m²
임차할부분			면적	m²

유의사항 : 임차할 부분을 특정하기 위해서 도면을 첨부하는 것이 좋습니다.

[계약내용]

제1조(보증금과 차임)

위 상가건물의 임대차에 관하여 임대인과 임차인은 합의에 의하여 보증금 및 차임을 아래와 같이 지급하기로 한다.

보 증 금	금 원정(₩)
계 약 금	금 원정(₩)은 계약시에 지급하고 수령함. 수령인 (인)
중 도 금	금 원정(₩)은 _____년 _____월_____일에 지급하며
잔 금	금 원정(₩)은 _____년 _____월_____일에 지급한다
차임(월세)	금 원정(₩)은 매월 일에 지급한다. 부가세 □ 불포함 □ 포함 (입금계좌:)
환산보증금	금 원정(₩)

유의사항 :

① 당해 계약이 환산보증금을 초과하는 임대차인 경우 확정일자를 부여받을 수 없고, 전세권 등을 설정할 수 있습니다

② 보증금 보호를 위해 등기사항증명서, 미납국세, 상가건물 확정일자 현황 등을 확인하는 것이 좋습니다

※ 미납국세·선순위확정일자 현황 확인방법은 "별지"참조

제2조(임대차기간)

임대인은 임차 상가건물을 임대차 목적대로 사용·수익할 수 있는 상태로 _____년 ____월 _____일까지 임차인에게 인도하고, 임대차기간은 인도일로부터 _____년 _____월 일까지로 한다.

제3조(임차목적)

임차인은 임차 상가건물을 _____(업종)을 위한 용도로 사용한다.

제4조(사용·관리·수선)

① 임차인은 임대인의 동의 없이 임차 상가건물의 구조·용도 변경 및 전대나 임차권 양도를 할 수 없다.

② 임대인은 계약 존속 중 임차 상가건물을 사용·수익에 필요한 상태로 유지하여야 하고, 임차인은 임대인이 임차 상가건물의 보존에 필요한 행위를 하는 때 이를 거절하지 못한다.

③ 임차인이 임대인의 부담에 속하는 수선비용을 지출한 때에는 임대인에게 그 상환을 청구할 수 있다.

제5조(계약의 해제)

임차인이 임대인에게 중도금(중도금이 없을 때는 잔금)을 지급하기 전까지, 임대인은 계약금의 배액을 상환하고, 임차인은 계약금을 포기하고 계약을 해제할 수 있다.

제6조(채무불이행과 손해배상)

당사자 일방이 채무를 이행하지 아니하는 때에는 상대방은 상당한 기간을 정하여 그 이행을 최고하고 계약을 해제할 수 있으며, 그로 인한 손해배상을 청구할 수 있다. 다만,

채무자가 미리 이행하지 아니할 의사를 표시한 경우의 계약 해제는 최고를 요하지 아니한다.

제7조(계약의 해지)

① 임차인은 본인의 과실 없이 임차 상가건물의 일부가 멸실 기타 사유로 인하여 임대차의 목적대로 사용, 수익할 수 없는 때에는 임차인은 그 부분의 비율에 의한 차임의 감액을 청구할 수 있다. 이 경우에 그 잔존부분만으로 임차의 목적을 달성할 수 없는 때에는 임차인은 계약을 해지할 수 있다.

② 임대인은 임차인이 3기의 차임액에 달하도록 차임을 연체하거나, 제4조 제1항을 위반한 경우 계약을 해지할 수 있다.

제8조(계약의 종료와 권리금회수기회 보호)

① 계약이 종료된 경우에 임차인은 임차 상가건물을 원상회복하여 임대인에게 반환하고, 이와 동시에 임대인은 보증금을 임차인에게 반환하여야 한다.

② 임대인은 임대차기간이 끝나기 3개월 전부터 임대차 종료 시까지 「상가건물임대차보호법」 제10조의4제1항 각 호의 어느 하나에 해당하는 행위를 함으로써 권리금 계약에 따라 임차인이 주선한 신규임차인이 되려는 자로부터 권리금을 지급받는 것을 방해하여서는 아니 된다. 다만, 「상가건물임대차보호법」 제10조제1항 각 호의 어느 하나에 해당하는 사유가 있는 경우에는 그러하지 아니하다.

③ 임대인이 제2항을 위반하여 임차인에게 손해를 발생하게 한 때에는 그 손해를 배상할 책임이 있다. 이 경우 그 손해배상액은 신규임차인이 임차인에게 지급하기로 한 권리금과

　　임대차 종료 당시의 권리금 중 낮은 금액을 넘지 못한다.

④ 임차인은 임대인에게 신규임차인이 되려는 자의 보증금 및 차임을 지급할 자력 또는 그 밖에 임차인으로서의 의무를 이행할 의사 및 능력에 관하여 자신이 알고 있는 정보를 제공하여야 한다.

제9조(재건축 등 계획과 갱신거절)

　　임대인이 계약 체결 당시 공사시기 및 소요기간 등을 포함한 철거 또는 재건축 계획을 임차인에게 구체적으로 고지하고 그 계획에 따르는 경우, 임대인은 임차인이 상가건물임대차보호법 제10조 제1항 제7호에 따라 계약갱신을 요구하더라도 계약갱신의 요구를 거절할 수 있다.

제10조(비용의 정산)

① 임차인은 계약이 종료된 경우 공과금과 관리비를 정산하여야 한다.

② 임차인은 이미 납부한 관리비 중 장기수선충당금을 소유자에게 반환 청구할 수 있다. 다만, 임차 상가건물에 관한 장기수선충당금을 정산하는 주체가 소유자가 아닌 경우에는 그 자에게 청구할 수 있다.

제11조(중개보수 등)

　　중개보수는 거래 가액의 _____% 인 _____원(부가세 □ 불포함 □ 포함)으로 임대인과 임차인이 각각 부담한다. 다만, 개업공인중개사의 고의 또는 과실로 인하여 중개의뢰인간의 거래행위가 무효·취소 또는 해제된 경우에는 그러하지 아니하다.

제12조(중개대상물 확인·설명서 교부)

　　개업공인중개사는 중개대상물 확인·설명서를 작성하고 업무

보증관계증서(공제증서 등) 사본을 첨부하여 임대인과 임차인
에게 각각 교부한다.

[특약사항]
① 입주전 수리 및 개량, ② 임대차기간 중 수리 및 개량,
③ 임차 상가건물 인테리어, ④ 관리비의 지급주체, 시기 및 범위,
⑤ 귀책사유 있는 채무불이행 시 손해배상액예정 등에 관하여
임대인과 임차인은 특약할 수 있습니다.

본 계약을 증명하기 위하여 계약 당사자가 이의 없음을
확인하고 각각 서명·날인 후 임대인, 임차인, 개업공인
중개사는 매 장마다 간인하여, 각각 1통씩 보관한다.

년   월   일

(별지)

임대인	주소							서명 또는 날인 ㉑
	주민등록번호 (법인등록번호)			전화		성명 (회사명)		
	대리인	주소		주민 등록 번호		성명		
임차인	주소							서명 또는 날인 ㉑
	주민등록번호 (법인등록번호)			전화		성명 (회사명)		
	대리인	주소		주민 등록 번호		성명		
개업공인중개사	사무소 소재지			사무소 소재지				
	사무소 명칭			사무소 명칭				
	대표	서명및날인	㉑	대표		서명및날인		㉑
	등록번호		전화	등록번호			전화	
	소속공인중개사	서명및날인	㉑	소속공인중개사		서명및날인		㉑

법의 보호를 받기 위한 중요사항! 반드시 확인하세요

■ 계약 체결 시 꼭 확인하세요 ■

【당사자 확인 / 권리순위관계 확인 / 중개대상물 확인설명서 확인】

① 신분증·등기사항증명서 등을 통해 당사자 본인이 맞는지, 적법한 임대·임차권한이 있는지 확인합니다.

② 대리인과 계약 체결 시 위임장·대리인 신분증을 확인하고, 임대인(또는 임차인)과 직접 통화하여 확인하여야 하며, 보증금은 가급적 임대인 명의 계좌로 직접 송금합니다.

③ 중개대상물 확인 · 설명서에 누락된 것은 없는지, 그 내용은 어떤지 꼼꼼히 확인하고 서명하여야 합니다.

【대항력 및 우선변제권 확보】

① 임차인이 상가건물의 인도와 사업자등록을 마친 때에는 그 다음날부터 제3자에게 임차권을 주장할 수 있고, 환산보증금을 초과하지 않는 임대차의 경우 계약서에 확정일자까지 받으면, 후순위권리자나 그 밖의 채권자에 우선하여 변제받을 수 있습니다.

※ 임차인은 최대한 신속히 ① 사업자등록과 ② 확정일자를 받아야 하고, 상가건물의 점유와 사업자등록은 임대차 기간 중 계속 유지하고 있어야 합니다.

② 미납국세와 확정일자 현황은 임대인의 동의를 받아 임차인이 관할 세무서에서 확인할 수 있습니다.

【계약갱신요구】

① 임차인이 임대차기간이 만료되기 6개월 전부터 1개월 전까지 사이에 계약갱신을 요구할 경우 임대인은 정당한 사유(3기의 차임액 연체 등, 상가건물 임대차보호법 제10조제1항 참조) 없이 거절하지 못합니다.

② 임차인의 계약갱신요구권은 최초의 임대차기간을 포함한 전체 임대차기간이 5년을 초과하지 아니하는 범위에서만 행사할 수 있습니다.

③ 갱신되는 임대차는 전 임대차와 동일한 조건으로 다시 계약된 것으로 봅니다. 다만, 차임과 보증금은 청구당시의 차임 또는 보증금의 100분의 9의 금액을 초과하지 아니하는 범위에서 증감할 수 있습니다.

※ 환산보증금을 초과하는 임대차의 계약갱신의 경우 상가건물에 관한 조세, 공과금, 주변 상가건물의 차임 및 보증금, 그 밖의 부담이나 경제사정의 변동 등을 고려하여 차임과 보증금의 증감을 청구할 수 있습니다.

【묵시적 갱신 등】

① 임대인이 임대차기간이 만료되기 6개월 전부터 1개월 전까지 사이에 임차인에게 갱신 거절의 통지 또는 조건 변경의 통지를 하지 않으면 종전 임대차와 동일한 조건으로 자동갱신 됩니다.

※ 환산보증금을 초과하는 임대차의 경우 임대차기간이 만료한 후 임차인이 임차물의 사용, 수익을 계속하는 경우에 임대인이 상당한 기간내에 이의를 하지 아니한 때에는 종전 임대차와 동일한 조건으로 자동 갱신됩니다. 다만, 당사자는 언제든지 해지통고가 가능합니다.

② 제1항에 따라 갱신된 임대차의 존속기간은 1년입니다. 이 경우, 임차인은 언제든지 계약을 해지할 수 있지만 임대인은 계약서 제8조의 사유 또는 임차인과의 합의가 있어야 계약을 해지할 수 있습니다.

【보증금액 변경시 확정일자 날인】

계약기간 중 보증금을 증액하거나, 재계약을 하면서 보증금을 증액한 경우에는 증액된 보증금액에 대한 우선변제권을 확보하기 위하여 반드시 **다시 확정일자**를 받아야 합니다.

【임차권등기명령 신청】

임대차가 종료된 후에도 보증금이 반환되지 아니한 경우 임차인은 임대인의 동의 없이 임차건물 소재지 관할 법원에서 임차권등기명령을 받아, **등기부에 등재된 것을 확인하고 이사**해야 우선변제 순위를 유지할 수 있습니다. 이때, 임차인은 임차권등기명령 관련 비용을 임대인에게 청구할 수 있습니다.

【임대인의 권리금 회수방해금지】

임차인이 신규임차인으로부터 권리금을 지급받는 것을 임대인이 방해하는 것으로 금지되는 행위는

① 임차인이 주선한 신규임차인이 되려는 자에게 권리금을 요구하거나, 임차인이 주선한 신규임차인이 되려는 자로 부터 권리금을 수수하는 행위,

② 임차인이 주선한 신규임차인이 되려는 자로 하여금 임차인 에게 권리금을 지급하지 못하게 하는 행위,

③ 임차인이 주선한 신규임차인이 되려는 자에게 상가건물에 관한 조세, 공과금, 주변 상가건물의 차임 및 보증금, 그 밖의 부담에 따른 금액에 비추어 현저히 고액의 차임 또 는 보증금을 요구하는 행위,

④ 그 밖에 정당한 이유 없이 임차인이 주선한 신규임차인이 되려는 자와 임대차계약의 체결을 거절하는 행위입니다.

임대인이 임차인이 주선한 신규임차인과 임대차계약의 체결을 거절할 수 있는 정당한 이유로는 예를 들어

① 신규임차인이 되려는 자가 보증금 또는 차임을 지급할 자력이 없는 경우,

② 신규임차인이 되려는 자가 임차인으로서의 의무를 위반할 우려가 있거나, 그 밖에 임대차를 유지하기 어려운 상당한 사유가 있는 경우,

③ 임대차목적물인 상가건물을 1년 6개월 이상 영리목적으 로 사용하지 않는 경우,

④ 임대인이 선택한 신규임차인이 임차인과 권리금 계약을 체결하고 그 권리금을 지급한 경우입니다.

1-3. 「상가건물 임대차보호법」의 적용범위

① 점포에 대한 임대차 계약을 체결 하는 경우 「민법」 또는 「상가건물 임대차보호법」 이 적용됩니다. 다만, 「상가건물 임대차보호법」 은 사업자등록을 할 수 있는 임차인이 영업용으로 사용하기 위하여 임차한 건물에 대한, 「상가건물 임대차보호법」 제14조의2에 따른 상가건물임대차위원회의 심의를 거쳐 환산보증기준 이하로 체결된 계약에 「민법」 보다 우선적으로 적용됩니다(상가건물 임대차보호법 제2조제1항 및 상가건물 임대차보호법 시행령 제2조제1항).

② 대항력, 계약갱신 요구 및 계약갱신의 특례, 권리금의 정의, 회수기회 보호 등, 적용 제외, 평가기준의 고시 등 및 표준권리금계약서 작성 등, 계약 갱신요구 등에 관한 임시 특례, 차임연체와 해지, 표준계약서의 작성 등의 규정은 지역별로 정해진 보증금의 일정 기준금액을 초과하는 임대차에 대해서도 적용됩니다(상가건물 임대차보호법 제2조제3항).

③ 환산보증금 기준을 초과하는 상가건물 임대차에는 「상가건물 임대차보호법」 의 대항력, 계약갱신요구권, 권리금회수기회 보호 규정 등의 일부 규정만이 적용됩니다.

※ 환산보증금 = (월세 × 100)+ 보증금

지역	환산보증금 기준
서울특별시	9억원
「수도권정비계획법」 에 따른 과밀억제권역(서울특별시는 제외) 및 부산광역시	6억9천만원
광역시(「수도권정비계획법」 에 따른 과밀억제권역에 포함된 지역과 군지역, 부산광역시는 제외), 세종특별자치시, 파주시, 화성시, 안산시, 용인시, 김포시 및 광주시	5억4천만원
그 밖의 지역	3억7천만원

1-4. 임대차 기간

① 기간을 정하지 않은 임대차는 당사자가 언제든지 계약 해지의 통고를 할 수 있고, 임대인이 해지통고를 한 경우에는 6개월, 임차인이 해지통고를 한 경우에는 1개월이 경과하면 해지의 효과가 발생합니다(민법 제635조).

② 「상가건물 임대차보호법」의 적용을 받는 임대차 계약의 경우 기간을 정하지 않거나 기간을 1년 미만으로 정한 임대차는 그 기간을 1년으로 봅니다. 다만, 임차인은 1년 미만으로 정한 기간이 유효함을 주장할 수 있습니다(상가건물 임대차보호법 제9조제1항).

1-5. 임차인의 계약갱신요구권

임대인은 임차인이 임대차기간이 만료되기 6개월 전부터 1개월 전까지 사이에 계약갱신을 요구할 경우 정당한 사유 없이 거절하지 못합니다. 임차인의 계약갱신요구권은 최초의 임대차기간을 포함한 전체 임대차기간이 10년을 초과하지 않는 범위에서만 행사할 수 있습니다(상가건물 임대차보호법 제10조제1항 본문 및 제2항).

2. 임차인 보호

2-1. 대항력

임대차는 채권이므로 원칙적으로 대항력이 없지만, 「상가건물 임대차보호법」이 적용되는 상가건물 임대차는 등기를 하지 않았다 하더라도 임차인이 상가건물을 인도받았고, 사업자등록을 신청했다면 그 다음 날부터 제3자에 대해 대항력을 주장할 수 있습니다(상가건물 임대차보호법 제3조제1항).

2-2. 우선변제권

① "우선변제권"이란 임차인은 임차상가건물이 경매 또는 공매에 붙여졌을 때 그 경락대금에서 임차인이 다른 후순위권리자보다 우선하여 보증금을 변제받을 수 있는 권리를 말합니다(상가건물 임대차보호법 제5조제2항).

② 우선변제권을 취득하기 위해서는 「상가건물 임대차보호법」의 적용을 받는 임차인이 건물의 인도, 사업자등록 및 임대차계약증서상의 확정일자를 갖추어야 합니다. 따라서 사업자는 사업자등록과 동시에 또는 사업자등록 후에 확정일자를 관할 세무서에 신청해야 합니다(상가건물 임대차보호법 제5조제2항).

2-3. 「민법」에 따른 임대차

① 당사자 일방이 상대방에게 목적물을 사용·수익하게 할 것을 약정하고 상대방이 이에 대하여 차임을 지급할 것을 약정함으로써 임대차계약이 성립합니다(민법 제618조).

② 보증금액이 일정금액을 초과하는 상가건물 임대차에 대해서는 「상가건물 임대차보호법」이 아닌 「민법」이 적용됩니다(상가건물 임대차보호법 제2조제1항).

2-4. 「민법」에 따른 전세권 설정

① 전세권은 전세금을 지급하고 타인의 부동산을 점유하여 그 부동산의 용도에 맞게 사용·수익하며, 전세권이 소멸하면 목적부동산으로부터 후순위권리자 기타 채권자보다 전세금의 우선변제를 받을 권리를 내용으로 하는 물권입니다(민법 제303조제1항).

② 전세권은 전세권설정계약을 체결하고 전세권등기를 함으로써 취득합니다. 전세권설정계약만 체결하고 전세권등기를 하지 않은 경우를 미등기 전세, 이른바 채권적 전세권이라고 합니다.

3. 권리금

3-1. 권리금의 개념

① "권리금"이란 임대차 목적물인 상가건물에서 영업을 하는 사람 또는 영업을 하려는 사람이 영업시설·비품, 거래처, 신용, 영업상의 노하우 및 상가건물의 위치에 따른 영업상의 이점 등 유형·무형의 재산적 가치의 양도 또는 이용 대가로서 임대인, 임차인에게 보증금과 차임 이외에 지급하는 금전 등의 대가를 말합니다(상가건물 임대차보호법 제10조의3제1항).

② 임대인은 임대차기간이 끝나기 6개월 전부터 임대차 종료 시까지 권리금 계약에 따라 임차인이 주선한 신규임차인이 되려는 사람으로부터 권리금을 지급받는 것을 방해해서는 안 됩니다(「상가건물 임대차보호법」 제10조의4제1항).

③ "권리금 계약"이란 신규임차인이 되려는 자가 임차인에게 권리금을 지급하기로 하는 계약을 말합니다(상가건물 임대차보호법 제10조의3제2항).

3-2. 상가건물 임대차 권리금 표준계약서의 마련

국토교통부에서는 법무부와 협의를 거쳐 임차인과 신규임차인이 되려는 자의 권리금 계약을 체결하기 위한 표준권리금계약서를 정하여 그 사용을 권장할 수 있습니다(상가건물 임대차보호법 제10조의6).

[서식 예] 상가건물 임대차 권리금 표준계약서

이 계약서는 「상가건물 임대차보호법」을 기준으로 만들었습니다.
작성시 【작성요령】 (별지)을 꼭 확인하시기 바랍니다.

상가건물 임대차 권리금계약서

임차인(이름 또는 법인명 기재)과 신규임차인이 되려는 자
(이름 또는 법인명 기재)는 아래와 같이 권리금 계약을 체결한다.

※ 임차인은 권리금을 지급받는 사람을, 신규임차인이 되려는 자
(이하 「신규임차인」 이라한다)는 권리금을 지급하는 사람을 의미한다.

[임대차목적물인 상가건물의 표시]

소재지		상호	
임대면적		전용면적	
업종		허가(등록) 번호	

[임차인의 임대차계약 현황]

임대차 관계	임차 보증금		월차임	
	관리비		부가가치세	별도( ), 포함( )
	계약기간	년 월 일부터 년 월 일까지(월)		

[계약내용]

제1조(권리금의 지급)

신규임차인은 임차인에게 다음과 같이 권리금을 지급한다.

총 권리금	금　　　　　　　원정(₩　　　　　　　　　　　)
계약금	금　　원정은 계약시에 지급하고 영수함. 영수자(　　(인))
중도금	금　　　　　　년　　월　　일에 지급한다.
잔금	금　　　　　　년　　월　　일에 지급한다. ※ 잔금지급일까지 임대인과 신규임차인 사이에 임대차계약이 체결되지 않는 경우 임대차계약 체결일을 잔금지급일로 본다.

제2조(임차인의 의무)

① 임차인은 신규임차인을 임대인에게 주선하여야 하며, 임대인과 신규임차인 간에 임대차계약이 체결될 수 있도록 협력하여야 한다.

② 임차인은 신규임차인이 정상적인 영업을 개시할 수 있도록 전화가입권의 이전, 사업등록의 폐지 등에 협력하여야 한다.

③ 임차인은 신규임차인이 잔금을 지급할 때까지 권리금의 대가로 아래 유형·무형의 재산적 가치를 이전한다.

유형의 재산적 가치	영업시설·비품 등
무형의 재산적 가치	거래처, 신용, 영업상의 노하우, 상가건물의 위치에 따른 영업상의 이점 등

※ 필요한 경우 이전 대상 목록을 별지로 첨부할 수 있다.

④ 임차인은 신규임차인에게 제3항의 재산적 가치를 이전할 때까지 선량한 관리자로서의 주의의무를 다하여 제3항의 재산적 가치를 유지·관리하여야 한다.

⑤ 임차인은 본 계약체결 후 신규임차인이 잔금을 지급할 때까지 임차목적물상 권리관계, 보증금, 월차임 등 임대차계약 내용이 변경된 경우 또는 영업정지 및 취소, 임차목적물에 대한 철거명령 등 영업을 지속할 수 없는 사유가 발생한 경우 이를 즉시 신규임차인에게 고지하여야 한다.

제3조(임대차계약과의 관계)

임대인의 계약거절, 무리한 임대조건 변경, 목적물의 훼손 등 임차인과 신규임차인의 책임 없는 사유로 임대차계약이 체결되지 못하는 경우 본 계약은 무효로 하며, 임차인은 지급받은 계약금 등을 신규임차인에게 즉시 반환하여야 한다.

제4조(계약의 해제 및 손해배상)

① 신규임차인이 중도금(중도금 약정이 없을 때는 잔금)을 지급하기 전까지 임차인은 계약금의 2배를 배상하고, 신규임차인은 계약금을 포기하고 본 계약을 해제할 수 있다.

② 임차인 또는 신규임차인이 본 계약상의 내용을 이행하지 않는 경우 그 상대방은 계약상의 채무를 이행하지 않은 자에 대해서 서면으로 최고하고 계약을 해제할 수 있다.

③ 본 계약체결 이후 임차인의 영업기간 중 발생한 사유로 인한 영업정지 및 취소, 임차목적물에 대한 철거명령 등으로 인하여 신규임차인이 영업을 개시하지 못하거나 영업을 지속할 수 없는 중대한 하자가 발생한 경우에는 신규임차인은 계약을 해제하거나 임차인에게 손해배상을 청구할 수 있다. 계약을 해제하는 경우에도 손해배상을 청구할 수 있다.

④ 계약의 해제 및 손해배상에 관하여는 이 계약서에 정함이 없는 경우 「민법」 의 규정에 따른다.

[특약사항]

본 계약을 증명하기 위하여 계약 당사자가 이의 없음을 확인하고 각각 서명 또는 날인한다.

년　　　　월　　　　일

임차인	주소						(인)
	성명		주민등록번호		전화		
대리인	주소						
	성명		주민등록번호		전화		
신규 임차인	주소						(인)
	성명		주민등록번호		전화		
대리인	주소						
	성명		주민등록번호		전화		

(별지)

작　성　요　령

1) 이 계약서는 권리금 계약에 필요한 기본적인 사항만을
   제시하였습니다. 따라서 권리금 계약을 체결하려는 당사
   자는 이 표준계약서와 다른 내용을 약정할 수 있습니다.

2) 이 계약서의 일부 내용은 현행 「상가건물임대차보호법」 을
   기준으로 한 것이므로 계약당사자는 법령이 개정되는 경우
   에는 개정내용에 부합되도록 기존의 계약을 수정 또는 변경
   할 수 있습니다. 개정법령에 강행규정이 추가되는 경우에는
   반드시 그 개정규정에 따라 계약내용을 수정하여야 하며,
   수정계약서가 작성되지 않더라도 강행규정에 반하는 계약
   내용은 무효로 될 수 있습니다.

3) 임차인이 신규임차인에게 이전해야 할 대상은 개별적으로
   상세하게 기재합니다. 기재되지 않은 시설물 등은 이 계약
   서에 의한 이전 대상에 포함되지 않습니다.

4) 계약내용 제3조 "무리한 임대조건 변경" 등의 사항에
   대해 구체적으로 특약을 하면, 추후 임대차 계약조건에
   관한 분쟁을 예방할 수 있습니다. (예: 보증금 및 월차임
   ㅇㅇ% 인상 등)

5) 신규임차인이 임차인이 영위하던 영업을 양수하거나, 임차
   인이 사용하던 상호를 계속사용하는 경우, 상법 제41조(영업
   양도인의 경업금지), 상법 제42조(상호를 속용하는 양수인
   의 책임) 등 상법 규정을 참고하여 특약을 하면, 임차인
   과 신규임차인간 분쟁을 예방할 수 있습니다.

(예: 임차인은 ㅇㅇ동에서 음식점 영업을 하지 않는다,

신규임차인은 임차인의 영업상의 채무를 인수하지 않는다 등)

상법 제41조(영업양도인의 경업금지)

① 영업을 양도한 경우에 다른 약정이 없으면 양도인은 10년간 동일한 특별시·광역시·시·군과 인접 특별시·광역시·시·군에서 동종영업을 하지 못한다.

② 양도인이 동종영업을 하지 아니할 것을 약정한 때에는 동일한 특별시·광역시·시·군과 인접 특별시·광역시·시·군에 한하여 20년을 초과하지 아니한 범위내에서 그 효력이 있다.

상법 제42조(상호를 속용하는 양수인의 책임)

① 영업양수인이 양도인의 상호를 계속 사용하는 경우에는 양도인의 영업으로 인한 제3자의 채권에 대하여 양수인도 변제할 책임이 있다.

② 전항의 규정은 양수인이 영업양도를 받은 후 지체없이 양도인의 채무에 대한 책임이 없음을 등기한 때에는 적용하지 아니한다. 양도인과 양수인이 지체없이 제3자에 대하여 그 뜻을 통지한 경우에 그 통지를 받은 제3자에 대하여도 같다.

3-3. 권리금 표준계약서의 주요 내용

계약서에는 권리금액, 임차인의 임대차 계약 현황, 권리금의 대가로 이전 되어야 할 대상의 범위를 특정하여 기재하고, 권리금계약 채결 이후 임대차계약이 체결되지 못하면 권리금 계약은 무효가 되어 임차인은 신규임차인으로부터 받은 계약금 등을 반환하여야 등의 의무사항을 계약 내용으로 기재하도록 하였습니다(상가건물 임대 권리금 표준계약서 참조).

3-4. 권리금의 회수 대상

① 권리금은 새로운 임차인으로부터만 지급받을 수 있을 뿐이고, 보증금과는 달리 임대인에게 그 지급을 구할 수 없는 것이 일반적입니다.

② 권리금이 임차인으로부터 임대인에게 지급된 경우에, 그 유형·무형의 재산적 가치의 양수 또는 약정기간 동안의 이용이 유효하게 이루어진 이상 임대인은 그 권리금의 반환의무를 지지 아니하며, 다만 임차인은 당초의 임대차에서 반대되는 약정이 없는 한 임차권의 양도 또는 전대차의 기회에 부수하여 자신도 그 재산적 가치를 다른 사람에게 양도 또는 이용케 함으로써 권리금 상당액을 회수할 수 있을 뿐입니다(대법원 2002. 7. 26. 선고 2002다25013 판결, 대법원 2001. 4. 10. 선고 2000다59050 판결).

3-5. 권리금 회수기회 보호

임대인은 임대차기간이 끝나기 6개월 전부터 임대차 종료 시까지 다음의 어느 하나에 해당하는 행위를 함으로써 권리금 계약에 따라 임차인이 주선한 신규임차인이 되려는 사람으로부터 권리금을 지급받는 것을 방해해서는 안 됩니다.

다만, 「상가건물 임대차보호법」 제10조제1항에 해당하는 사유가 있는 경우에는 그러하지 않습니다(상가건물 임대차보호법 제10조의4제1항).

1) 임차인이 주선한 신규임차인이 되려는 사람에게 권리금을 요구하거나 임차인이 주선한 신규임차인이 되려는 사람으로 부터 권리금을 수수하는 행위

2) 임차인이 주선한 신규임차인이 되려는 사람으로 하여금 임차인에게 권리금을 지급하지 못하게 하는 행위

3) 임차인이 주선한 신규임차인이 되려는 사람에게 상가건물에 관한 조세, 공과금, 주변 상가건물의 차임 및 보증금, 그 밖의 부담에 따른 금액에 비추어 현저히 고액의 차임과 보증금을 요구하는 행위

4) 그 밖에 정당한 사유 없이 임대인이 임차인이 주선한 신규임차인이 되려는 자와 임대차계약의 체결을 거절하는 행위

3-6. 임대인의 손해배상 책임

① 임대인이 위의 권리금 회수 금지 행위를 위반하여 임차인에게 손해를 발생하게 한 경우에는 그 손해를 배상할 책임이 있습니다(상가건물 임대차보호법 제10조의4제3항 전단).

② 이 경우 그 손해배상액은 신규임차인이 임차인에게 지급하기로 한 권리금과 임대차 종료 당시의 권리금 중 낮은 금액을 넘지 못합니다(상가건물 임대차보호법 제10조의4제3항 후단).

③ 임대인에게 손해배상을 청구할 권리는 임대차가 종료한 날부터 3년 이내에 행사하지 아니하면 시효의 완성으로 소멸합니다(상가건물 임대차보호법 제10조의4제4항).

3-7. 임차인의 정보제공 의무

임차인은 임대인에게 임차인이 주선한 신규임차인이 되려는 자의 보증금 및 차임을 지급할 자력 또는 그 밖에 임차인으로서의 의무를 이행할 의사 및 능력에 관하여 자신이 알고 있는 정보를 제공하여야 합니다(상가건물 임대차보호법 제10조의4제5항).

3-8. 권리금 적용 제외

① 「상가건물 임대차보호법」 제10조의4의 규정은 다음의 어느 하나에 해당하는 상가건물 임대차의 경우에는 적용하지 않습니다(상가건물 임대차보호법 제10조의5).

1) 임대차 목적물인 상가건물이 「유통산업발전법」 제2조에 따른 대규모점포 또는 준대규모점포의 일부인 경우. 다만, 「전통시장 및 상점가 육성을 위한 특별법」 제2조제1호에 따른 전통시장은 제외

2) 임대차 목적물인 상가건물이 「국유재산법」 에 따른 국유재산 또는 「공유재산 및 물품 관리법」 에 따른 공유재산인 경우

3-9. 임대인의 권리금 반환의무(임대인의 권리금 반환 약정)

① 판례는 임대인의 권리금 반환의무를 인정하기 위해서는 반환의 약정이 있는 등 특별한 사정이 있을 것을 요구하고 있습니다.

② 권리금 수수 후 약정기간 동안 임대차를 존속시켜 그 재산적 가치를 이용할 수 있도록 약정하였음에도 임대인의 사정으로 중도 해지되어 약정기간 동안 재산적 가치를 이용할 수 없었거나, 임대인이 임대차의 종료에 즈음하여 재산적 가치를 도로 양수하는 경우 등의 특별한 사정이 있을 때에는 임대인은 권리금의 전부 또는 일부에 대해 반환의무를 부담합니다(대법원

2002. 7. 26. 선고 2002다25013 판결, 대법원 2001. 4. 10. 선고 2000다59050 판결).

③ 권리금이 그 수수 후 일정한 기간 이상으로 그 임대차를 존속시키기로 하는 임차권 보장의 약정 하에 임차인으로부터 임대인에게 지급된 경우에는 보장기간 동안의 이용이 유효하게 이루어진 이상 임대인은 그 권리금의 반환의무를 부담하지 않습니다. 그러나 백화점 내 매장에 관하여 2년 이상 영업을 보장한다는 약정 하에 임차인에게서 영업권리금을 지급받았으나 백화점과의 계약이 갱신되지 않아 임차인에게 당초 보장된 기간 동안의 재산적 가치를 이용하게 해주지 못한 사안에서, 임대인은 임차인에게 영업권리금 중 일부를 반환할 의무가 있다고 하였습니다(대법원 2011.1.27. 선고 2010다85164 판결).

④ 임대인이 반환의무를 부담하는 권리금의 범위는 지급된 권리금을 경과기간과 잔존기간에 대응하는 것으로 나누어, 임대인은 임차인으로부터 수령한 권리금 중 임대차계약이 종료될 때까지의 기간에 대응하는 부분을 공제한 잔존기간에 대응하는 부분만을 반환할 의무를 부담합니다(대법원 2002. 7. 26. 선고 2002다25013 판결, 대법원 2001. 11. 13. 선고 2001다20394, 20400 판결).

4. 사업자 등록

4-1. 사업자등록의 개념

"사업자등록"이란 부가가치세 납세의무자에 해당하는 사업자 및 그에 관계된 사업내용을 관할 세무서에 신고하는 것을 말합니다(『법령용어사례집』,법제처·한국법제연구원, 2003).

4-2. 신청기간 및 신청방법

① 사업자는 사업장마다 사업 개시일부터 20일 이내에 필요한 서류를 갖추어 사업장 관할 세무서장에게 사업자등록을 신청해야 합니다(부가가치세법 제8조제1항 본문).

② 다만, 신규로 사업을 시작하려는 사람은 사업 개시일 이전이라도 사업자등록을 신청할 수 있습니다(부가가치세법 제8조제1항 단서).

4-3. 제출서류

① 사업자등록을 하려는 사업자는 다음의 사항을 적은 사업자등록 신청서를 관할 세무서장이나 그 밖에 신고인의 편의에 따라 선택한 세무서장에게 제출[국세정보통신망(국세청 홈텍스)에 의한 제출 포함]해야 합니다(부가가치세법 시행령 제11조제1항, 부가가치세법 시행규칙 별지 제4호서식).

1) 사업자의 인적사항
2) 사업자등록 신청 사유
3) 사업 개시 연월일 또는 사업장 설치 착수 연월일
4) 그 밖의 참고 사항

② 사업자등록 신청서에는 사업 구분에 따라 필요한 서류를 첨부해야 합니다(부가가치세법 시행령 제11조제3항).

구분	첨부서류
1. 법령에 따라 허가를 받거나 등록 또는 신고를 하여야 하는 사업의 경우	사업허가증 사본, 사업등록증 사본 또는 신고확인증 사본
2. 사업장을 임차한 경우	임대차계약서 사본
3. 「상가건물 임대차보호법」 제2조제1항에 다른 상가건물의 일부분만 임차한 경우	해당 부분의 도면
4. 「조세특례제한법」 제106조의3제1항에 따른 금지금(이하 "금지금"이라 한다) 도매 및 소매업	사업자금 명세 또는 재무상황 등을 확인할 수 있는 서류로서 기획재정부령으로 정하는 서류
5. 「개별소비세법」 제1조제4항에 따른 과세유흥장소에서 영업을 경영하는 경우	사업자금 명세 또는 재무상황 등을 확인할 수 있는 서류로서 기획재정부령으로 정하는 서류
6. 법 제8조제3항부터 제5항까지의 규정에 따라 사업자 단위로 등록하려는 사업자	사업자 단위 과세 적용 사업장 외의 사업장(이하 "종된 사업장"이라 한다)에 대한 이 표 제1호부터 제5호까지의 규정에 따른 서류 및 사업장 소재지·업태(業態)·종목 등이 적힌 기획재정부령으로 정하는 서류
7. 액체연료 및 관련제품 도매업, 기체연료 및 관련제품 도매업, 차량용 주유소 운영업, 차량용 가스 충전업, 가정용 액체연료 소매업과 가정용 가스연료 소매업	사업자금 명세 또는 재무상황 등을 확인할 수 있는 서류로서 기획재정부령으로 정하는 서류
8. 재생용 재료 수집 및 판매업	사업자금 명세 또는 재무상황 등을 확인할 수 있는 서류로서 기획재정부령으로 정하는 서류

※ 국세청 사업자등록 안내

- 신규사업자, 휴·폐업자 등을 위해 사업자등록 절차 등을 안내하고 있습니다.
- 사업자등록과 관련하여 추가로 궁금하신 사항은 관할세무서 민원봉사실이나 국세상담센터(국번없이 Tel. 126)를 이용하여 주시기 바랍니다.
- 사업상 독립적으로 재화 또는 용역을 공급하는 사업자는 사업자등록을 하여야 합니다. 사업자는 사업장마다 사업 개시일부터 20일 이내에 사업장 관할 세무서장에게 사업자등록을 신청하여야 합니다.
- 신규로 사업을 시작하려는 사람은 사업 개시일 이전이라도 사업자등록을 신청할 수 있습니다.
- 실제 사업을 하는 사업자는 사업자등록을 하여야 하며, 명의대여 시 사업과 관련한 각종 세금이 명의를 빌려준 사람에게 나옵니다. 명의를 빌린 사업자가 세금을 내지 않으면 명의를 빌려 준 사업자가 세금을 납부해야 하며, 다른 소득이 있을 경우 소득합산으로 세금부담은 더욱 크게 늘어납니다.
- 소득금액의 증가로 인하여 국민연금 및 건강보험료 부담이 커집니다.
- 세금을 못 낼 경우 명의를 빌려준 사업자의 재산이 압류·공매되고 신용불량자가 되는 등 큰 피해를 볼 수 있습니다. 세금을 못 낼 경우 명의를 빌려준 사람의 재산이 압류되며, 그래도 세금을 내지 않으면 압류한 재산이 공매 처분되어 밀린 세금에 충당됩니다.
- 체납사실이 금융기관에 통보되어 대출금 조기상환 요구 및 신용카드 사용정지 등 금융거래상 각종 불이익을 받고,

여권 발급과 출국이 제한될 수 있습니다.
- 실질사업자가 밝혀지더라도 명의를 빌려준 책임을 피할 수는 없습니다. 명의대여자도 실질사업자와 함께 조세포탈범, 체납범 또는 질서범으로 처벌받을 수 있으며, 1년 이하의 징역이나 1천만원 이하의 벌금(명의를 사용한 자는 2년 이하의 징역이나, 2천만원 이하의 벌금)에 처합니다.
- 명의대여 사실이 국세청 전산망에 기록·관리되어 본인이 실제 사업을 하려 할 때 불이익을 받을 수 있습니다.

5. 상호 및 광고물 설치

5-1. 상호 선정

① 소상공인은 자유롭게 성명 등의 명칭으로 상호를 선정할 수 있습니다(상법 제18조).

② 법인형태로서 회사가 아니면 상호에 회사임을 표시하는 문자를 사용해서는 안 되며, 누구든지 부정한 목적으로 다른 사람의 영업으로 오인할 수 있는 상호를 사용해서는 안 됩니다(상법 제20조 전단 및 제23조제1항).

③ 이를 위반하면 200만원 이하의 과태료가 부과됩니다(상법제28조).

5-2. 상호등기

① 상호등기는 영업장 소재지를 관할하는 법원 등기소에 신청해야 합니다(상법 제34조).

② 상호등기 신청은 대법원 인터넷등기소(www.iros.go.kr)에서도 할 수 있습니다.

5-3. 옥외광고물 설치

① "옥외광고물"이란 공중에게 항상 또는 일정 기간 계속 노출되어 공중이 자유로이 통행하는 장소에서 볼 수 있는 것(교통시설 또는 교통수단에 표시되는 것을 포함)으로서 간판·디지털광고물·입간판·현수막(懸垂幕)·벽보·전단(傳單)과 그 밖에 이와 유사한 것을 말합니다(옥외광고물 등의 관리와 옥외광고산업 진흥에 관한 법률 제2조 제1호 및 옥외광고물 등의 관리와 옥외광고산업 진흥에 관한 법률 시행령 제2조제1항).

5-4. 옥외광고물 등의 허가 또는 설치신고 지역

다음의 어느 하나에 해당하는 지역에 광고물 등을 표시하거나 설치 하려면 특별자치시장·특별자치도지사·시장·군수 또는 자치구의 구청장 에게 허가를 받거나 신고해야 합니다(옥외광고물 등의 관리와 옥외 광고산업 진흥에 관한 법률 제3조제1항 및 옥외광고물 등의 관리 와 옥외광고산업 진흥에 관한 법률 시행령 제6조).

1) 「국토의 계획 및 이용에 관한 법률」 제36조에 따른 도시지역
2) 「문화재보호법」 에 따른 문화재 및 보호구역
3) 「산지관리법」 에 따른 보전산지
4) 「자연공원법」 에 따른 자연공원
5) 도로·철도·공항·항만·궤도 및 하천의 경계지점으로부터 직선거리 1킬로미터 이내의 지역으로서 경계지점의 지상 2미터의 높이에서 직접 보이는 지역
6) 철도차량, 도시철도차량, 자동차, 기선 및 범선, 항공기 및 초경량 비행장치, 덤프트럭
7) 그 밖에 아름다운 경관과 도시환경을 보전하기 위한 지역
   - 지구단위 계획구역
   - 관광지 또는 관광단지
   - 해당 특별시·광역시·도 또는 특별자치도에 설치된 옥외광고

심의위원회의 심의를 거쳐 고시하는 지역·장소 및 물건

5-5 위반 시 제재

① 허가를 받지 않고 광고물 등(입간판·현수막·벽보·전단은 제외)을 표시하거나 설치한 사람은 1년 이하의 징역 또는 1천만원 이하의 벌금에 처해집니다(옥외광고물 등의 관리와 옥외광고산업 진흥에 관한 법률 제18조제1항제1호).

② 신고를 하지 않고 광고물 등(입간판·현수막·벽보·전단은 제외)을 표시하거나 설치한 사람은 500만원 이하의 벌금에 처해집니다(옥외광고물 등의 관리와 옥외광고산업 진흥에 관한 법률 제18조제2항제1호).

③ 허가를 받지 않거나 신고를 하지 않고 입간판·현수막·벽보 및 전단을 표시하거나 설치한 사람에게는 500만원 이하의 과태료가 부과됩니다(옥외광고물 등의 관리와 옥외광고 산업 진흥에 관한 법률 제20조제1항제1호).

5-6. 디지털광고물

"디지털광고물"이란 디지털 디스플레이(전기·전자제어장치를 이용하여 광고내용을 평면 혹은 입체적으로 표시하게 하는 장치)를 이용하여 빛의 점멸 또는 빛의 노출로 화면·형태의 변화를 주는 등 정보·광고의 내용을 수시로 변화하도록 한 옥외광고물을 말합니다(옥외광고물 등의 관리와 옥외광고산업 진흥에 관한 법률 제2조제1호 및 옥외광고물 등의 관리와 옥외광고산업 진흥에 관한 법률 시행령 제2조제2항).

5-7. 옥외광고물의 게시시설

"게시시설"이란 광고탑·광고판과 그 밖의 인공구조물로서 옥외광고물을 게시하거나 표시하기 위한 시설을 말합니다(옥외광고물 등의 관리와 옥외광고산업 진흥에 관한 법률 제2조제2호).

5-8. 옥외광고물의 분류

옥외광고물은 다음과 같이 16가지로 분류합니다(옥외광고물 등의 관리와 옥외광고산업 진흥에 관한 법률 시행령 제3조).

순번	구분	내용
1	벽면 이용간판	－ 문자·도형 등을 목재·아크릴·금속재·디지털디스플레이 등을 이용하여 판이나 입체형으로 제작·설치하여 건물·시설물·점포·영업소 등의 벽면, 유리벽의 바깥쪽, 옥상난간 등에 길게 붙이거나 표시하는 것 － 문자·도형 등을 도료, 색상이 표시된 천·종이·비닐·테이프 등을 이용하여 건물·시설물·점포·영업소 등의 벽면, 유리벽의 바깥쪽, 옥상난간 등에 길게 표시하는 것 － 주유소 또는 가스충전소의 주유기 또는 충전기시설의 차양면(遮陽面)에 상호·정유사 등의 명칭을 표시하거나 상호를 매다는 방식으로 표시하는 광고물 － 「환경친화적 자동차의 개발 및 보급 촉진에 관한 법률」 제2조제9호에 따른 수소연료공급시설 또는 「환경친화적 자동차의 개발 및 보급 촉진에 관한 법률 시행령」 제18조의5제1항에 따른 환경친화적 자동차의 충전시설의 차양면에 문자·도형 등을 표시하거나 문자·도형 등을 매다는 방식

		으로 표시하는 광고물
2	돌출간판	— 문자·도형 등을 표시한 목재·아크릴·금속재 등의 판이나 이용업소·미용업소의 표지등(標識燈)을 건물의 벽면에 튀어나오게 붙이는 광고물
3	공연간판	— 공연·영화를 알리기 위한 문자·그림 등을 목재·아크릴·금속재·디지털 디스플레이 등의 판에 표시하거나 실물의 모형 등을 제작하여 해당 공연 건물의 벽면에 표시하는 광고물
4	옥상간판	— 건물의 옥상에 따로 삼각형·사각형 또는 원형 등의 게시시설을 설치하여 문자·도형 등을 표시하거나 승강기탑·계단탑·망루·장식탑·옥탑 등 건물의 옥상구조물에 문자·도형 등을 직접 표시하는 광고물
5	지주 이용간판	— 문자·도형 등을 표시한 목재·아크릴·금속재·디지털 디스플레이 등의 판을 지면에 따로 설치한 지주에 붙이는 광고물 — 문자·도형 등을 따로 설치한 삼각기둥·사각기둥·원기둥 등의 게시시설 기둥면에 직접 표시하는 광고물 — 군사시설, 철도의 주요 경계시설, 공사현장 등을 가리기 위하여 지주 형태로 설치한 시설물에 문자·도형 등을 표시하는 광고물

6	입간판	− 건물의 벽에 기대어 놓거나 지면에 세워 두는 등 고정되지 않은 목재, 아크릴 또는 조례로 정하는 재료로 만들어진 게시시설에 문자·도형 등을 표시하는 광고물
7	현수막	− 천·종이·비닐 등에 문자·도형 등을 표시하여 건물 등의 벽면, 지주, 게시시설 또는 그 밖의 시설물 등에 매달아 표시하는 광고물
8	애드벌룬	− 비닐 등을 사용한 기구에 문자·도형 등을 표시하여 건물의 옥상 또는 지면에 설치하거나 공중에 띄우는 광고물
9	벽보	− 종이·비닐 등에 문자·그림 등을 표시하여 지정게시판·지정벽보판 또는 그 밖의 시설물 등에 붙이는 광고물
10	전단	− 종이·비닐 등에 문자·그림 등을 표시하여 옥외에서 배부하는 광고물
11	공공시설물 이용광고물	− 공공의 목적을 위하여 설치하는 인공구조물 또는 편익시설물에 표시하는 광고물
12	교통시설 이용광고물	− 교통시설에 문자·도형 등을 표시하거나 목재·아크릴·금속재·디지털 디스플레이 등의 게시시설을 설치하여 표시하는 광고물
13	교통수단 이용광고물	− 교통수단 외부에 문자·도형 등을 아크릴·금속재·디지털 디스플레이 등의 판에 표시하여 붙이거나 직접 도료로 표시하는 광고물

14	선전탑	– 도로 등의 일정한 장소에 광고탑을 설치하여 탑면에 문자·도형 등을 표시하는 광고물
15	아치 광고물	– 도로 등의 일정한 장소에 문틀형 또는 반원형 등의 게시시설을 설치하여 문자·도형 등을 표시하는 광고물
16	창문이용 광고물	– 문자·도형 등을 목재·아크릴·금속재·디지털 디스플레이 등을 이용하여 판이나 입체형으로 제작·설치하여 건물·시설물·점포·영업소 등의 유리벽의 안쪽, 창문, 출입문에 붙이거나 표시하는 광고물 – 문자·도형 등을 도료, 천·종이·비닐·테이프 등을 이용하여 건물·시설물·점포·영업소 등의 유리벽의 안쪽, 창문, 출입문에 표시하는 것
17	특정 광고물	위의 분류에 해당하지 않는 광고물로서 옥외광고정책위원회의 심의를 거쳐 행정안전부장관이 정하여 고시한 광고물

5-9. 디지털광고물을 적용·표시할 수 있는 광고물

위의 16가지의 광고물 중에서 다음에 해당하는 광고물의 경우에만 디지털광고물을 적용하거나 표시할 수 있습니다(옥외광고물 등의 관리와 옥외광고산업 진흥에 관한 법률 시행령 제3조의2).

1) 벽면 이용 간판
4) 옥상간판
5) 지주 이용 간판
6) 입간판
11) 공공시설물 이용 광고물
12) 교통시설 이용 광고물
13) 교통수단 이용 광고물
16) 창문이용 광고물
17) 특정광고물

§. 창업지원

1. 교육 및 컨설팅 지원
1-1. 신사업창업사관학교
① 사업개요

'신사업창업사관학교'는 국내외 다양한 신사업 아이디어를 발굴·보급하고 성장 가능성 높은 유망 아이템 중심의 예비창업자를 선발하여 이론전문교육, 점포경영체험, 창업멘토링을 패키지로 지원하는 사업입니다.

② 지원대상

신청일 기준 사업자 등록이 되어있지 않은 예비창업자로 신사업 아이디어* 또는 유망아이템으로 창업하고자 하는 자

[* 신사업창업사관학교 홈페이지(http://newbiz.sbiz.or.kr)에서 확인 가능]

③ 지원제외 대상

1) 한국표준산업분류 상 음식점업(561), 주점업(5621)으로 창업하려는 사람
2) 소상공인 정책자금 지원 제외 대상 업종으로 창업하려는 사람
3) 금융기관 등으로부터 채무불이행자로 규제 중인 사람
   (단, 신용회복위원회의 프리 워크아웃, 개인워크아웃 제도에서 채무조정합의서를 체결 한 경우, 법원의 개인회생 제도에서 변제 계획인가를 받거나 파산면책 선고자는 참여 가능하나 국세, 지방세 등 특수채무는 필수적으로 완납해야 함)
4) 국세 또는 지방세를 체납 중인 사람
5) 정부지원사업에 참여제한으로 제재 중인 사람
6) 신청일 현재 사업자 등록이 되어 있는 사람
7) 소상공인지원자금 융자제외 대상 업종으로 창업하려는 사람
8) 그 밖에 중소벤처기업부 장관이 참여 제한 사유가 있다고 인정 되는 사람

④ 지원내용

구분	지원내용	지원기간
창업이론 교육	기본교육, 전문교육, 분반교육 등 창업준비 및 점포운영시 필요한 이론교육 제공	4주
점포경영 체험교육	사업모델 검증 및 성공가능성 제고를 위해 신사업 아이디어 점포 체험의 기회 제공	16주
멘토링	점포 체험 기간(약 16주)동안 점포 운영에 필요한 전문가 멘토링 지원	

사업화 지원	교육 수료 후 매장 모델링, 시제품 제작, 브랜드 개발, 홈페이지 제작, 홍보 및 마케팅 등 창업 소요비용의 일부 지원(50% 본인 부담 조건)	150일

2. 소상공인 컨설팅 지원

2-1. 사업소개

소상공인시장진흥공단은 경영애로 소상공인 및 예비창업자를 대상으로 경영개선을 위한 현장 컨설팅 지원을 통해 소상공인의 경쟁력을 강화하고 있습니다 (소상공인시장진흥공단-지원사업-컨설팅).

2-2. 지원대상

① 소상공인 : 「소상공인 보호 및 지원에 관한 법률」 제2조에 따름
※ 소상공인 : 아래의 기준을 모두 만족하는 자
 - 주된 사업에 종사하는 상시 근로자 수가 광업·제조업·건설업 및 운수업은 10명 미만, 그 밖의 업종은 5명 미만 사업자
 - 주된 업종별 평균매출액등이 소기업 규모 기준에 해당하는 기업

② 예비창업자 : 임대차계약서 또는 등기사항전부증명서(자가건물 소유) 소지자
※ 사업개시일 이전 사업자등록증 소지자 포함

2-3. 지원제외

소상공인정책자금 지원제외 업종 : 사치향락적 소비·투기 조장 업종 등

2-4. 지원내용

구분		지원대상	지원일수
지원 업종		음식업, 도소매, 서비스, 제조업, 기타	-
지원 분야	마케팅 및 영업홍보	SNS, 블로그 마케팅 및 홍보, 거래처 발굴, 인테리어, VMD(상품진열 등)	4일 (1일 4시간 이상)
	경영관리	직원관리, 재고관리, 고객관리, 재무관리, 손익계산, 자금지원 활용, 업종전환 등	
	프랜차이즈	프랜차이즈 본사 및 가맹점 창업	
	기술전수	상품 및 메뉴개발, 비법전수	
	사업지원 서비스	세무, 노무, 특허, 법률 등	

3. 자금지원

3-1. 신사업창업사관학교

① 사업개요

신사업 등 유망 아이디어와 아이템 등을 기반으로 예비 창업자를 선발하여 창업 교육, 온·오프라인 점포경영체험 및 멘토링, 자금 등을 지원하고 있습니다.

② 지원대상

소상공인 예비창업자

③ 지원규모 및 지원내용

1) 지원규모 : 500명 내외(연 2기수로 운영) (예산 189.5억원)

2) 창업자금 : 수료생 대상 정책자금 연계(교육수료 후 1년 이내),
   사업화 보조금 일부지원(심사를 통해 선발, 총 사업비의 50%
   이상 자부담 조건)

3-2. 생활혁신형 창업지원

① 사업소개

생활혁신형 창업가로 선정된 소상공인에게 성실 실패 시 상환
의무가 없는 정책자금을 최대 2천만 원 융자 지원하고 있습니다.

② 지원대상

예비 창업자

③ 지원규모 및 지원내용

1) 지원규모: 1,000명 내외 (예산 5.18억원)

2) 지원내용: 생활혁신형 창업가로 최종 선정된 자에게 최대
   2,000만원 성공불융자 지원(* 융자 신청 전 사업자등록증
   제출 필수)

제3장
소상공인 운영단계에서는 어떤 지원을 받을 수 있나요?

§. 운영준수사항

1. 근로계약 및 4대 보험
1-1. 근로계약 체결
"근로계약"이란 근로자가 사용자에게 근로를 제공하고 사용자는 이에 대해 임금을 지급하는 것을 목적으로 체결된 계약을 말합니다(근로기준법 제2조제1항제4호).

1-2. 근로계약서 작성
① 사용자는 근로계약을 체결할 때에 근로자에게 다음의 근로조건을 근로계약서에 명시해야 합니다(근로기준법 제17조제1항 및 근로기준법 시행령 제8조).
1) 임금
2) 소정근로시간
3) 휴일
4) 연차 유급휴가
5) 취업의 장소와 종사해야 할 업무에 관한 사항
6) 기숙사 규칙에서 정한 사항(사업장의 부속 기숙사에 기숙하게 하는 경우만 해당)
② "소정(所定)근로시간"이란 근로시간의 범위에서 근로자와 사용자

사이에 정한 근로시간을 말합니다(근로기준법 제2조제1항제8호).

1-3. 위반 시 제재

근로계약서 작성 의무를 위반한 경우에는 500만원 이하의 벌금에 처해집니다(근로기준법 제114조제1호).

2. 4대 보험 가입

2-1. 4대 보험의 가입 의무

"4대 보험"이란 국민연금, 국민건강보험, 산업재해보상보험, 고용보험을 말하며, 근로자를 사용하는 사업장은 4대 보험에 가입해야 합니다(국민연금법 제8조, 국민건강보험법 제6조제2항 본문, 고용보험법 제8조 및 산업재해보상보험법 제6조).

2-2. 국민연금

① 다음에 해당하는 사업장(이하 "당연적용사업장"이라 함)의 18세 이상 60세 미만인 근로자와 사용자는 당연히 사업장가입자가 됩니다(국민연금법 제8조제1항 본문 및 국민연금법 시행령 제19조 제1항).
1) 1명 이상의 근로자를 사용하는 사업장
2) 주한 외국 기관으로서 1명 이상의 대한민국 국민인 근로자를 사용하는 사업장
② 사업자의 신고
사용자는 당연적용사업장이 된 날이 속하는 달의 다음달 15일 까지 다음 서류를 공단에 제출해야 합니다(국민연금법 제21조 제1항 및 국민연금법 시행규칙 제3조).
1) 당연적용사업장 해당신고서

(국민연금법 시행규칙 별지 제3호서식)
2) 통장 사본 1부(자동이체를 신청하는 경우만 해당)
3) 사업자등록증 사본(공단이 「전자정부법」에 따라 행정정보의 공동
   이용을 통해 사업자등록증 및 법인 등기사항증명서를 확인
   하는데, 신고인이 사업자등록증을 확인하는 것에 동의하지 않은
   경우에 한함)

2-3. 국민건강보험

① 1개월 미만의 기간 동안 고용되는 일용근로자를 제외하고
   모든 사업장의 근로자는 직장가입자가 됩니다
   (국민건강보험법 제6조제2항제1호).

② 사업장의 신고
   사용자는 직장가입자가 되는 근로자를 사용하는 적용대상
   사업장이 된 경우 그 때부터 14일 이내에 국민건강보험공단
   에 다음 서류를 제출해야 합니다(국민건강보험법 제7조제1호,
   국민건강보험법 시행규칙 제3조제1항 및 제4조제2항).
1) 사업장(기관) 적용신고서
   (국민건강보험법 시행규칙 별지 제2호서식)
2) 통장 사본 1부(자동이체를 신청하는 경우만 해당)
3) 직장가입자자격취득신고서
   (국민건강보험법 시행규칙 별지 제6호서식)
4) 사업자등록증 사본(공단이 「전자정부법」에 따라 행정정보의
   공동이용을 통해 사업자등록증 및 법인 등기사항증명서를
   확인하는데, 신고인이 사업자등록증을 확인하는 것에 동의
   하지 않은 경우에 한함)

2-4. 고용보험 및 산업재해보상보험

① 고용보험

보험가입자는 해당 사업의 사업주와 근로자(고용보험법 제10조 및 제10조의2에 따른 적용 제외 근로자는 제외)입니다. (고용보험 및 산업재해보상보험의 보험료징수 등에 관한 법률 제5조제1항).

다만, 1개월간의 소정근로시간이 60시간 미만인 사람(1주간의 소정근로시간이 15시간 미만인 사람을 포함. 다만, 3개월 이상 계속하여 근로를 제공하는 사람과 일용근로자는 제외)은 고용 보험의 가입대상이 아니므로 종업원의 고용 후 공단에 확인하는 것이 좋습니다(고용보험법 제10조제1항제2호, 제2조제6호 및 고용보험법 시행령 제3조제1항).

② 산업재해보상보험

「산업재해보상보험법」 을 적용받는 사업의 사업주는 당연히 산업재해보상보험의 보험가입자가 됩니다(고용보험 및 산업재해보상보험의 보험료징수 등에 관한 법률 제5조제3항).

③ 사업자의 신고

㉠ 사업주는 「고용보험법」 또는 「산업재해보상보험법」 의 적용을 받아 당연히 보험가입자가 된 경우 그 보험관계가 성립한 날부터 14일 이내에 다음 서류를 첨부해 근로복지공단에 보험관계의 성립신고를 해야 합니다(고용보험 및 산업재해보상보험의 보험료징수 등에 관한 법률 제11조제1항 본문).

1) 보험관계 성립신고서(고용보험 및 산업재해보상보험의 보험료징수 등에 관한 법률 시행규칙 제7조제1항 및 별지 제2호서식)

2) 고용보험 근로자 피보험자격취득 신고서, 산재보험 근로자 자격취득 신고서(고용보험 및 산업재해보상보험의 보험료징수

등에 관한 법률 시행규칙 제16조의7 및 별지 제22호의5서식)

ⓒ 보험관계 성립신고를 하려는 사업주가 다음 어느 하나에 해당
하는 경우에는 해당 서류를 제출하거나 신고한 날에 보험관계
성립신고서를 제출한 것으로 봅니다(고용보험 및 산업재해보상
보험의 보험료징수 등에 관한 법률 시행규칙 제7조제5항).

1) 근로자의 보수 또는 특수형태근로종사자의 원천징수 대상 사업
소득이 기재된 지급명세서를 원천징수 관할 세무서장·지방국세
청장 또는 국세청장에게 제출한 경우

2) 근로소득 또는 특수형태근로종사자의 원천징수 대상 사업소득
에 대한 원천징수이행상황신고서를 원천징수 관할세무서장에게
제출한 경우

2-5. 자영업자 본인을 위한 고용보험에 가입

근로자를 사용하지 않거나 50명 미만의 근로자를 사용하는 사업주
로서 다음에 해당하는 요건을 모두 갖춘 자영업자는 공단의 승인
을 받아 자기를 근로자로 보아 고용보험에 가입할 수 있습니다(고용
보험 및 산업재해보상보험의 보험료징수 등에 관한 법률 제49조의2
제1항 및 고용보험 및 산업재해보상보험의 보험료징수 등에 관한
법률 시행령 제56조의7).

1) 고용보험 가입 신청 당시 「소득세법」 제168조 또는 「부가가치세법」
제8조에 따라 사업자등록을 하고 실제 사업을 영위하고 있을 것
고용보험 가입 신청일 전 2년 이내에 「고용보험법」 제69조의3에
따라 구직급여를 받은 사실이 없을 것

2) 다음 중 어느 하나에 해당하는 업종에 종사하지 않을 것
- 농업·임업 및 어업 중 법인이 아닌 사람이 상시 4명 이하 의
근로자를 사용하는 사업(고용보험법 시행령 제2조제1항제1호)
- 건설공사에서 계약상의 도급금액이 2천만원 미만인 공사
(고용보험법 시행령 제2조제1항제2호가목)

- 연면적이 100제곱미터 이하인 건축물의 건축 또는 연면적이 200제곱미터 이하인 건축물의 대수선에 관한 공사(고용보험법 시행령 제2조제1항제2호나목)
- 가구 내 고용활동 및 달리 분류되지 않은 자가소비 생산활동 (고용보험법 시행령 제2조제1항제3호)
- 부동산 임대업(한국표준산업분류표의 세분류 기준)

3. 세금납부

3-1. 소득세 납부

① 과세대상

소득세는 국내에 주소를 두거나 183일 이상의 거소(**居所**)를 둔 개인(이하 "거주자"라고 함)의 모든 소득에 대해 과세됩니다 (소득세법 제1조의2제1항제1호 및 제3조제1항).

② 소득세는 거주자의 다음 소득에 부과됩니다(소득세법 제4조).

1) 종합소득 [과세되는 모든 소득-(퇴직소득+양도소득) 으로 다음의 소득을 합산한 것]
- 이자소득
- 배당소득
- 사업소득
- 근로소득
- 연금소득
- 기타소득

2) 퇴직소득(퇴직으로 발생하는 소득과 「국민연금법」 또는 「공무원연금법」 등에 따라 지급받는 일시금)

3) 양도소득(자산의 양도로 발생하는 소득)

③ 과세신고 및 납부

소득세는 사업자가 신고서에 사업소득금액이 기록된 장부와 증명서류 등을 첨부해 관할 세무서장에게 신고하고 이를 기준으로 산출된 종합소득세를 납부합니다(소득세법 제70조제4항 및 제76조제1항).

④ 신고기간

1) 확정신고기간 : 해당 과세기간의 종합소득금액이 있는 거주자 (종합소득과세표준이 없거나 결손금이 있는 거주자 포함)는 그 종합소득 과세표준을 그 과세기간의 다음 연도 5월 1일부터 5월 31일까지 납세지 관할 세무서장에게 신고해야 합니다 (소득세법 제70조제1항).

2) 중간예납기간 : 납세지 관할 세무서장은 중간예납세액(종합소득에 대한 소득세로서 납부했거나 납부해야 할 세액의 2분의 1에 해당하는 금액)에 대한 납부고지서를 납부해야 할 거주자에게 11월 1일부터 11월 15일까지의 기간에 발급해야 합니다 (소득세법 제65조제1항).

3-2. 부가가치세의 납부

① 과세대상

다음 중 어느 하나에 해당하는 자로서 개인, 법인(국가·지방자치단체와 지방자치단체조합 포함), 법인격이 없는 사단·재단 또는 그 밖의 단체는 부가가치세를 납부할 의무가 있습니다(부가가치세법 제3조).

1) 사업자

2) 재화를 수입하는 자

② 과세방법

사업자가 납부해야 할 부가가치세액은 매출세액에서 매입세액을 뺀 금액으로 합니다(부가가치세법 제37조제2항).

③ 과세신고 및 납부

㉠ 부가가치세는 각 사업장의 소재지에서 납부하되, 사업장을 두지 않은 경우에는 사업자의 주소 또는 거소의 소재지에서 납부하면 됩니다(부가가치세법 제6조제1항 및 제3항).

㉡ 사업자는 사업장마다 사업개시일부터 20일 이내에 사업장 관할 세무서장에게 사업자등록을 해야 합니다. 다만, 신규로 사업을 시작하려는 사람은 사업개시일 전이라도 등록할 수 있습니다 (부가가치세법 제8조제1항).

④ 과세기간

㉠ 사업자에 대한 부가가치세의 과세기간은 다음과 같습니다(부가 가치세법 제5조제1항).

1) 간이과세자 : 1월1일부터 12월 31일까지

2) 일반과세자

제1기 : 1월 1일부터 6월 30일까지

제2기 : 7월 1일부터 12월 31일까지

㉡ 신규로 사업을 시작하는 자에 대한 최초의 과세기간은 사업 개시일부터 그 날이 속하는 과세기간의 종료일까지로 합니다. 다만, 사업개시일 이전에 사업자등록을 신청한 경우에는 그 신청한 날부터 그 신청일이 속하는 과세기간의 종료일까지로 합니다(부가가치세법 제5조제2항).

3-3. 소득공제

① 소상공인 공제부금에 대한 소득공제

소상공인이 분기별로 300만원 이하의 공제부금을 납입하는 공제에 가입해 납부하는 공제부금에 대해서는 해당 연도의 공제 부금 납부액과 다음의 금액 중 적은 금액에 해당 과세연도의 사업소득금액에서 「소득세법」 제45조제2항에 따른 부동산 임대업의 소득금액을 차감한 금액이 사업소득금액에서 차지

하는 비율을 곱한 금액을 해당 과세연도의 사업소득금액
에서 공제합니다. 다만, 사업소득금액에서 공제하는 금액은
사업소득금액에서 「소득세법」 제45조제2항에 따른 부동산
임대업의 소득금액을 차감한 금액을 한도로 합니다
(조세특례제한법 제86조의3제1항 및 조세특례제한법 시행령
제80조의3제1항).

1) 해당 과세연도의 사업소득금액이 4천만원 이하인 경우 : 500만원

2) 해당 과세연도의 사업소득금액이 4천만원 초과 1억원 이하 인 경우
   : 300만원

3) 해당 과세연도의 사업소득금액이 1억원 초과인 경우 : 200만원

② 소기업·소상공인 공제에서 공제금을 지급받는 경우에는 퇴직
소득으로 보아 소득세가 부과됩니다(조세특례제한법 제86조
의3제3항 및 소득세법 제22조제1항제2호).

3-4. 간편장부대상자

① 국세청은 소규모 사업자를 위해 특별히 간편장부를 고안해
수입과 비용을 가계부 작성하듯이 쉽고 간편하게 작성할 수
있도록 하고, 이를 토대로 사업자가 스스로 본인의 소득을
계산해 소득세를 신고·납부할 경우 혜택을 주고 있습니다.

② 다음과 같은 업종별 일정 규모 미만의 사업자는 "간편장부
대상자"라 하고, 그 외의 사업자는 "복식부기의무자"라 합니다
(소득세법 제160조제3항 및 소득세법 시행령 제208조제5항).

1) 해당 과세기간에 신규로 사업을 개시한 사업자

2) 직전 과세기간의 수입금액(결정 또는 경정으로 증가된 수입
금액 포함, 사업용 유형자산을 양도함으로써 발생한 수입금액
제외)의 합계액이 다음의 금액에 미달하는 사업자

가. 농업·임업 및 어업, 광업, 도매 및 소매업(상품중개업 제외),
부동산매매업, 그 밖에 나. 및 다.에 해당되지 않는 사업
: 3억원

나. 제조업, 숙박 및 음식점업, 전기·가스·증기 및 공기조절
공급업, 수도·하수·폐기물처리·원료재생업, 건설업(비주거용
건물 건설업 제외), 부동산 개발 및 공급업(주거용 건물 개발
및 공급업 한정), 운수업 및 창고업, 정보통신업, 금융 및
보험업, 상품중개업 : 1억5천만원

다. 부동산임대업, 부동산업(부동산매매업 제외), 전문·과학
및 기술서비스업, 사업시설관리·사업지원 및 임대서비스업,
교육서비스업, 보건업 및 사회복지서비스업, 예술·스포츠 및
여가 관련 서비스업, 협회 및 단체, 수리 및 그 밖의 개인
서비스업, 가구내 고용활동 : 7천500만원

§. 운영지원

1. 교육지원

1-1. 소상공인 경영교육

① 사업개요
소상공인들이 경영·기술 환경 변화에 대처할 수 있도록 전문
기술·디지털 역량강화 교육·실시간 온라인 교육 등을 지원하는
사업입니다.

② 지원대상
소상공인 및 예비 창업자

③ 지원규모 및 지원내용

1) 지원규모 : 21,000명(예산 108.59억원)

2) 지원내용:

- 전문기술교육 : 예비 창업자 및 소상공인을 대상으로 업종별 초·중·고급 기술교육 지원(수행 : 민간교육기관)

※ 교육비 지원 : 민간교육기관 교육비의 90%(최대 50만원 한도, 1인당 2회)

- 디지털 현장실습교육·전용교육장 교육 : 디지털 취약 소상공인 역량 강화 교육, 스마트 기술 및 O2O 플랫폼 활용 교육 등 지원(수행 : 소상공인지원센터 및 전용교육장, 무료교육)

- 실시간 온라인 교육 : 소상공인 온라인 교육 플랫폼(소상공인 지식배움터 : (http://edu.sbiz.or.kr)을 활용하여 매주 정기적으로 업종별·대상별·수준별 실시간 교육

④ 그 밖에 사이버 평생교육원, 소상공인 전용교육장 교육 및 소상공인 전용교육장 임대 등 소상공인 교육지원에 관한 자세한 내용은 소상공인시장진흥공단 > 지원사업 > 교육 에서 자세히 알아보실 수 있습니다.

2. 자금지원

2-1. 정책자금 지원

※ 2021년 소상공인 정책자금(융자)

사업명	개요	예산 (억원)	지원 대상	사업 공고
일반경영 안정자금	소상공인 경영애로 해소를 위해 필요한 운영자금 지원	13,000	소상 공인	1월

성장기반 자금	성장가능성이 높은 소상공인의 단계별 자금 지원 (소공인특화자금, 성장촉진자금)	10,000	소상 공인	1월
특별경영 안정자금	경기침체지역•재해피해 소상공인, 청년사업자 및 청년고용 소상공인 지원 (청년고용특별자금 등)	11,000	소상 공인	1월
스마트 소상공인 지원자금	스마트설비 도입 소상공인 및 혁신형 소상공인 자금 지원	3,000	소상 공인	1월

2-2. 일반경영안정자금(융자)

① 목적

소상공인 경영애로 해소를 위해 필요한 운영자금 지원

② 지원조건

1) 대출금리 : 정책자금 기준금리* + 0.6%
2) 대출한도: 업체당 7천만원
3) 대출기간:5년 이내(2년 거치 3년 분할상환)

③ 신청·접수

소상공인 정책자금 홈페이지(ols.sbiz.or.kr)에서 온라인 접수

2-3. 성장기반자금(융자)

① 목적

성장가능성이 높은 소상공인을 위한 단계별 자금지원

② 지원대상

제조업을 영위하는 상시근로자수 10인 미만의 소공인 및 사업자등록증 기준 업력 3년 이상 소상인

③ 지원조건

1) 대출금리 : 정책자금 기준금리+ 0.2% ~ 0.6%

2) 대출한도: (운전자금) 업체당 1억원 한도 (시설자금) 업체당 2~5억원 한도

3) 대출기간:(운전자금) 5년 (시설자금) 8년

④ 신청·접수

소상공인 정책자금 홈페이지(ols.sbiz.or.kr)에서 온라인 접수

2-4. 특별경영안정자금(융자)

① 목적

경기침체지역, 재해피해, 금융소외 계층(장애인, 저신용자), 청년 사업자 등 자금 지원

② 지원대상

「소상공인 보호 및 지원에 관한 법률」상 소상공인*

* 소상공인 : 상시근로자 5인 미만 사업자

(제조·건설·운수·광업은 10인 미만)

** 목적성 자금에 맞는 개별요건 충족 필요

③ 지원내용

1) 청년고용특별자금 : 청년 소상공인 사업주 및 청년고용 소상공인 지원

2) 사회적경제기업전용자금 : 협동조합, 사회적기업, 마을기업 등 지원·
재도전특별자금 : 저신용자(7~10등급) 중 사업성이 우수한 소상공인 지원

④ 신청·접수

소상공인 정책자금 홈페이지(ols.sbiz.or.kr)에서 온라인 접수

2-5. 스마트소상공인 지원자금(융자)

① 목적

스마트설비 도입 소상공인 및 혁신형소상공인 자금 지원

② 지원대상

스마트설비 도입 소상공인 및 '혁신형 소상공인'*으로 지정된 소상공인

* 백년소공인, 백년가게, '혁신형 소상공인 육성사업'에 의해 지정된 혁신형소상공인

③ 지원조건
1) 대출금리 : 정책자금 기준금리* + 0.2%
2) 대출한도 : 운전 1억원 시설 5억원
3) 대출기간 : 운전 5년, 시설 8년

④ 신청·접수

소상공인 정책자금 홈페이지(ols.sbiz.or.kr)에서 온라인 접수

3. 협동조합 활성화 및 협업사업 지원

3-1. 소상공인의 조직화 및 협업화 지원

중소벤처기업부장관은 소상공인의 조직화 및 협업화를 위해 다음의 사항에 관한 사업을 할 수 있습니다(소상공인 보호 및 지원에 관한 법률 제11조제1항).
1) 「협동조합 기본법」 제2조제1호에 따른 협동조합의 설립
2) 제품 생산 및 서비스 제공 등에 필요한 시설 및 장비의 공동이용
3) 상표 및 디자인의 공동 개발 제품 홍보 및 판매장 설치 등 공동 판로 확보

4) 그 밖에 소상공인의 조직화 및 협업화를 지원하기 위하여
필요한 사항

3-2. 소상공인 협업 활성화

① 사업개요

공동마케팅, 브랜드개발, 네트워크 구축 등 공동사업 지원을
통해 소상공인 간 협업 촉진 및 자생력 제고

② 지원대상

5인 이상의 소상공인으로 구성된 (예비)협동조합

 * 「협동조합기본법」 또는 「중소기업협동조합법」 에 의해 설립·등기
완료된 수익사업을 하는 협동조합

③ 지원내용

1) 공동사업: 조합의 규모·역량에 따른 유형별(일반형/선도형/
고성장형)로 마케팅, 브랜드 개발, 네트워크 구축 등 공동사업
에 필요한 소요 비용지원

2) 지원한도 : 조합당 1~5억원 한도 내, 총 사업비 70~80% 정부
지원(공급가액 기준)

3) 지원조건 : VAT 및 잔여사업비 조합부담(현금납입 원칙)

4) 판로지원 : 지역판매전 참가, 온라인 플랫폼 입점 등 온·오프
라인 판로 개척 지원

5) 교육(아카데미사업): 신규 소상공인협동조합 발굴을 위한
인큐베이팅, 기설립 소상공인협동조합 대상 교육·컨설팅 등을
통한 안정적인 조합 운영 지원

④ 신청·접수

 - 2021년 2월~4월(예정)

 - 소상공인 협업 활성화 사업홈페이지(coop.sbiz.or.kr) →
온라인신청 → 사업신청(신청 전 공고문 확인)

4. 법률구조 지원 및 상권정보 지원

4-1. 소상공인에 대한 무료법률구조지원

① 지원목적

대한법률구조공단은 영세 소상공인의 경영활동 중에 발생한 법률적 분쟁에 대해 사건해결 비용을 무료로 하여 자영업자의 신속한 경영안정을 지원하고 있습니다(지원정책, 중소벤처기업부).

② 지원내용

대한법률구조공단은 소상공인의 상행위 관련 민사사건에 대한 제반 소송비용(변호사 비용, 인지대, 송달료 등)을 지원합니다. 다만, 승소가액 3억원 이상 및 근로관계와 대응된 사건은 제외됩니다.

③ 지원절차

④ 구비서류

다음의 구비서류를 가까운 대한법률구조공단 지부, 출장소에 제출합니다.

구분	제출서류
기준 중위소득 125%이하 증빙서류	주민등록표 등록(세대주와 세대원 포함) 건강보험자격득실확인서 또는 건강보험증 건강보험료 납부확인서 또는 건강보험료산정내역서

소상공인 확인서류	아래 서류 중 1부 ① 소상공인확인서(중소벤처기업부 발급) ② 사업자등록증 및 상시근로자* 확인서류

※ 법률구조제도

법률구조제도는 경제적으로 어렵거나 법을 몰라서 법의 보호를 충분히 받지 못하는 국민에게 법률상담, 변호사 또는 공익법무관에 의한 소송대리 및 형사변호 등의 법률적 지원을 통하여 적법한 절차에 의하여 정당한 권리를 보호받을 수 있도록 함으로써 국민의 기본적 인권을 옹호하는 법률분야의 사회복지제도입니다.

※ 소송구조제도

1. 개요

법률상담을 통해 법률구조를 신청한 사건의 소송하고자 하는 가액(예 : 되돌려 받을 금액)이 1천만원 이하 소액이면서, 사안이 명백하고 단순한 사건에 대한 소장 및 가압류신청서 등의 소송서류를 무료로 작성해 드립니다. 1천만원이 넘거나 신청인이 소송수행을 하기 어려운 사건에 대하여는 공단에서 소송대리 등 모든 법률적인 문제를 맡아 처리해 드립니다.

2. 소송구조 요건

대한법률구조공단 소속변호사의 민·가사 등 사건 소송대리 및 형사변호는 법률구조대상자로 제한하여 제공하고 있습니다. 원칙적으로 소득을 기준으로 중위소득 125%이하의 국민과 국내거주 외국인은 인지대, 송달료 등 소송실비, 소정의 변호사 비용을 부담하고 소송구조를 받을 수 있는 유료 법률구조 대상자입니다. 공단 소송구조 사건의 90%이상이 무료 법률구조대상자 사건이므로 비용은 크게 걱정하지 않으셔도 됩니다.
※ 다만, 형사고소 대리는 공단의 법률구조 업무에 포함되지
않습니다(검찰청에서 피해자국선변호사로 지정된 경우 제외).

3. 무료 법률구조대상자

임금 등 체불 피해근로자나 농·어민, 기초생활수급자와 같은
무료법률구조대상자의 소송비용은 협약에 따라 출연기관
에서 출연한 적립금에서 부담하게 됩니다. 다만, 승소금액이
3억원을 초과하는 고액사건은 무료법률구조에서 제외됩니다.
(소송에서 패소하는 경우 상대방의 변호사비용 등 소송비용을
부담할 수 있음을 유념하시기 바랍니다.)

4. 유료 법률구조대상자

대한법률구조공단에 법률구조 신청한 사건에 대하여 변호사나
공익법무관을 소송대리인으로 선임하여 소송 등을 하는 경우
에는 법원에 납부하는 인지대·송달료 등 소송실비와 소정의
변호사 비용을 공단에 납부해야 합니다. 다만 공단에 지급
해야 하는 변호사 비용은 대법원규칙에서 정한 변호사 비용의
30%정도로 저렴한 금액입니다.

5. 소송구조결정 및 진행

대한법률구조공단을 방문상담을 하여 법률구조신청서가
접수되면 공단에서는 곧바로 사실조사에 착수합니다. 공단은
사실조사가 일정단계에 이르면 당사자에게 분쟁에 대한 법률
적인 문제점과 그 해결방법을 제시하여 당사자간에 원만히
화해를 이룰 수 있도록 권유하거나, 구조대상자 여부와 승소
가능성, 집행가능성 및 구조의 타당성을 심사하여 "소송구조"
를 할 것인지를 결정합니다.
의뢰자가 공단의 구조기각 결정에 불복할 경우 이의신청을 할
수 있으며, 이의신청된 사건은 재검토하여 구조여부를 다시 결

정하게 됩니다. 다만 구조대상자나 구조대상사건이 아니라는 이
유로 구조기각된 사건은 제외됩니다. 소송구조 하기로 결정된
사건은 소속변호사나 공익법무관이 의뢰자를 대리하여 소송을
수행하게 되며 인지대와 송달료는 미리 납부를 하셔야 합니다.

6. 비용상환

대한법률구조공단은 재판이 승소나 화해 등으로 종결되었을
경우 앞서 지출한 소송비용과 변호사보수 등을 소송 상대방
으로부터 상환 받을 수 있습니다. 다만 유료법률구조 대상자의
경우 예납된 소송비용을 제외한 나머지 소송비용과 변호사
보수 등은 의뢰자로부터 상환받게 됩니다.

7. 강제집행

대한법률구조공단이 의뢰자가 신청한 법률구조사건의 소송을
대리하여 소송을 진행한 결과 승소 또는 패소할 수 있습니다.
재판에서 승소한 후 상대방이 승소금을 임의로 지급하지 않을
경우 공단은 의뢰자로 부터 추가로 신청을 받아 상대방의 재산에
대한 강제집행을 도와드릴 수 있습니다. 상대방의 재산이 확인되지
않을 경우 재산을 찾기 위한 재산명시, 재산조회 신청을 하실 수
있습니다. 패소한 경우 상소 여부를 검토하여 사건을 종결할지, 아
니면 상소할지를 결정합니다.

4-2. 상권정보시스템(http://sg.sbiz.or.kr) 지원

① 상권정보시스템 구축 및 운영

중소벤처기업부장관은 소상공인의 입지 및 업종 선정을 지원
하기 위하여 상권 관련 정보를 종합적으로 제공하는 정보
시스템을 구축·운영할 수 있습니다(소상공인 보호 및 지원에
관한 법률 제13조제1항).

② 지원내용

1) 점포(업종현황, 위치 등), 인구(인구구성, 주거형태 등), 시설 (아파트, 주요시설 수·위치 등), 선택지역·업종의 평균 매출 추이 정보 등 49종의 정보제공

2) 전국 행정구역별로 인구, 가구, 업종별 업소 개수 등 상권 분석에 활용도 높은 각종 통계자료 제공

3) 전국 발달한 주요상권 내 50개 업종에 대한 밀집도 지수를 시각화하여, 선택상권의 업종별 밀집수준을 가늠할 수 있도록 제공

4) 성장성·안정성·활성도 등의 상권·업종의 평가, 입지 특성분석 정보, 스스로 사업 타당성 검토가 가능하도록 수익성 분석 기능 제공

5) 실제 상권 모습을 360도 파노라마 사진을 통해 골목 구석 구석까지 생생한 모습을 확인할 수 있도록 제공

제4장
소상공인 폐업이후에도 지원이 있나요?

1. 폐업 절차

1-1. 사업자 등록에 대한 폐업 신고

① 사업자등록을 한 사업자가 폐업을 하려는 경우에는 지체 없이 다음의 사항을 적은 폐업신고서를 세무서장(관할 세무서장 또는 그 밖의 세무서장 중 어느 한 세무서장을 말함)에게 제출(국세정보통신망에 의한 제출 포함)해야 합니다(부가가치세법 제8조 제7항 본문 및 부가가치세법 시행령 제13조제1항).

1) 사업자의 인적사항

2) 휴업 연월일 또는 폐업 연월일과 그 사유

3) 그 밖의 참고 사항

② 폐업신고서에는 사업자등록증을 첨부해야 합니다(부가가치세법 시행령 제13조제2항).

③ 사업자등록을 한 사업자가 부가가치세 확정신고서에 폐업 연월일과 그 사유를 적고 사업자등록증을 첨부해 제출하는 경우에는 사업자등록에 대한 폐업신고서를 제출한 것으로 봅니다(부가가치세법 시행령 제13조제3항 및 부가가치세법 시행규칙 별지 제21호서식).

④ 국세청 사이트-휴·폐업 안내

※ 휴·폐업 신고

(부가가치세법 제8조 및 동법 시행령 제13조)

「휴업(폐업)신고서」 제출 사업자등록을 한 사업자가 휴업 또는 폐업하거나 사업개시일 전에 등록한 자가 사실상 사업을 개시하지 아니하게 되는 때에는 지체없이 「휴업(폐업)신고서」 에 사업자등록증을 첨부하여 사업장 관할세무서 또는 가까운 세무서 민원봉사실에 제출하여야 함

다만, 사업자가 부가가치세확정신고서에 폐업연월일 및 폐업사유를 기재하고 사업자등록증을 첨부하여 제출한 경우에는 폐업신고서를 제출한 것으로 봄

법령에 의해 허가·등록 또는 신고를 하는 사업을 하는 사업자가 폐업신고를 할 경우에는 시·군·구 등의 관할관청에 폐업신고를 한 사실을 확인할 수 있는 서류 첨부하여야 함

홈택스 가입 사업자의 경우 공동인증서로 로그인하여 인터넷 또는 모바일 홈택스에서 휴·폐업 신고 및 휴업 중 재개업 신고가 가능합니다.

(홈택스 - "신청/제출 → 신청업무" 메뉴의 "휴폐업신고", "(휴업자)재개업신고")

(모바일 - "국세청 손택스" 앱의 "신청/제출" 또는 "모바일 민원실")

음식업, 이미용 등 공중위생업종, 의료기기업종 등 138개인·허가 업종(대상업종은 아래 '[별표3] 통합 폐업신고로 접수할 수 있는 민원의 종류' 참고)은 아래 「통합폐업신고서」 [별지7호서식] 를 작성하여 시군구 또는 세무서 중 한 곳에 제출하면 인허가와 사업자등록 폐업신고를 한 번에 할 수 있습니다.

※ 휴업·폐업일의 기준

구분	유형별	휴·폐업일
휴업	일반적인 경우	사업장별로 그 사업을 실질적으로 휴업하는날
	계절사업의 경우	그 계절이 아닌 기간은 휴업기간으로 봄
	휴업일이 명백하지 않은 경우	휴업신고서의 접수일
폐업	일반적인 경우	사업장별로 그 사업을 실질적으로 폐업하는 날
	- 해산으로 청산중인 내국법인 - 회사정리법에 의한 회사정리 절차를 진행중인 내국법인	사업을 실질적으로 폐업한 날로부터 25일 이내에 신고하여 승인을 얻은 경우에 한하여 잔여재산가액 확정일 (해산일로부터 365일 이내)
	폐업일이 명백하지 않은 경우	폐업 신고서의 접수일
	개시전 등록한 자가 6월이 되는 날까지 거래실적이 없는 경우	그 6월이 되는 날 (부득이 한 경우 제외)

1-2. 폐업 전 세금 납부

① 부가가치세의 확정신고

사업자는 폐업일이 속하는 과세기간의 개시일부터 폐업일까지의 과세표준과 납부세액을 폐업일이 속한 달의 다음 달 25일 이내에 사업장 관할 세무서장에게 신고해야 합니다 (「부가가치세법」 제5조제3항 및 제49조제1항).

② 부가가치세의 납부

사업자는 다음에 해당하는 금액을 확정신고 시의 납부세액에서 빼고 부가가치세 확정신고서와 함께 각 납세지 관할 세무서장에게 납부하거나 「국세징수법」 에 따른 납부서를 작성해 한국은행 또는 체신관서에 납부해야 합니다 (부가가치세법 제49조제2항).

1) 조기 환급을 받을 환급세액 중 환급되지 아니한 세액
2) 예정신고에 따라 징수되는 금액

1-3. 4대 보험 탈퇴·소멸신고

① 국민연금 당연적용사업장 탈퇴신고

사업자가 당연적용사업장의 사용자로서 사업장을 폐업하게 되면 해당 사업자는 사업장의 폐업 사유가 발생한 날이 속하는 달의 다음 달 15일까지 사업장탈퇴 신고서 및 사업장 탈퇴 사실을 증명할 수 있는 서류를 국민연금공단에 제출해야 합니다(국민연금법 제21조제1항, 국민연금법 시행규칙 제4조 및 별지 제4호서식)

② 국민건강보험 사업장 탈퇴신고

사업장을 폐업하게 되면 해당 사업자는 폐업한 날부터 14일 이내에 사업장 탈퇴신고서(전자문서 포함)에 사업장 탈퇴 사실을 증명할 수 있는 서류(전자문서 포함)를 첨부하여 국민

건강보험공단에 제출해야 합니다(국민건강보험법 제7조제2호, 국민건강보험법 시행규칙 제3조제3항제1호 및 별지 제4호서식).

③ 고용보험 및 산업재해보상보험의 보험관계 소멸신고

　㉠ 고용보험 및 산업재해보상보험의 보험관계는 해당 사업이 폐업되거나 끝난 날의 다음 날에 소멸합니다(고용보험 및 산업재해보상보험의 보험료징수 등에 관한 법률 제10조제1호).

　㉡ 사업의 폐업·종료 등을 이유로 보험관계가 소멸한 경우 해당 사업자는 그 보험관계가 소멸한 날부터 14일 이내에 보험관계 소멸신고서를 해당 근로복지공단에 제출함으로써 소멸신고를 해야 합니다(고용보험 및 산업재해보상보험의 보험료징수 등에 관한 법률 제11조제1항 본문, 고용보험 및 산업재해보상보험의 보험료징수 등에 관한 법률 시행규칙 제7조제3항 및 별지 제4호서식).

2. 폐업이후의 지원

2-1. 재창업 및 재취업 지원

정부는 폐업하였거나 폐업하려는 소상공인을 지원하기 위하여 다음의 사항에 관한 사업을 할 수 있습니다(소상공인 보호 및 지원에 관한 법률 제12조제1항).

1) 재창업 지원
2) 취업훈련의 실시 및 취업 알선
3) 그 밖에 폐업 소상공인을 지원하기 위하여 필요한 사항

2-2. 희망리턴패키지

① 사업개요

소상공인의 폐업 부담을 완화하고, 신속한 재기를 위해 사업

정리컨설팅, 점포철거, 법률자문, 취·재창업 교육 등 지원

② 지원대상
폐업(예정) 소상공인

③ 지원내용
1) 사업정리컨설팅 : 폐업 시 신고사항, 자산·시설 처분 방법, 사업장 양수도 등에 대한 일반/세무/부동산 분야 컨설팅 지원
2) 점포철거지원 : 점포철거 및 원상복구 소요 비용(최대 200만원, 부가세 제외)
3) 법률 자문 : 폐업과 재기 과정에서 발생하는 노무, 금융, 세무 등 상담, 재기사업 안내 및 법률자문 지원
4) 취업 교육 : 취업 마인드 변화, 직업 정보 탐색 등 교육지원
5) 전직장려수당 : 사업정리컨설팅, 취업 교육 등에 참여하고, 폐업신고 후 취업활동 또는 취업한 경우 전직장려수당 지원 (최대 100만원)
6) 업종전환·재창업 교육 : 유망·특화·융복합 업종으로 전환 또는 재창업을 위한 실무교육
7) 업종전환·재창업 멘토링 : 마케팅, 경영, 세무 등 전문가 멘토링 지원
8) 업종전환·재창업 사업화 : 특화 아이템 개발, 사업방식 개선 등에 소요되는 사업화 비용 일부 지원(민간부담 50%시 국비 최대 1,000만원)

2-3. 문의처
① 중소벤처기업부 소상공인경영지원과(www.mss.go.kr)
② 전화상담은 국번없이 ☎ 1357, 정책정보는 기업마당 (www.bizinfo.go.kr)

제5장
소상공인과 자영업자가 묻고 정부가 답하다.

1. 온라인쇼핑을 운영하는 소상공인인데요. 결제대행업체(PG*)를 이용한다는 이유로 우대수수료 적용을 받지 못하는데 불합리한 거 아닌가요?

□ 결제대행업체를 이용하는 경우도 매출액에 따라 우대수수료율을 적용받을 수 있도록 제도를 개선했습니다.

- 온라인 판매업자 수수료 인하 : 3.0→1.8%~2.3%
- 개인택시사업자 우대수수료 적용 : 1.5%→1.0%
  * PG(Payment Gateway)사는 신용카드사와 가맹점 계약을 체결하는 것이 곤란한 영세업체를 대신해 카드사와 대표 가맹점 계약을 맺고 신용카드 결제 및 지불을 대행하는 업체

2. 영세 자영업자에 대한 세금 우대는 있는데, 성실히 세금을 내는 자영업자에 대해서는 별도의 혜택이 없나요?

□ 성실사업자에 대한 월세, 의료비·교육비 세액공제 제도가 있습니다.

- (월세) 무주택자인 종합소득 6천만원 이하 성실사업자 등에 대해 주택월세액의 10% 세액공제(75만원 한도, 기존에는 근로자에게만 적용)
- (의료비·교육비) 성실사업자의 의료비·교육비 지출에 대한15% 세액공제 기한연장('18년→'21년) 및 요건 완화*
  * '18년 성실사업자 요건완화(복식부기 신고→간편장부 신고포함,

수입금액이 직전 3개년 평균의 90%→50% 이상, 계속사업
3년 이상 →2년 이상)

3. 카드수수료가 낮아졌다는데 잘 실감이 나지 않네요. 실제로 낮아진 거 맞나요?

□ 우대수수료 구간 신설(5~30억원), 개인택시 및 온라인판매
업자 수수료 인하 조치가 '19년부터 시행되어 조만간 효과가
가시화 될 전망입니다.

- 또한, 카드결제 금액에 대한 세액공제 한도가 확대되고, 우대
공제율 적용기간이 연장되어 실질적인 수수료 부담은 더욱
인하됩니다.

* 세액공제 한도 확대(500 →1,000만원) 및 우대공제율(1.3%)
적용기간 연장('18→'20년)

□ 추가적으로, 소상공인에게 0%대 수수료율로 서비스를 제공
하는 제로페이를 도입하고 확산을 본격적으로 추진합니다.

* 연매출 8억원 이하(소상공인의 91.7%)는 0%, 8~12억원(4.3%)
은 0.3%, 12억원 이상(4.0%)은 0.5%를 적용, 소상공인 이외
의 점포는 민간 자율로 결정

4. 아직 제로페이 가맹점이 적어 실효성이 없는 거 아닌가요?

□ 현재 시범 시행 단계로 올해 상반기 중에 전국으로 가맹점
을 확대할 예정입니다.

* 시범상가 지정(시·도별 전통시장·상점가·대학가 등), 가입방법
홍보 등 추진

□ 소득공제(40%) 혜택 외에도, 공공시설 이용료 할인, 각종
이벤트 개최* 등을 통해 신용카드 사용에 익숙한 소비자들의
활용 유인을 확대할 계획입니다.

　* 업종단체와 협업으로 포인트 지급 및 할인행사 등 공동마케팅
　　행사 추진

5. 제로페이 말은 들어봤지만, 어떻게 이용하는 건가요?

□ 가맹점은 등록 신청을 하고, 소비자는 앱을 실행하여 사용하면
　됩니다.

　- 가맹점 등록신청은 제로페이 홈페이지(zeropay.or.kr)나 지방
　　중기청, 소상공인지원센터 등에 비치된 가맹가입 신청서를 작성
　　하여 제출

　- 소비자는 제로페이 별도앱이 아닌 기존 은행 및 간편결제사
　　앱*을 이용하거나 신규로 설치하여 이용**

　　* 뱅크페이(은행공동), 투유뱅크(경남은행), 리브(국민은행), i-ONE
　　뱅크(기업은행), NH앱캐시(농협중앙회, 지역농협), 아이M뱅크(대구
　　은행), 썸뱅크(부산은행), 파트너뱅크(수협은행), 신한SOL(신한은행),
　　원터치개인(우리은행), 케이뱅크(케이뱅크), 네이버페이(네이버), 페이코
　　(엔에이치엔페이코), 하나멤버스(하나카드), 머니트리(갤럭시아커뮤니케
　　이션즈)

　　** 설치된 앱을 실행해 매장QR 코드 촬영 후, 금액 및 비밀번호
　　를 입력하여 결제하거나, QR코드(바코드)를 생성하여 매장의
　　POS 등을 이용하여 결제

6. 정부에서 세금을 깎아준다고 하지만, 우리 같은 영세 자영업자는 소득 자체가 낮아 생활이 힘들어요. 실제 소득을 높여주는 정책은 없나요?

□ 영세 자영업자의 실질소득 증대를 위해 근로장려금(EITC) 지원
　요건을 완화*했습니다.(혜택 자영업자 : 57→115만가구, 지원규모
　: 0.4→1.3조원)

* (재산요건 완화) 가구당 1.4억원 미만→2억원 미만
  (소득요건 완화) 1,300~2,500만원 미만→2,000~3,600만원 미만
  (최대지원액 확대) 85~250만원→150~300만원

7. 정부에서 자영업자에게도 근로장려금을 지원해 준다는데 그냥 있으면 지원을 받을 수 있는지요?

☐ 매년 5월 국세청 홈페이지(홈택스 www.hometax.go.kr)에서 신청접수를 받습니다.
- 정기신청 : 5.1~5.31일
- 기한 후 신청* : 6.1~11.30일
  (신청기간 종료일의 다음날부터 6개월 이내)
  * 기한 후 신청을 한 경우, 지원금액의 10%가 감액 지급됨
- 자영업자의 경우 아래의 세무상 절차 사전이행 필요
  * ① 직전년도 12.31일까지 사업자등록 완료,
    ② 부가가치세확정 신고 또는 면세사업자는 사업자현황 신고 완료,
    ③ 종합소득세 신고 완료

8. 힘들게 일해서 장사가 좀 된다 싶으면 건물주가 높은 임대료를 요구하고 나가라고 하는데 너무 힘들어요. 정책적으로 개선된 사항이 있는지요?

☐ '18년부터 상가 임대료 인상률 상한선을 당초 9%에서 5%로 인하했습니다.

☐ 또한, 계약갱신청구기간을 당초 5년에서 10년으로 연장했습니다.('19.4월 시행)

9. 전통시장은 대규모점포로 등록되어 권리금 보호를 받지 못한 다는데 불합리한 거 아닌가요?

□ 대규모점포로 등록된 전통시장 776곳도 권리금 보호대상에 포함했습니다.('19.4월 시행)

10. 상가임대차 관련 보호를 강화했다지만, 임대료가 높은 서울 처럼 아예 보호대상에서 제외되는 경우는 어떻게 하나요?

□ 임대차보호대상을 정하는 환산보증금을 그간 지속적으로 인상 해 왔습니다.

- 임대차 보호대상 확대 : (종전) 60~70%→('18) 90%→('19.3월) 95%*
  * 서울의 경우 환산보증금 6.1억 원에서 30~50% 인상 전망
- '20년까지 환산보증금을 폐지하여 모든 상가를 보호대상으로 할 계획

11. 임대료, 권리금 회수 등 임대인과 분쟁이 발생하면 도움을 받을 방법이 있나요?

□ 임대인과 임차인간의 법적 분쟁을 신속하게 조정하기 위한 '상가건물임대차분쟁조정위원회'가 대한법률구조공단에 설치 되었습니다.

- 이와 함께, 광역자치단체에도 실정에 따라 분쟁조정위원회를 설치할 수 있도록 상가임대차법을 개정했습니다.('19.4월 시행)

□ 중기부는 영세 소상공인(중위소득 125% 이하 : 4인가구 기준 월 소득 577만원 이하)에 대하여 무료 법률구조 지원사업을 대한 법률구조공단과 함께 진행하고 있으며,

- 상가보증금 등 상행위 관련 민사사건*에 대한 제반 소송비용 (변호사 비용, 인지대, 송달료 등) 지원(단, 승소가액 3억원 이상

및 근로관계 대응사건 제외)을 지원합니다.

  * 예) 상가보증금, 물품대금, 상가임대차, 개인회생 및 파산 등
  상거래 관련 사건

□ 한편, 불공정거래 피해상담센터(전국 60개 소상공인지원센터)에
  신청하여 변호사 등 전문가 상담을 받아볼 수도 있습니다.

12. 젠트리피케이션 방지를 위해 주변 시세보다 낮은 상가를 공공 기관이 운영한다고 하던데 어떤 게 있나요?

□ 대표적으로 '희망상가'와 '공공상생상가'가 있습니다.

  - 신규 장기 공공임대주택 단지 내 상가 일부를 소상공인 등
  에게 저가(주변시세의 80%)로 제공하는 '희망상가' 운영(LH
  한국토지주택공사)

  - 도시재생 뉴딜사업 지역 내 임차상인 보호를 위해 주변 시세
  보다 낮은 임대료로 상가를 임대해 주는 '공공상생상가' 공급
  추진('19년말)

□ 주택도시보증공사는 공공상생상가 사업자에게 사업비의 80%
  까지 연이율 1.5%로 지원

13. 일자리 안정자금을 신청하면 직원들 4대보험을 가입시켜야 합니다. 배보다 배꼽이 더 큰 상황 아닌가요?

□ 신규가입자에 대한 사회보험료 지원을 강화합니다.

  - 두루누리(국민연금·고용보험) : 기준보수를 상향 조정(190→210
  만원)하고, '18년 우대사항(5인 미만 90%, 10인 미만 80%
  지원) 계속적용

  - 건강보험 : 5인 미만 사업장에 대해서는 건강보험료 경감률을
  확대(50→60%)

  - 신규가입자에 대한 사업주 실부담액의 50% 세액공제

14. 최저임금에 영향을 많이 받는 것은 소상공인인데, 우리 의견을 정책에 반영하는 통로가 있나요?

□ 최저임금 결정 시 소상공인 의견이 충실히 반영될 수 있도록 소상공인 관련 단체에 최저임금위원회 사용자위원 추천권을 부여했습니다.(현 위원* 임기만료('21.5월) 후 추천 가능)

   * 기존 사용자위원(9명) 추천 : 대한상의(2), 중기중앙회(2), 경총(3), 무역협회(2)

□ 최저임금위원회 특별위원으로 중소벤처기업부 공무원이 참여하도록 법령이 개정되어 소상공인·자영업자의 의견을 대변할 수 있는 기회가 확대되었습니다.

15. 자영업자는 고용보험이나 산재보험을 가입하고 싶어도 가입하지 못하는 경우가 많은데, 요건을 완화할 계획이 있는지요?

□ 고용보험 가입요건과 해지요건을 완화했습니다.

 - 자영업자 고용보험 가입요건 완화(창업 후 1년 이내→5년 이내)
 - 체납 시 자동해지 기간 연장(3→6개월)

□ 1인 자영업자의 산재보험 가입 가능 업종을 확대합니다.

 - ('18) 특수형태근로종사자 등*, 7개 제조업** → ('19) 도소매, 음식업, 기타개인서비스업 추가

   * 여객·화물자동차 운송사업자, 건설기계사업자, 택배원(퀵서비스업자 등), 예술인

 ** 1차 금속, 금속 가공제품, 전자부품·컴퓨터·영상·음향 및 통신장비, 의료·정밀· 광학기기 및 시계, 전기장비, 기타 기계 및 장비, 귀금속 및 장신용품 제조업

 - 향후, 가입대상을 전 업종으로 확대 추진('20~)

16. 자영업자는 자기고용을 하는 근로자 성격도 있는데, 사업주가 50%를 지원하는 임금근로자에 비해 지원이 많이 약한 거 아닌가요?

□ 1인 자영업자 고용보험료 지원사업을 '18년부터 시행 중이며,
 – '19년에는 지원대상(기준보수 1등급 → 1~4등급), 지원비율 (보험료의 30%→50%), 지원기간(2→3년)을 확대합니다.

17. 음식점을 30년째 운영 중입니다. '백년가게'라는 사업에 관심이 많은데 어떤 지원을 해주나요?

□ 도소매·음식업종에서 30년 이상 사업을 운영 중인 소상인과 소기업을 '백년가게'로 지정하여 지원하고 있습니다.
 – (지원내용) 인증 현판제공, 신문·방송 및 민간 O2O 플랫폼 연계 홍보, 정책자금 우대(0.4%p) 지원
 – (신청접수) 소상공인시장진흥공단 지역센터 상시(1~11월)방문 접수 또는 이메일(100year@semas.or.kr) 접수

□ 선정방법 : 서류검토(지역센터) → 현장평가 → 지역평가위원회 개최(4,6,8,10,12월)

18. 서비스가 좋고 품질이 우수한 소상공인에 대해 벤처기업처럼 정부가 적극적으로 지원하는 제도가 있는지요?

□ 백년가게* 등 혁신형 소상공인**을 집중 발굴·육성할 계획 입니다.
 * '18. 8월부터 업력 30년 이상 도소매, 음식업 업체 대상으로 혁신성평가를 통해 선정 중('18.12,81개), '22년까지 총 1천여 개 수준으로 관리하고 성공모델을 확산
 ** 제품·서비스, 마케팅, 전문성, 혁신 경영을 통해 지속 발전을 추구하는 소상공인

- 혁신형 소상공인에게 정책자금 금리우대, O2O 플랫폼 연계
  마케팅, 홈쇼핑 입점 및 집중 컨설팅 지원
- 혁신형 소상공인이 고용한 청년에 대한 '청년내일채움공제'*
  및 사업주에 대한 '청년추가고용 장려금' 지원 검토
  * 고용안정성(업력, 고용유지율 등) 등을 고려하여 적용대상기업
  선정

19. 소상공인 혼자서 시장에서 경쟁하기에는 힘에 부친 상황이에요. 소상공인들 간 협업할 수 있도록 지원하는 제도가 있나요?

□ 소상공인 간 협업을 통해 경쟁력을 확보할 수 있도록 소상
  공인협동조합에 대해 공동사업, 판로사업 등을 지원합니다.

□ (공동사업) 공동브랜드, 마케팅, 프랜차이즈시스템 구축 등
  지원(2~5억원 한도) (판로사업) 온라인 판로(V-커머스, 소셜
  커머스, 광고 등), 지역판매전, 수출교육 등

 - 소상공인 간 협업을 활성화하기 위해 협동조합의 규모화를
   촉진(조합원 20인 이상인 협동조합 육성 : '18년, 30개 →
   '22년, 150개)

□ 정책지원 대상 확대(조합원 중 소상공인 비중 제한을 완화
  : 60~80% 이상 → 50% 이상), 협동조합 간 협력, 협업교육
  지원 등 규모화 기반 마련

20. 소상공인협동조합을 설립하려면 어떻게 준비해야 하나요?

□ (절차) 5인 이상의 조합원을 모집하여 정관작성 후 창립총회를
  개최하고 관할 시·도지사(시·군·구청장)에게 관련서류*를 제출
  하여 설립 신고를 하시면 됩니다.
  * 설립신고서, 정관사본, 창립총회 공고문 및 의사록, 임원명부,
  사업계획서, 수입·지출예산서, 출자 1좌당 금액과 출자 좌수를

적은 서류, 발기인 및 설립동의자 명부 등

□ (지원사업) 협업인큐베이팅을 통해 조합이론, 정관작성, 비즈니스 모델 수립, 조합원 구성 등 협동조합 설립준비 단계부터 설립까지 지원하고 있습니다.

□ 서울, 경기, 대전, 대구, 부산, 광주지역에 각 1곳씩 협업아카데미 지정·운영 중('19년 전국 10개 내외로 확대)

21. 협동조합은 일반기업과는 성격이 많이 달라 일반적인 대출을 받기는 어려운데, 별도의 지원자금은 없나요?

□ 소상공인정책자금에서 협동조합 전용 평가모델을 도입하여 지원자금을 운영 중이며, 조합당 최대 10억원까지 지원합니다.(운전자금 2억원 포함)

– 소상공인시장진흥공단(전국 60개 소상공인지원센터)에 자금을 신청하면, 공단이 사업성 평가, 대출한도 산정을 거쳐 자금지원

□ 신청서류 : 대출신청서, 대표자 실명확인서, 사업자등록증, 업종·상시 근로자수·사업장 확인서류, 세금납부·매출증빙서류, 금융거래확인서, 협동조합 관련 서류 등

22. 손님이 몰리는 식사시간에 주차할 공간이 없어서 돌아가는 손님들이 많은데, 이 문제를 해결할 방안은 없나요?

□ 상권활성화를 위해 식사 시간, 야간 등에 한시적 주·정차 가능지역을 지자체와 협의하여 확대하고 옥외영업이 활성화되도록 하겠습니다.

* 모범사례 : 주정차 단속 유예(은평구 등), 옥외영업 허용(을지로, 청계천 등)

23. 소규모 창업을 하고자 하는데, 필수적인 준비사항이나 상권 정보 등 다양한 정보를 얻을 수 있는 곳이 있나요?

☐ 창업을 위한 필수 준비사항, 상인정신, 실패에 따르는 책임 등 창업 성공·실패 사례를 방송 및 동영상으로 제작하여 배포하고 (소상공인방송),

☐ 세무서 사업자등록시, 음식업 위생교육시 등 창업 과정에서 시청 권고 및 교육자료로 활용

 - 상권정보시스템 활용을 필수화* 및 고도화**하고, '자영업 종합 포털'을 신설하여 업종·지역·부처별 정보가 일괄 조회되는 서비스 를 제공하겠습니다.

 * 창업지원 사업 참여시 상권정보시스템 내 '창업 자가진단' 이용 결과 제출 의무화

** 상권별 환경(거주 인구, 소득·소비) 및 경영현황(메뉴, 가격) 등 분석, 영업전략 제시

24. 소상공인들은 창업해도 실패할 확률이 높다고 들었는데, 성공적인 창업을 도와주는 제도가 있나요?

☐ (튼튼창업프로그램) 창업 전에 상권·아이템 분석, 업종별 맞춤형 교육 등을 통해 준비된 창업을 지원하겠습니다.

 * 예비(초기)창업자 대상 교육비(90%, 1인당 50만원 한도)를 지원

** 소상공인시장진흥공단에서 사업공고('19. 3월) 후 수시접수

☐ (신사업창업사관학교) 과밀업종이 아닌 틈새시장 창업을 위해 필요한 과정을 패키지로 지원하겠습니다.

 * 창업교육(1.5개월) - 점포체험(4개월) - 사업화(2천만원 한도) 를 단계별로 패키지 지원

** 신사업창업사관학교 홈페이지(http://newbiz.sbiz.or.kr)에서 신청(소상공인시장진흥공단)

□ (생활혁신형 창업지원) 생활 속 우수 아이디어를 사업화할 수 있도록 전문가 멘토링과 성공불융자(2천만원 한도, 성실 실패 시상환의무 면제) 지원을 추진하겠습니다.

  * 홈페이지(http://idea.sbiz.or.kr, 아이디어톡톡)를 통한 온라인 신청('19.2월~)

25. 창업 전에는 교육이나 컨설팅이 있는 것 같던데 창업이후에도 전문가로부터 계속 컨설팅을 받을 수 있나요?

□ 분야별 전문가 580여 명을 확보하여 마케팅, 경영진단, 법률, 세무 등 맞춤형 컨설팅을 제공하고,

□ 1회당(4시간 이상/일, 4일) 최대 1백만원(자부담조건시 10만원, 10%) 지원

– 매출이 지속적으로 감소하고 있는 소상공인에게는 해당분야 전문가가 경영위기를 진단·분석하고 연계 지원하는 '역량점 프업 프로그램'을 운영해 나가겠습니다.

□ 신제품 개발, 브랜드 개발, 매장환경 개선 등 최대 4백만원 한도 지원

26. 전통시장 청년몰이 많이 알려져 있던데 어떤 지원 정책이 있나요?

□ 전통시장에서 청년들이 마음껏 영업할 수 있도록 다양한 정책을 지원하겠습니다.

□ 청년몰 지원 강화

– 입지제한 완화(전통시장→오픈된 상점가, 상점가 조성 예정지 등)

□ 폐공장, 농협창고, 폐극장 등을 활용한 테마형 청년몰 상점가 조성 지원

– 신개념 청년몰 구축(기업형·조합형 공동창업, 창업전문기업

연계형 등)

☐ 기업형, 조합형 공동창업(공동제조, 공동판매), 창업전문기업 연계 창업보육센터형 등
 - 청년몰 사후관리 강화(청년몰 활성화·확장 지원, 청년몰—대학협력 등)

☐ 청년상인 자생력 강화
 - 가업승계, 도약지원, 백종원식 컨설팅 등 청년상인 자생력 강화 지원
 - 청년상인 네트워크 구축을 통한 자율적 상생협력 지원

☐ 청년상인 전국 네트워크 출범 및 청년상인 전국대회 정례 개최

27. 카드매출 대금 정산기간 때문에 자금 융통에 어려움을 겪는 경우가 있어요. 조금이라도 단축할 수 있는 방안은 없나요?

☐ 영세·중소가맹점의 현금 유동성 제고를 위해 카드매출 대금 정산 기간을 현행 매출전표 매입일(카드승인일의 익일) 기준 D+2일에서 D+1일로 단축하였습니다.('18.9월~)

28. 청탁금지법 때문에 매출이 줄었는데 개선 방안이 있나요?

☐ 선물 상한액을 기존 5만원에서, 농수산물 선물과 합산할 경우 최대 10만원까지 상향 조정하였습니다.

☐ 경조사비는 기존 10만원에서 5만원으로 하향 조정(다만, 화환과 합산할 경우는 최대 10만원까지 가능)

29. 예약 후 나타나지 않는 이른바 '노쇼' 때문에 피해가 많은데 피해 구제책이 있나요?

☐ 연회시설 운영업에 대해서만 적용되는 예약부도 위약금을 모든 외식업으로 확대하였습니다.(소비자분쟁해결기준 개정, '18.2월)

□ 위약금 기준 가이드라인 :
- 예약시간으로부터 1시간 전 이전에 취소 : 위약금 없음(예약
  보증금 환급)
- 예약시간으로부터 1시간 전 이후에 취소 : 예약보증금을 위약금
  으로 수취)

30. 건물 벽면을 이용한 간판 설치가 3층까지로 제한되어 있어서 광고에 제약을 받는 상황이에요. 설치 제한을 좀 더 풀어줄 수는 없나요?

□ 정부는 광고물 제작·설치 기술의 발달 등을 고려하여 지자체가 여건에 맞게 층수 제한을 규정할 수 있도록 5층까지 간판 설치를 허용하는 내용으로 시·도 표준조례안을 변경하여 시달하였습니다.('18.12월)

제2편

음식점 운영자

제1장
음식점 운영관리에 유의할 점은 무엇이 있을까요?

§. 운영시 준수사항

1. 음식점 영업자 등의 준수사항
1-1. 음식점 영업이란?

① "음식점 영업"이란 식품접객업으로서, 「식품위생법 시행규칙」 별표 14에 따른 시설기준에 맞는 시설을 갖추고 음식류 등을 조리·판매하는 영업을 말합니다(식품위생법 제36조제1항, 식품위생법 시행령 제21조제8호 및 식품위생법 시행규칙 제36조).

※ **업종별 시설기준**

8. 식품접객업의 시설기준

가. 공통시설기준

(1) 영업장

가) 독립된 건물이거나 식품접객업의 영업허가를 받거나 영업신고를 한 업종 외의 용도로 사용되는 시설과 분리, 구획 또는 구분되어야 한다(일반음식점에서 「축산물위생관리법 시행령」 제21조제7호가목의 식육판매업을 하려는 경우, 휴게음식점에서 「음악산업진흥에 관한 법률」 제2조제10호에 따른 음반·음악영상물판매업을 하는 경우 및 관할 세무서장의 의제 주류판매 면허를 받고 제과점에서 영업

을 하는 경우는 제외한다). 다만, 다음의 어느 하나에 해당하는 경우에는 분리되어야 한다.

1) 식품접객업의 영업허가를 받거나 영업신고를 한 업종과 다른 식품접객업의 영업을 하려는 경우. 다만, 휴게음식점에서 일반음식점영업 또는 제과점영업을 하는 경우, 일반음식점에서 휴게음식점영업 또는 제과점영업을 하는 경우 또는 제과점에서 휴게음식점영업 또는 일반음식점영업을 하는 경우는 제외한다.

2) 「음악산업진흥에 관한 법률」 제2조제13호의 노래연습장업을 하려는 경우

3) 「다중이용업소의 안전관리에 관한 특별법 시행규칙」 제2조제3호의 콜라텍업을 하려는 경우

4) 「체육시설의 설치·이용에 관한 법률」 제10조제1항제2호에 따른 무도학원업 또는 무도장업을 하려는 경우

5) 「동물보호법」 제2조제1호에 따른 동물의 출입, 전시 또는 사육이 수반되는 영업을 하려는 경우

나) 영업장은 연기·유해가스등의 환기가 잘 되도록 하여야 한다.

다) 음향 및 반주시설을 설치하는 영업자는 「소음·진동관리법」 제21조에 따른 생활소음·진동이 규제기준에 적합한 방음장치 등을 갖추어야 한다.

라) 공연을 하려는 휴게음식점·일반음식점 및 단란주점의 영업자는 무대시설을 영업장 안에 객석과 구분되게 설치하되, 객실 안에 설치하여서는 아니 된다.

마) 「동물보호법」 제2조제1호에 따른 동물의 출입, 전시 또는 사육이 수반되는 시설과 직접 접한 영업장의 출입구에는 손

을 소독할 수 있는 장치, 용품 등을 갖추어야 한다.

(2) 조리장

가) 조리장은 손님이 그 내부를 볼 수 있는 구조로 되어 있어
야 한다. 다만, 영 제21조제8호바목에 따른 제과점영업소
로서 같은 건물 안에 조리장을 설치하는 경우와 「관광
진흥법 시행령」 제2조제1항제2호가목 및 같은 항 제3호
마목에 따른 관광호텔업 및 관광공연장업의 조리장의 경
우에는 그러하지 아니하다.

나) 조리장 바닥에 배수구가 있는 경우에는 덮개를 설치하여
야 한다.

다) 조리장 안에는 취급하는 음식을 위생적으로 조리하기 위
하여 필요한 조리시설·세척시설·폐기물용기 및 손 씻는
시설을 각각 설치하여야 하고, 폐기물용기는 오물·악취 등이
누출되지 아니하도록 뚜껑이 있고 내수성 재질로 된 것이어
야 한다.

라) 1명의 영업자가 하나의 조리장을 둘 이상의 영업에 공동
으로 사용할 수 있는 경우는 다음과 같다.

1) 같은 건물 내에서 휴게음식점, 제과점, 일반음식점 및
즉석판매제조·가공업의 영업 중 둘 이상의 영업을 하려
는 경우

2) 「관광진흥법 시행령」 에 따른 전문휴양업, 종합휴양업
및 유원시설업 시설 안의 같은 장소에서 휴게음식점·제
과점영업 또는 일반음식점영업 중 둘 이상의 영업을 하
려는 경우

3) 삭제 <2017. 12. 29.>

4) 제과점 영업자가 식품제조·가공업 또는 즉석판매제조·

가공업의 제과·제빵류 품목 등을 제조·가공하려는 경우
  5) 제과점영업자가 다음의 구분에 따라 둘 이상의 제과점 영업을 하는 경우
    ㉠ 기존 제과점의 영업신고관청과 같은 관할 구역에서 제과점영업을 하는 경우
    ㉡ 기존 제과점의 영업신고관청과 다른 관할 구역에서 제과점영업을 하는 경우로서 제과점 간 거리가 5킬로미터 이내인 경우

마) 조리장에는 주방용 식기류를 소독하기 위한 자외선 또는 전기살균소독기를 설치하거나 열탕세척소독시설(식중독을 일으키는 병원성 미생물 등이 살균될 수 있는 시설이어야 한다. 이하 같다)을 갖추어야 한다. 다만, 주방용 식기류를 기구 등의 살균·소독제로만 소독하는 경우에는 그러하지 아니하다.

바) 충분한 환기를 시킬 수 있는 시설을 갖추어야 한다. 다만, 자연적으로 통풍이 가능한 구조의 경우에는 그러하지 아니하다.

사) 식품등의 기준 및 규격 중 식품별 보존 및 유통기준에 적합한 온도가 유지될 수 있는 냉장시설 또는 냉동시설을 갖추어야 한다.

아) 조리장 내부에는 쥐, 바퀴 등 설치류 또는 위생해충 등이 들어오지 못하게 해야 한다.

(3) 급수시설
가) 수돗물이나 「먹는물관리법」 제5조에 따른 먹는 물의 수질 기준에 적합한 지하수 등을 공급할 수 있는 시설을 갖추어야 한다.
나) 지하수를 사용하는 경우 취수원은 화장실·폐기물처리시

설·동물사육장, 그 밖에 지하수가 오염될 우려가 있는 장소로부터 영향을 받지 아니하는 곳에 위치하여야 한다.

(4) 화장실

가) 화장실은 콘크리트 등으로 내수처리를 하여야 한다. 다만, 공중화장실이 설치되어 있는 역·터미널·유원지 등에 위치하는 업소, 공동화장실이 설치된 건물 안에 있는 업소 및 인근에 사용하기 편리한 화장실이 있는 경우에는 따로 화장실을 설치하지 아니할 수 있다.

나) 화장실은 조리장에 영향을 미치지 아니하는 장소에 설치하여야 한다.

다) 정화조를 갖춘 수세식 화장실을 설치하여야 한다. 다만, 상·하수도가 설치되지 아니한 지역에서는 수세식이 아닌 화장실을 설치할 수 있다.

라) 다)단서에 따라 수세식이 아닌 화장실을 설치하는 경우에는 변기의 뚜껑과 환기시설을 갖추어야 한다.

마) 화장실에는 손을 씻는 시설을 갖추어야 한다.

(5) 공통시설기준의 적용특례

가) 공통시설기준에도 불구하고 다음의 경우에는 특별자치시장·특별자치도지사·시장·군수·구청장(시·도에서 음식물의 조리·판매행위를 하는 경우에는 시·도지사)이 시설기준을 따로 정할 수 있다.

 1) 「전통시장 및 상점가 육성을 위한 특별법」 제2조제1호에 따른 전통시장에서 음식점영업을 하는 경우
 2) 해수욕장 등에서 계절적으로 음식점영업을 하는 경우
 3) 고속도로·자동차전용도로·공원·유원시설 등의 휴게장소에서 영업을 하는 경우

4) 건설공사현장에서 영업을 하는 경우

5) 지방자치단체 및 농림축산식품부장관이 인정한 생산자 단체등에서 국내산 농·수·축산물의 판매촉진 및 소비홍보 등을 위하여 특정장소에서 음식물의 조리·판매행위를 하려는 경우

6) 「전시산업발전법」 제2조제4호에 따른 전시시설에서 휴게 음식점영업, 일반음식점영업 또는 제과점영업을 하는 경우

7) 지방자치단체의 장이 주최, 주관 또는 후원하는 지역행사 등에서 휴게음식점영업, 일반음식점영업 또는 제과점영업 을 하는 경우

8) 「국제회의산업 육성에 관한 법률」 제2조제3호에 따른 국제회의시설에서 휴게음식점, 일반음식점, 제과점 영업을 하려는 경우

9) 그 밖에 특별자치시장·특별자치도지사·시장·군수·구청장 이 별도로 지정하는 장소에서 휴게음식점, 일반음식점, 제 과점 영업을 하려는 경우

나) 「도시와 농어촌 간의 교류촉진에 관한 법률」 제10조에 따라 농어촌체험·휴양마을사업자가 농어촌체험·휴양프로그램에 부수하여 음식을 제공하는 경우로서 그 영업시설기준을 따로 정한 경우에는 그 시설기준에 따른다.

다) 백화점, 슈퍼마켓 등에서 휴게음식점영업 또는 제과점 영업을 하려는 경우와 음식물을 전문으로 조리하여 판매 하는 백화점 등의 일정장소(식당가를 말한다)에서 휴게음식 점영업·일반음식점영업 또는 제과점영업을 하려는 경우로서 위생상 위해발생의 우려가 없다고 인정되는 경우에는 각 영업소와 영업소 사이를 분리 또는 구획하는 별도의 차단 벽이나 칸막이 등을 설치하지 아니할 수 있다.

라) 삭제 <2020. 12. 31.>

마) 삭제 <2020. 12. 31.>

나. 업종별시설기준

(1) 휴게음식점영업·일반음식점영업 및 제과점영업

가) 일반음식점에 객실(투명한 칸막이 또는 투명한 차단벽을 설치하여 내부가 전체적으로 보이는 경우는 제외한다)을 설치하는 경우 객실에는 잠금장치를 설치할 수 없다.

나) 휴게음식점 또는 제과점에는 객실(투명한 칸막이 또는 투명한 차단벽을 설치하여 내부가 전체적으로 보이는 경우는 제외한다)을 둘 수 없으며, 객석을 설치하는 경우 객석에는 높이 1.5미터 미만의 칸막이(이동식 또는 고정식)를 설치할 수 있다. 이 경우 2면 이상을 완전히 차단하지 아니하여야 하고, 다른 객석에서 내부가 서로 보이도록 하여야 한다.

다) 기차·자동차·선박 또는 수상구조물로 된 유선장(遊船場)·도선장(渡船場) 또는 수상레저사업장을 이용하는 경우 다음 시설을 갖추어야 한다.

 1) 1일의 영업시간에 사용할 수 있는 충분한 양의 물을 저장할 수 있는 내구성이 있는 식수탱크

 2) 1일의 영업시간에 발생할 수 있는 음식물 찌꺼기 등을 처리하기에 충분한 크기의 오물통 및 폐수탱크

 3) 음식물의 재료(원료)를 위생적으로 보관할 수 있는 시설

라) 영업장으로 사용하는 바닥면적(「건축법 시행령」 제119조제1항제3호에 따라 산정한 면적을 말한다)의 합계가 100제곱미터(영업장이 지하층에 설치된 경우에는 그 영업장의 바닥면적 합계가 66제곱미터) 이상인 경우에는 「다중이용업소의 안전관리에 관한 특별법」 제9조제1항에 따른 소방시설

등 및 영업장 내부 피난통로 그 밖의 안전시설을 갖추어야 한다. 다만, 영업장(내부계단으로 연결된 복층구조의 영업장을 제외한다)이 지상 1층 또는 지상과 직접 접하는 층에 설치되고 그 영업장의 주된 출입구가 건축물 외부의 지면과 직접 연결되는 곳에서 하는 영업을 제외한다.

마) 휴게음식점·일반음식점 또는 제과점의 영업장에는 손님이 이용할 수 있는 자막용 영상장치 또는 자동반주장치를 설치하여서는 아니 된다. 다만, 연회석을 보유한 일반음식점에서 회갑연, 칠순연 등 가정의 의례로서 행하는 경우에는 그러하지 아니하다.

바) 일반음식점의 객실 안에는 무대장치, 음향 및 반주시설, 우주볼 등의 특수조명시설을 설치하여서는 아니 된다.

사) 건물의 외부에 있는 영업장에는 손님의 안전을 확보하기 위해 「건축법」 등 관계 법령에서 정하는 바에 따라 필요한 시설·설비 또는 기구 등을 설치해야 한다.

(2) 단란주점영업

가) 영업장 안에 객실이나 칸막이를 설치하려는 경우에는 다음 기준에 적합하여야 한다.

1) 객실을 설치하는 경우 주된 객장의 중앙에서 객실 내부가 전체적으로 보일 수 있도록 설비하여야 하며, 통로형태 또는 복도형태로 설비하여서는 아니 된다.

2) 객실로 설치할 수 있는 면적은 객석면적의 2분의 1을 초과할 수 없다.

3) 주된 객장 안에서는 높이 1.5미터 미만의 칸막이(이동식 또는 고정식)를 설치할 수 있다. 이 경우 2면 이상을 완전히 차단하지 아니하여야 하고, 다른 객석에서 내부

가 서로 보이도록 하여야 한다.

나) 객실에는 잠금장치를 설치할 수 없다.

다) 「다중이용업소의 안전관리에 관한 특별법」 제9조제1항에 따른 소방시설등 및 영업장 내부 피난통로 그 밖의 안전시설을 갖추어야 한다.

(3) 유흥주점영업

가) 객실에는 잠금장치를 설치할 수 없다.

나) 「다중이용업소의 안전관리에 관한 특별법」 제9조제1항에 따른 소방시설등 및 영업장 내부 피난통로 그 밖의 안전시설을 갖추어야 한다.

9. 위탁급식영업의 시설기준

가) 사무소

1) 영업활동을 위한 독립된 사무소가 있어야 한다. 다만, 영업활동에 지장이 없는 경우에는 다른 사무소를 함께 사용할 수 있다.

나) 창고 등 보관시설

1) 식품등을 위생적으로 보관할 수 있는 창고를 갖추어야 한다. 이 경우 창고는 영업신고를 한 소재지와 다른 곳에 설치하거나 임차하여 사용할 수 있다.

2) 창고에는 식품등을 법 제7조제1항에 따른 식품등의 기준 및 규격에서 정하고 있는 보존 및 유통기준에 적합한 온도에서 보관할 수 있도록 냉장·냉동시설을 갖추어야 한다.

다) 운반시설

1) 식품을 위생적으로 운반하기 위하여 냉동시설이나 냉장시설을 갖춘 적재고가 설치된 운반차량을 1대 이상 갖

추어야 한다. 다만, 법 제37조에 따라 허가 또는 신고
한 영업자와 계약을 체결하여 냉동 또는 냉장시설을 갖
춘 운반차량을 이용하는 경우에는 운반차량을 갖추지
아니하여도 된다.

2) (1)의 규정에도 불구하고 냉동 또는 냉장시설이 필요
없는 식품만을 취급하는 경우에는 운반차량에 냉동시설
이나 냉장시설을 갖춘 적재고를 설치하지 아니하여도
된다.

라) 식재료 처리시설

1) 식품첨가물이나 다른 원료를 사용하지 아니하고 농·임·
수산물을 단순히 자르거나 껍질을 벗기거나 말리거나
소금에 절이거나 숙성하거나 가열(살균의 목적 또는 성분
의 현격한 변화를 유발하기 위한 목적의 경우를 제외한
다)하는 등의 가공과정 중 위생상 위해발생의 우려가 없고
식품의 상태를 관능검사(인간의 오감(五感)에 의하여 평가
하는 제품검사)로 확인할 수 있도록 가공하는 경우 그 재료
처리시설의 기준은 제1호나목부터 마목까지의 규정을
준용한다.

마) 나)부터 라)까지의 시설기준에도 불구하고 집단급식소의
창고 등 보관시설 및 식재료 처리시설을 이용하는 경우
에는 창고 등 보관시설과 식재료 처리시설을 설치하지
아니할 수 있으며, 위탁급식업자가 식품을 직접 운반하
지 않는 경우에는 운반시설을 갖추지 아니할 수 있다.

1-2. 음식점 영업의 종류 및 그 범위

음식점 영업의 종류와 그 범위는 다음과 같습니다(식품위생법 제36조제1항 및 식품위생법 시행령 제21조제8호).

1) 휴게음식점영업 : 주로 다류(茶類), 아이스크림류 등을 조리·판매하거나 패스트푸드점, 분식점 형태의 영업 등 음식류를 조리·판매하는 영업으로서 음주행위가 허용되지 않는 영업. 다만, 편의점, 슈퍼마켓, 휴게소, 그 밖에 음식류를 판매하는 장소(만화가게 및 인터넷컴퓨터게임시설제공업을 하는 영업소 등 음식류를 부수적으로 판매하는 장소를 포함)에서 컵라면, 일회용 다류 또는 그 밖의 음식류에 물을 부어주는 경우는 제외합니다.

2) 일반음식점영업 : 음식류를 조리·판매하는 영업으로서 식사와 함께 부수적으로 음주행위가 허용되는 영업

3) 단란주점영업 : 주로 주류를 조리·판매하는 영업으로서 손님이 노래를 부르는 행위가 허용되는 영업

4) 유흥주점영업 : 주로 주류를 조리·판매하는 영업으로서 유흥종사자를 두거나 유흥시설을 설치할 수 있고 손님이 노래를 부르거나 춤을 추는 행위가 허용되는 영업

5) 위탁급식영업 : 집단급식소를 설치·운영하는 자와의 계약에 따라 그 집단급식소에서 음식류를 조리하여 제공하는 영업

6) 제과점영업 : 주로 빵, 떡, 과자 등을 제조·판매하는 영업으로서 음주행위가 허용되지 않는 영업

1-3. 업종별 영업신고 및 허가

① 휴게음식점영업, 일반음식점영업, 위탁급식영업, 제과점영업을 하기 위해서는 식품의약품안전처장 또는 특별자치시장·특별자치도지사·시장·군수·구청장에게 영업신고를 해야 합니다(식품위생법 제37조제4항 및 식품위생법 시행령 제25조제1항제8호).

② 단란주점영업, 유흥주점영업을 하기 위해서는 식품의약품안전처장 또는 특별자치시장·특별자치도지사·시장·군수·구청장에게 영업허가를 받아야 합니다(식품위생법 제37조제1항 및 식품위생법 시행령 제23조제2호).

2. 영업의 질서 유지 등의 의무

2-1. 영업의 제한

① 특별자치시장·특별자치도지사·시장·군수·구청장은 영업질서와 선량한 풍속을 유지하는 데에 필요한 경우에는 영업자 중 식품접객영업자 및 그 종업원에 대해 영업시간 및 영업행위에 관한 필요한 제한을 할 수 있습니다(식품위생법 제43조제1항).

② 영업시간 및 영업행위에 관한 제한사항은 해당 특별자치시·특별자치도·시·군·구(이하 "시·군"라 함)의 조례로 정하며, 시·군의 조례로 영업을 제한하는 경우 영업시간의 제한은 1일당 8시간 이내로 해야 합니다(식품위생법 제43조제2항 및 식품위생법 시행령 제28조).

2-2. 위반 시 제재

영업 제한을 위반한 경우에는 5년 이하의 징역 또는 5천만원 이하의 벌금에 처해지거나 징역과 벌금이 병과(併科)될 수 있습니다(식품위생법 제95조제3호).

3. 영업자 등의 준수사항

3-1. 음식점 영업자 및 종업원의 준수사항

음식점 영업자와 그 종업원은 영업의 위생관리와 질서유지, 국민의 보건위생 증진을 위해 영업의 종류에 따라 다음에 해당하는 사항을 지켜야 합니다(식품위생법 제44조제1항, 식품위생법 시행령 제29조 제1항제7호 및 식품위생법 시행규칙 제57조).

1) 축산물 검사를 받지 않은 축산물 또는 실험 등의 용도로 사용한 동물은 운반·보관·진열·판매하거나 식품의 제조·가공에 사용하지 말 것

2) 「야생생물 보호 및 관리에 관한 법률」 을 위반하여 포획·채취한 야생생물을 식품의 제조·가공에 사용하거나 판매하지 말 것

3) 유통기한이 경과된 제품·식품 또는 그 원재료를 제조·가공·조리·판매의 목적으로 소분·운반·진열·보관하거나 이를 판매 또는 식품의 제조가공·조리에 사용하지 말 것

4) 수돗물이 아닌 지하수 등을 먹는 물 또는 식품의 조리·세척 등에 사용하는 경우 먹는물 수질검사기관에서 검사를 받아 마시기에 적합하다고 인정된 물을 사용할 것(다만, 둘 이상의 업소가 같은 건물에서 같은 수원(水源)을 사용하는 경우에는 하나의 업소에 대한 시험결과로 나머지 업소에 대한 검사 갈음 가능)

5) 식품에 대한 위해평가가 완료되기 전까지 일시적으로 금지된 식품 등을 제조·가공·판매·수입·사용 및 운반하지 말 것

6) 식중독 발생 시 보관 또는 사용 중인 식품은 역학조사가 완료될 때까지 폐기하거나 소독 등으로 현장을 훼손해서는 안 되고 원상태로 보존해야 하며, 식중독 원인규명을 위한 행위를 방해하지 말 것

7) 손님을 꾀어서 끌어들이는 행위를 하지 말 것

8) 그 밖에 영업의 원료관리, 제조공정 및 위생관리와 질서유지, 국민의 보건위생 증진 등을 위하여 「식품위생법 시행규칙」 별표 17에서 정하는 사항

[별표 17] 식품접객업영업자 등의 준수사항

7. 식품접객업자(위탁급식영업자는 제외한다)와 그 종업원의 준수사항

가. 물수건, 숟가락, 젓가락, 식기, 찬기, 도마, 칼, 행주, 그 밖의 주방용구는 기구등의 살균·소독제, 열탕, 자외선살균 또는 전기살균의 방법으로 소독한 것을 사용하여야 한다.

나. 「식품 등의 표시·광고에 관한 법률」 제4조 및 제5조에 따른 표시사항을 모두 표시하지 않은 축산물, 「축산물 위생관리법」 제7조제1항을 위반하여 허가받지 않은 작업장에서 도축·집유·가공·포장 또는 보관된 축산물, 같은 법 제12조제1항·제2항에 따른 검사를 받지 않은 축산물, 같은 법 제22조에 따른 영업 허가를 받지 아니한 자가 도축·집유·가공·포장 또는 보관된 축산물 또는 같은 법 제33조제1항에 따른 축산물 또는 실험 등의 용도로 사용한 동물은 음식물의 조리에 사용하여서는 아니 된다.

다. 업소 안에서는 도박이나 그 밖의 사행행위 또는 풍기문란 행위를 방지하여야 하며, 배달판매 등의 영업행위 중 종업원의 이러한 행위를 조장하거나 묵인하여서는 아니 된다.

라. 삭제 <2011.8.19>

마. 삭제 <2011.8.19>

바. 제과점영업자가 별표 14 제8호가목2)라)(5)에 따라 조리장을 공동 사용하는 경우 빵류를 실제 제조한 업소명과

소재지를 소비자가 알아볼 수 있도록 별도로 표시하여야 한다. 이 경우 게시판, 팻말 등 다양한 방법으로 표시할 수 있다.

사. 간판에는 영 제21조에 따른 해당업종명과 허가를 받거나 신고한 상호를 표시하여야 한다. 이 경우 상호와 함께 외국어를 병행하여 표시할 수 있으나 업종구분에 혼동을 줄 수 있는 사항은 표시하여서는 아니 된다.

아. 손님이 보기 쉽도록 영업소의 외부 또는 내부에 가격표(부가가치세 등이 포함된 것으로서 손님이 실제로 내야 하는 가격이 표시된 가격표를 말한다)를 붙이거나 게시하되, 신고한 영업장 면적이 150제곱미터 이상인 휴게음식점 및 일반음식점은 영업소의 외부와 내부에 가격표를 붙이거나 게시하여야 하고, 가격표대로 요금을 받아야 한다.

자. 영업허가증·영업신고증·조리사면허증(조리사를 두어야 하는 영업에만 해당한다)을 영업소 안에 보관하고, 허가관청 또는 신고관청이 식품위생·식생활개선 등을 위하여 게시할 것을 요청하는 사항을 손님이 보기 쉬운 곳에 게시하여야 한다.

차. 식품의약품안전처장 또는 시·도지사가 국민에게 혐오감을 준다고 인정하는 식품을 조리·판매하여서는 아니 되며, 「멸종위기에 처한 야생동식물종의 국제거래에 관한 협약」 에 위반하여 포획·채취한 야생동물·식물을 사용하여 조리·판매하여서는 아니 된다.

카. 유통기한이 경과된 제품·식품 또는 그 원재료를 조리·판매의 목적으로 운반·진열·보관하거나 이를 판매 또는 식품

의 조리에 사용해서는 안 되며, 해당 제품·식품 또는 그 원재료를 진열·보관할 때에는 폐기용 또는 교육용이라는 표시를 명확하게 해야 한다.

타. 허가를 받거나 신고한 영업 외의 다른 영업시설을 설치하거나 다음에 해당하는 영업행위를 하여서는 아니 된다.

1) 휴게음식점영업자·일반음식점영업자 또는 단란주점영업자가 유흥접객원을 고용하여 유흥접객행위를 하게 하거나 종업원의 이러한 행위를 조장하거나 묵인하는 행위

2) 휴게음식점영업자·일반음식점영업자가 음향 및 반주시설을 갖추고 손님이 노래를 부르도록 허용하는 행위. 다만, 연회석을 보유한 일반음식점에서 회갑연, 칠순연 등 가정의 의례로서 행하는 경우에는 그러하지 아니하다.

3) 일반음식점영업자가 주류만을 판매하거나 주로 다류를 조리·판매하는 다방형태의 영업을 하는 행위

4) 휴게음식점영업자가 손님에게 음주를 허용하는 행위

5) 식품접객업소의 영업자 또는 종업원이 영업장을 벗어나 시간적 소요의 대가로 금품을 수수하거나, 영업자가 종업원의 이러한 행위를 조장하거나 묵인하는 행위

6) 휴게음식점영업 중 주로 다류 등을 조리·판매하는 영업소에서 「청소년보호법」 제2조제1호에 따른 청소년인 종업원에게 영업소를 벗어나 다류 등을 배달하게 하여 판매하는 행위

7) 휴게음식점영업자·일반음식점영업자가 음향시설을 갖추고 손님이 춤을 추는 것을 허용하는 행위. 다만, 특별자치도·시·군·구의 조례로 별도의 안전기준, 시간 등을 정하여 별도의 춤을 추는 공간이 아닌 객석에서 춤을 추는 것을 허용하는 경우는 제외한다.

파. 유흥주점영업자는 성명, 주민등록번호, 취업일, 이직일, 종사
　　분야를 기록한 종업원(유흥접객원만 해당한다)명부를 비치
　　하여 기록·관리하여야 한다.

하. 손님을 꾀어서 끌어들이는 행위를 하여서는 아니 된다.

거. 업소 안에서 선량한 미풍양속을 해치는 공연, 영화, 비디오
　　또는 음반을 상영하거나 사용하여서는 아니 된다.

너. 수돗물이 아닌 지하수 등을 먹는 물 또는 식품의 조리·
　　세척 등에 사용하는 경우에는 「먹는물관리법」 제43조에 따
　　른 먹는 물 수질검사기관에서 다음의 검사를 받아 마시기에 적
　　합하다고 인정된 물을 사용하여야 한다. 다만, 둘 이상의 업소
　　가 같은 건물에서 같은 수원을 사용하는 경우에는 하나
　　의 업소에 대한 시험결과로 해당 업소에 대한 검사에 갈
　　음할 수 있다.

　1) 일부항목 검사 : 1년(모든 항목 검사를 하는 연도는 제
　　　외한다)마다 「먹는물 수질기준 및 검사 등에 관한 규칙」
　　　제4조에 따른 마을상수도의 검사기준에 따른 검사(잔류
　　　염소검사는 제외한다)를 하여야 한다. 다만, 시·도지사가
　　　오염의 염려가 있다고 판단하여 지정한 지역에서는 같은 규
　　　칙 제2조에 따른 먹는 물의 수질기준에 따른 검사를 하여야
　　　한다.

　2) 모든 항목 검사 : 2년마다 「먹는물 수질기준 및 검사 등에
　　　관한 규칙」 제2조에 따른 먹는 물의 수질기준에 따른 검사

더. 동물의 내장을 조리한 경우에는 이에 사용한 기계·기구류
　　등을 세척하여 살균하여야 한다.

러. 식품접객업영업자는 손님이 먹고 남긴 음식물이나 먹을
　　수 있게 진열 또는 제공한 음식물에 대해서는 다시 사용·조

리 또는 보관(폐기용이라는 표시를 명확하게 하여 보관하는 경우는 제외한다)해서는 안 된다. 다만, 식품의약품안전처장이 인터넷 홈페이지에 별도로 정하여 게시한 음식물에 대해서는 다시 사용·조리 또는 보관할 수 있다.

머. 식품접객업자는 공통찬통, 소형·복합 찬기, 국·찌개·반찬 등을 덜어 먹을 수 있는 기구 또는 1인 반상을 사용하거나, 손님이 남은 음식물을 싸서 가지고 갈 수 있도록 포장 용기를 비치하고 이를 손님에게 알리는 등 음식문화 개선과 「감염병의 예방 및 관리에 관한 법률」 제49조에 따른 감염병의 예방 조치사항 준수를 위해 노력해야 한다.

버. 휴게음식점영업자·일반음식점영업자 또는 단란주점영업자는 영업장 안에 설치된 무대시설 외의 장소에서 공연을 하거나 공연을 하는 행위를 조장·묵인하여서는 아니 된다. 다만, 일반음식점영업자가 손님의 요구에 따라 회갑연, 칠순연 등 가정의 의례로서 행하는 경우에는 그러하지 아니하다.

서. 「야생생물 보호 및 관리에 관한 법률」 을 위반하여 포획한 야생동물을 사용한 식품을 조리·판매하여서는 아니 된다.

어. 법 제15조제2항에 따른 위해평가가 완료되기 전까지 일시적으로 금지된 식품등을 사용·조리하여서는 아니 된다.

저. 조리·가공한 음식을 진열하고, 진열된 음식을 손님이 선택하여 먹을 수 있도록 제공하는 형태(이하 "뷔페"라 한다)로 영업을 하는 일반음식점영업자는 제과점영업자에게 당일 제조·판매하는 빵류를 구입하여 구입 당일 이를 손님에게 제공할 수 있다. 이 경우 당일 구입하였다는 증명서(거래명세서나 영수증 등을 말한다)를 6개월간 보관하여야 한다.

처. 법 제47조제1항에 따른 모범업소가 아닌 업소의 영업자는 모범업소로 오인·혼동할 우려가 있는 표시를 하여서는 아니 된다.

커. 손님에게 조리하여 제공하는 식품의 주재료, 중량 등이 아목에 따른 가격표에 표시된 내용과 달라서는 아니 된다.

터. 아목에 따른 가격표에는 불고기, 갈비 등 식육의 가격을 100그램당 가격으로 표시하여야 하며, 조리하여 제공하는 경우에는 조리하기 이전의 중량을 표시할 수 있다. 100그램당 가격과 함께 1인분의 가격도 표시하려는 경우에는 다음의 예와 같이 1인분의 중량과 가격을 함께 표시하여야 한다.
예) 불고기 100그램 ○○원(1인분 120그램 △△원)
　　갈비 100그램 ○○원(1인분 150그램 △△원)

퍼. 음식판매자동차를 사용하는 휴게음식점영업자 및 제과점영업자는 신고한 장소가 아닌 장소에서 그 음식판매자동차로 휴게음식점영업 및 제과점영업을 하여서는 아니 된다.

허. 법 제47조의2제1항에 따라 위생등급을 지정받지 아니한 식품접객업소의 영업자는 위생등급 지정업소로 오인·혼동할 우려가 있는 표시를 해서는 아니 된다.

고. 식품접객영업자는 「재난 및 안전관리 기본법」 제38조제2항 본문에 따라 경계 또는 심각의 위기경보(「감염병의 예방 및 관리에 관한 법률」 에 따른 감염병 확산의 경우만 해당한다)가 발령된 경우에는 손님의 보건위생을 위해 해당 영업장에 손을 소독할 수 있는 용품이나 장치를 갖춰 두어야 한다.

노. 휴게음식점영업자·일반음식점영업자 또는 제과점영업자는 건물 외부에 있는 영업장에서는 조리·제조한 음식류 등

만을 제공해야 한다.

도. 손님에게 조리·제공할 목적으로 이미 양념에 재운 불고기, 갈비 등을 새로이 조리한 것처럼 보이도록 세척하는 등 재처리하여 사용·조리 또는 보관해서는 안 된다.

로. 식품접객업자는 조리·제조한 식품을 주문한 손님에게 판매해야 하며, 유통·판매를 목적으로 하는 자에게 판매하거나 다른 식품접객업자가 조리·제조한 식품을 자신의 영업에 사용해서는 안 된다.

8. 위탁급식영업자와 그 종업원의 준수사항

가. 집단급식소를 설치·운영하는 자와 위탁 계약한 사항 외의 영업행위를 하여서는 아니 된다.

나. 물수건, 숟가락, 젓가락, 식기, 찬기, 도마, 칼, 행주 그 밖에 주방용구는 기구 등의 살균·소독제, 열탕, 자외선살균 또는 전기실균의 방법으로 소독한 것을 사용하여야 한다.

다. 「식품 등의 표시·광고에 관한 법률」 제4조 및 제5조에 따른 표시사항을 모두 표시하지 않은 축산물, 「축산물 위생관리법」 제7조제1항을 위반하여 허가받지 않은 작업장에서 도축·집유·가공·포장 또는 보관된 축산물, 같은 법 제12조제1항·제2항에 따른 검사를 받지 않은 축산물, 같은 법 제22조에 따른 영업 허가를 받지 아니한 자가 도축·집유·가공·포장 또는 보관된 축산물 또는 같은 법 제33조제1항에 따른 축산물 또는 실험 등의 용도로 사용한 동물을 음식물의 조리에 사용하여서는 아니 되며, 「야생생물 보호 및 관리에 관한 법률」 에 위반하여 포획한 야생동물을 사용하여 조리하여서는 아니 된다.

라. 유통기한이 경과된 제품·식품 또는 그 원재료를 조리

의 목적으로 진열·보관하거나 이를 판매 또는 식품의 조리
에 사용해서는 안 되며, 해당 제품·식품 또는 그 원재료
를 진열·보관할 때에는 폐기용 또는 교육용이라는 표시
를 명확하게 해야 한다

마. 수돗물이 아닌 지하수 등을 먹는 물 또는 식품의 조리·세척
등에 사용하는 경우에는 「먹는물관리법」 제43조에 따른
먹는 물 수질검사기관에서 다음의 구분에 따라 검사를 받아
마시기에 적합하다고 인정된 물을 사용하여야 한다. 다만,
같은 건물에서 같은 수원을 사용하는 경우에는 하나의
업소에 대한 시험결과로 갈음할 수 있다.

 1) 일부항목 검사: 1년마다(모든 항목 검사를 하는 연도의
경우를 제외한다) 「먹는물 수질기준 및 검사 등에 관한
규칙」 제4조제1항제2호에 따른 마을상수도의 검사기준에
따른 검사(잔류염소검사를 제외한다). 다만, 시·도지사가
오염의 염려가 있다고 판단하여 지정한 지역에서는 같은
규칙 제2조에 따른 먹는 물의 수질기준에 따른 검사를
하여야 한다.

 2) 모든 항목 검사 : 2년마다 「먹는물 수질기준 및 검사 등
에 관한 규칙」 제2조에 따른 먹는 물의 수질기준에 따른
검사

바. 동물의 내장을 조리한 경우에는 이에 사용한 기계·기구류
등을 세척하고 살균하여야 한다.

사. 조리·제공한 식품(법 제2조제12호다목에 따른 병원의
경우에는 일반식만 해당한다)을 보관할 때에는 매회 1인분
분량을 섭씨 영하 18도 이하에서 144시간 이상 보관하여
야 한다. 이 경우 완제품 형태로 제공한 가공식품은 유통
기한 내에서 해당 식품의 제조업자가 정한 보관방법에

따라 보관할 수 있다.

아. 삭제 <2011.8.19>

자. 삭제 <2011.8.19>

차. 법 제15조제2항에 따라 위해평가가 완료되기 전까지 일시적으로 금지된 식품등에 대하여는 이를 사용·조리하여서는 아니 된다.

카. 식중독 발생시 보관 또는 사용 중인 보존식이나 식재료는 역학조사가 완료될 때까지 폐기하거나 소독 등으로 현장을 훼손하여서는 아니 되고 원상태로 보존하여야 하며, 원인규명을 위한 행위를 방해하여서는 아니 된다.

타. 법 제47조제1항에 따른 모범업소가 아닌 업소의 영업자는 모범업소로 오인·혼동할 우려가 있는 표시를 하여서는 아니 된다.

3-2. 위반 시 제재

① 영업자가 지켜야 할 사항을 지키지 않은 경우에는 3년 이하의 징역 또는 3천만원 이하의 벌금에 처해집니다(식품위생법 제97조제6호 본문).

② 영업자가 지켜야 할 사항 중 다음에 해당하는 경우에는 100만원 이하의 과태료가 부과됩니다(식품위생법 제101조제4항 제3호 및 식품위생법 시행규칙 제101조).

1) 음식점 영업자가 영업신고증, 영업허가증 또는 조리사면허증 보관의무를 준수하지 않은 경우

2) 유흥주점영업자가 종업원명부 비치·기록 및 관리 의무를 준수 하지 않은 경우

※ 가격 표시 방법

Q 고기를 판매하는 음식점을 운영하고 있는데, 가격은 고기의 종류별 로만 표시하면 되는 건가요? 부가가치세는 어떻게 표시해야 되나요?

A 음식점에서 판매하는 음식물의 가격은 부가가치세를 포함한 최종 가격 으로 표시해야 해요. 그리고 영업장 면적이 150 제곱미터 이상인 휴게 음식점 및 일반음식점은 영업소의 외부와 내부에 가격표를 붙이거나 게시해야 해요(식품위생법 시행규칙 별표 17 제7호아목). 그리고 가격표 에는 불고기, 갈비 등 식육의 가격을 100그램당 가격으로 표시해야 하며, 조리하여 제공하는 경우에는 조리하기 이전의 중량을 표시할 수 있어요. 100그램당 가격과 함께 1인분의 가격도 표시하려는 경우에는 다음의 예와 같이 1인분의 중량과 가격을 함께 표시하여야 해요(식품 위생법 시행규칙 별표 17 제7호터목).

예) 불고기 100그램 OO원(1인분 120그램 △△원), 갈비 100그램 OO원(1인분 150그램 △△원)

4. 영업자 등의 금지 행위

4-1. 미성년자의 출입·고용 금지

식품접객영업자는 「청소년 보호법」 제2조에 따른 청소년(이하 "청소년"이라 함)에게 다음 중 어느 하나에 해당하는 행위를 해서는 안 됩니다(식품위생법 제44조제2항).

1) 청소년을 유흥접객원으로 고용하여 유흥행위를 하게 하는 행위

2) 청소년출입·고용 금지업소에 청소년을 출입시키거나 고용하는 행위

※ "청소년출입·고용 금지업소"란 단란주점영업 및 유흥주점 영업을 하는 업소를 말합니다(청소년 보호법 제2조제5호가목3) 및 청소년 보호법 시행령 제5조제2항).

3) 청소년고용금지업소에 청소년을 고용하는 행위

※ "청소년고용금지업소"란 다음의 어느 하나에 해당하는 영업을 하는 업소를 말합니다(청소년 보호법 제2조제5호나목3) 및 청소년 보호법 시행령 제6조제2항).

 - 휴게음식점영업으로서 주로 차 종류를 조리·판매하는 영업 중 종업원에게 영업장을 벗어나 차 종류 등을 배달·판매하게 하면서 소요 시간에 따라 대가를 받게 하거나 이를 조장 또는 묵인하는 형태로 운영되는 영업

 - 일반음식점영업 중 음식류의 조리·판매보다는 주로 주류의 조리·판매를 목적으로 하는 소주방·호프·카페 등의 형태로 운영되는 영업

4) 청소년에게 주류(酒類)를 제공하는 행위

4-2. 유흥을 돋우는 접객행위 및 알선 금지

① 누구든지 영리를 목적으로 음식점 영업을 하는 장소(유흥종사자를 둘 수 있도록 유흥주점영업을 하는 장소는 제외)에서 손님과 함께 술을 마시거나 노래 또는 춤으로 손님의 유

흥을 돋우는 접객행위(공연을 목적으로 하는 가수, 악사, 댄서, 무용수 등이 하는 행위는 제외)를 하거나 다른 사람에게 그 행위를 알선해서는 안 됩니다(식품위생법 제44조제3항 및 식품위생법 시행령 제29조제2항).

② 이를 위반하여 접객행위를 하거나 다른 사람에게 그 행위를 알선한 경우에는 1년 이하의 징역 또는 1천만원 이하의 벌금에 처해집니다(식품위생법 제98조제1호).

4-3. 유흥종사자 고용알선 및 호객행위 금지

① 위에 따른 음식점 영업자는 유흥종사자를 고용·알선하거나 호객행위를 해서는 안 됩니다(식품위생법 제44조제4항).

② 식품의약품안전처장 또는 특별자치시장·특별자치도지사·시장·군수·구청장은 영업자가 영업 제한(「식품위생법」 제43조), 준수사항(식품위생법 제44조제1항), 미성년자 출입·고용 금지(「식품위생법」 제44조제2항) 및 유흥종사자 고용·알선·호객행위 금지(「식품위생법」 제44조제4항)에 관한 규정을 위반한 경우에는 ㉠ 영업허가를 취소하거나 ㉡ 6개월 이내의 기간을 정하여 그 영업의 전부 또는 일부를 정지하거나 ㉢ 영업소 폐쇄(신고한 영업만 해당함)를 명할 수 있습니다(식품위생법 제75조제1항제12호 및 제13호).

5. 풍속영업영위자의 준수사항

5-1. 단란·유흥주점업자 등의 준수사항

풍속영업을 하는 자(허가나 인가를 받지 않거나 등록이나 신고를
하지 않고 풍속영업을 하는 자를 포함. 이하 "풍속영업자"라 함)
및 「풍속영업의 규제에 관한 법률 시행령」 제3조에 따른 종사자는
풍속영업을 하는 장소(이하 "풍속영업소"라 함)에서 다음의 행위
를 해서는 안 됩니다(풍속영업의 규제에 관한 법률 제3조).

1) 「성매매알선 등 행위의 처벌에 관한 법률」 제2조제1항제2호에
   따른 성매매알선 등 행위
2) 음란행위를 하게 하거나 이를 알선 또는 제공하는 행위
3) 음란한 문서·도화(圖畵)·영화·음반·비디오물, 그 밖의 음란한
   물건에 대한 다음의 행위
  가. 반포(頒布)·판매·대여하거나 이를 하게 하는 행위
  나. 관람·열람하게 하는 행위
  다. 반포·판매·대여·관람·열람의 목적으로 진열하거나 보관하는
     행위
4) 도박이나 그 밖의 사행(射倖)행위를 하게 하는 행위

5-2. 위반 시 제재

① 위 1.을 위반하여 풍속영업소에서 성매매알선 등 행위를
  한 경우에는 3년 이하의 징역 또는 3천만원 이하의 벌금에
  처해집니다(풍속영업의 규제에 관한 법률 제10조제1항).

② 위 2.부터 4.까지의 규정을 위반하여 음란행위를 하게 하는 등
  풍속영업소에서 준수할 사항을 지키지 않은 경우에는 3년 이하
  의 징역 또는 2천만원 이하의 벌금에 처해집니다(풍속영업
  의 규제에 관한 법률 제10조제2항).

Q 한우 숯불구이 음식점을 운영하고 있는데요. 가격은 어떻게 표시하나요? 별도의 방법이 정해져있나요?

A 일정 면적 이상의 음식점 운영자는 음식의 가격을 표시할 때에는 정해진 형식에 따라 최종 가격을 표시해야 해요.

◇ 가격표 게시

① 영업장 면적이 150 제곱미터 이상인 휴게음식점 및 일반음식점은 영업소의 외부와 내부에 가격표를 붙이거나 게시해야 해요.

② 가격표에는 불고기, 갈비 등 식육의 가격을 100그램당 가격으로 표시해야 하며, 조리하여 제공하는 경우에는 조리하기 이전의 중량을 표시할 수 있어요. 100그램당 가격과 함께 1인분의 가격도 표시하려는 경우에는 다음의 예와 같이 1인분의 중량과 가격을 함께 표시해야 해요.

예) 불고기 100그램 원(1인분 120그램 △△원), 갈비 100그램 원(1인분 150그램 △△원)

③ 그리고 음식점에서 판매하는 음식물의 가격은 부가가치세를 포함한 최종 가격으로 표시해야 해요.

◇ 위반 시 제재
영업자가 지켜야 할 사항을 지키지 않은 경우에는
3년 이하의 징역 또는 3천만원 이하의 벌금에 처해집니다.

6. 청소년유해업소 영업자의 준수사항

① "청소년유해업소"란 청소년의 출입과 고용이 청소년에게 유해한 것으로 인정되는 청소년 출입·고용금지업소와 청소년의 출입은 가능하나 고용이 청소년에게 유해한 것으로 인정되는 청소년고용금지업소를 말합니다(청소년 보호법 제2조제5호 전단).

1) 청소년 출입·고용금지업소 : 유흥주점영업 및 단란주점영업 (청소년 보호법 제2조제5호가목3) 및 청소년 보호법 시행령 제5조제2항)

2) 청소년고용금지업소 : 다음의 어느 하나에 해당하는 영업 청소년 보호법 제2조제5호나목3) 및 청소년 보호법 시행령 제6조제2항)

- 휴게음식점영업으로서 주로 차 종류를 조리·판매하는 영업 중 종업원에게 영업장을 벗어나 차 종류 등을 배달·판매하게 하면서 소요 시간에 따라 대가를 받게 하거나 이를 조장 또는 묵인하는 형태로 운영되는 영업

- 일반음식점영업 중 음식류의 조리·판매보다는 주로 주류의 조리·판매를 목적으로 하는 소주방·호프·카페 등의 형태로 운영되는 영업

② "청소년"이란 만 19세 미만인 사람(다만, 만 19세가 되는 해의 1월 1일을 맞이한 사람은 제외)을 말합니다(청소년 보호법 제2조제1호).

7. 청소년유해업소의 고용 및 출입 제한

7-1. 청소년 고용금지

청소년유해업소의 업주는 청소년을 고용해서는 안 되며, 청소년유해업소의 업주가 종업원을 고용하려면 미리 나이를 확인해야 합니다(청소년 보호법 제29조제1항).

7-2. 청소년 출입 제한

① 청소년 출입·고용금지업소의 업주와 종사자는 출입자의 나이를 확인하여 청소년이 그 업소에 출입하지 못하게 해야 합니다(청소년 보호법 제29조제2항).

② 청소년이 친권을 행사하는 사람 또는 친권자를 대신하여 청소년을 보호하는 사람을 동반한 경우에는 청소년과 친권자 등의 관계를 확인하여 청소년 출입·고용금지업소에 출입하게 할 수 있지만, 단란주점영업소 및 유흥주점영업소는 친권자가 동반한 경우에도 출입할 수 없습니다(청소년 보호법 제29조제5항, 청소년 보호법 시행령 제27조제2항 및 제3항).

7-3. 청소년유해업소의 나이 확인

청소년유해업소의 업주 및 종사자는 나이 확인을 위해 필요한 경우 주민등록증이나 그 밖에 나이를 확인할 수 있는 증표의 제시를 요구할 수 있으며, 증표 제시를 요구받고도 정당한 사유 없이 증표를 제시하지 않는 사람에게는 그 업소의 출입을 제한할 수 있습니다(청소년 보호법 제29조제4항).

7-4. 위반 시 제재

① 청소년을 청소년유해업소에 고용한 경우에는 3년 이하의 징역 또는 3천만원 이하의 벌금에 처해집니다(청소년 보호법 제58조제4호).

② 청소년을 청소년 출입·고용금지업소에 출입시킨 경우에는 2년 이하의 징역 또는 2천만원 이하의 벌금에 처해집니다(청소년 보호법 제59조제8호).

8. 청소년출입·고용금지업소의 표시

8-1. 청소년 출입·고용 제한의 표시

청소년 출입·고용금지업소(청소년실을 갖춘 노래연습장업소를 제외)의 업주 및 종사자는 해당 업소의 출입구 중 가장 잘 보이는 곳에 「청소년 보호법 시행령」 별표 8에 따른 방법으로 청소년의 출입·이용과 고용을 제한하는 내용의 표지를 부착해 청소년의 출입과 고용을 제한하는 내용을 표시해야 합니다(청소년 보호법 제29조제6항 및 청소년 보호법 시행령 제28조).

청소년 출입 · 고용금지업소의 청소년 출입 · 고용제한 표시방법		
구분	표시문구	표시방법
청소년 출입·고용 금지업소	19세 미만 출입·고용 금지업소	표시문구는 한 면이 400㎜ 이상, 다른 한 면이 100㎜ 이상인 직사각형 안에 외관상 충분히 식별이 가능한 크기로 해야 한다.
비고 : 표시문구 및 표시방법의 경우 다른 법령에서 달리 정한 경우에는 해당 법령에서 정하는 바에 따른다.		

8-2. 위반 시 제재

청소년출입·고용금지업소에서 청소년의 출입과 고용을 제한하는 내용을 표시하지 않은 경우에는 2년 이하의 징역 또는 2천만원 이하의 벌금에 처해집니다(청소년 보호법 제59조제9호).

§. 고객과의 분쟁 해결

1. 분실물에 대한 책임

1-1. 손해배상 책임

① 음식점 영업자는 자기 또는 그 사용인이 고객으로부터 임치(任置)받은 물건의 보관에 관하여 주의를 게을리 하지 않았음을 증명하지 않으면 그 물건의 멸실 또는 훼손으로 인한 손해를 배상할 책임이 있습니다(상법 제151조 및 제152조제1항).

② 음식점 영업자는 고객으로부터 임치받지 않은 경우에도 그 시설 내에 휴대한 물건이 자기 또는 그 사용인의 과실로 인하여 멸실 또는 훼손되었을 때에는 그 손해를 배상할 책임이 있습니다(상법 제152조제2항).

③ 고객의 휴대물에 대해 책임이 없음을 알린 경우에도 음식점 영업자는 위의 책임을 면하지 못합니다(상법 제152조제3항).

1-2. 고가물에 대한 책임

화폐, 유가증권, 그 밖의 고가물(高價物)에 대해서는 고객이 그 종류와 가액(價額)을 명시하여 임치하지 않으면 음식점 영업자는 그 물건의 멸실 또는 훼손으로 인한 손해를 배상할 책임이 없습니다(상법 제153조).

1-3. 책임의 소멸시효

① 손해배상 책임(상법 제152조)과 고가물에 대한 책임(상법 제153조)은 음식점 영업자가 임치물을 반환하거나 고객이 휴대물을 가져간 후 6개월이 지나면 소멸시효가 완성됩니다(상법 제154조제1항).

② 물건이 전부 멸실된 경우에는 소멸시효의 기간은 고객이 그 시설에서 퇴거한 날부터 기산합니다(상법 제154조제2항).

③ 소멸시효는 음식점 영업자나 그 사용인이 악의인 경우에는 적용하지 않습니다(상법 제154조제3항).

2. 음식점에서 식중독이 발생한 경우

2-1. 위해식품의 판매에 따른 처벌

① 음식점에서 만든 음식을 먹고 식중독 등에 걸린 경우, 해당 음식물이 인체에 건강을 해하거나 해할 우려가 있는 음식물에 해당하면 위해식품 판매 금지 의무를 위반한 것으로 볼 수 있습니다.

② 오징어가 곰팡이가 피거나 냄새가 심하게 난다는 등의 이유로 반품되어 상품가치가 전혀 없는 폐기대상이 되는 것들이고 실제로 그 일부에는 곰팡이가 피어 있는 상태였음이 명백한 이상, 비록 그 오징어 전량이 이미 조리·판매되어 얼마나 불결한 상태였는지 객관적인 확인이 불가능하고 이를 물로 씻은 후 불에 조리하여 만든 음식을 취식한 사람들에게서 인체의 건강을 해하는 결과가 발생되지 아니하였다 하더라도, 위 오징어는 곰팡이가 피고 변질되는 등 불결하거나 기타의 사유로 인체의 건강을 해할 우려가 있는 식품에 해당한다고 보지 않을 수 없다고 할 것입니다

(대법원 2005. 5. 13. 선고 2004도7294 판결 참조).

③ 위해식품 등의 판매 등 금지 의무를 위반한 경우에는 10년 이하의 징역 또는 1억원 이하의 벌금에 처해지거나 징역과 벌금이 병과될 수 있습니다(식품위생법 제94조제1항제1호).

④ 위해식품 등의 판매 등 금지 의무 위반에 따라 금고이상의 형을 선고받고 그형이 확정된 후 5년 이내에 다시 이를 위반한 경우에는 1년 이상 10년 이하의 징역에 처해집니다(식품위생법 제94조제2항).

2-2. 조리사에 대한 처벌

조리사가 식중독이나 그 밖에 위생과 관련한 중대한 사고 발생에 직무상의 책임이 있는 경우에는 그 면허가 취소되거나 6개월 이내의 업무정지 처분을 받을 수 있습니다(식품위생법 제80조제1항제3호).

3. 음식점 이용 관련 분쟁 해결

3-1. 소비자피해구제기구를 통한 분쟁 해결

① 소비자의 불만이나 피해를 신속하고 공정하게 처리하기 위해 국가 및 지방자치단체는 소비자정보센터, 소비자보호센터, 소비생활센터 등의 소비자피해구제기구를 설치하고 있습니다(소비자기본법 제16조제1항 및 소비자기본법 시행령 제7조).

② 소비자는 음식점을 이용하면서 피해가 발생하면 소비자피해구제기구에 전화·팩스·우편, 방문 또는 인터넷 등을 통해 피해구제를 신청할 수 있습니다.

3-2. 한국소비자원을 통한 분쟁 해결

한국소비자원을 통해 음식점 이용에 따른 피해에 대한 상담 및 합의 권고 등의 구제를 받을 수 있습니다(소비자기본법 제33조 및 제35조).

3-3. 민사소송을 통한 해결

음식점을 이용하면서 피해를 입은 경우에는 그 상대방에 대해 불법행위에 따른 손배배상청구를 제기할 수 있으며, 그 상대방의 고의 또는 과실로 인한 위법행위로 손해가 발생했다면 상대방은 그 손해를 배상할 책임이 있습니다(민법 제750조).

4. 한국소비자원 분쟁조정 결정사례

4-1. 식중독 발생에 따른 식사 대금 환급 요구

◈ 사건개요

 신청인은 2012.8.30. 피신청인 식당에서 일행 5명과 함께 식사 후 식대 254,000원을 지급하였는데, 그 중 3명이 식중독 증세로 병원에서 치료를 받았고, 치료비는 보험금으로 처리되었으나 식대는 환급받지 못하였다고 주장하면서 식대 환급을 요구함.

◈ 당사자주장

 가. 신청인(소비자)

 신청인은 피신청인이 이 사건과 관련하여 보험처리를 하였고, 보험처리 내역에 식대 환급은 포함되어 있지 않으므로, 신청인이 지급한 식대 금 254,000원을 환급해 줄 것을 요구함.

 나. 피신청인(사업자)

 피신청인은 신청인이 식중독에 따른 피해가 발생하였다고 하였으나, 식중독균이 있는 경우 다수의 피해자가 발생하는데 이 사건의 경우 신청인과 동행한 3명만 식중독 피해를 주장한 것이어서 피신청인의 음식에 의해 식중독이 발생한 것인지 불분명하였다고 주장하면서, 다만 신청인 등이 인근에 거주하는

고객인 점을 감안하여 식대 및 치료비 등에 대해서 포괄적으로
합의하는 차원에서 보험처리를 하겠다고 하였고 신청인이 이를
수용하여 보험처리를 받은 것이므로, 위와 같은 취지의 합의에
반하여 식대 환급을 요구하는 것은 부당한 것으로서 받아들일
수 없다고 주장함.

◆ 판단

가. 사실 관계

(1) 식사 내용

o 식사 대금 : 신용카드 결제 254,000원

o 식사 내용 : 궁중 정식(1인당 5만원) 저녁 식사

o 식사 시간 : 2012. 8. 30. 19:30 ~ 21:00경

o 식사 인원 : 5명

(2) 피해 발생 경과

o 2012. 8. 30. ○○한정식에서 5명이 식사하고 대금
254,000원을 지급함.

o 2012. 8. 31. 5명 중 3명이 식중독 증상으로 치료받음.

(3) 손해배상 관련 내용

o 피신청인이 영업배상책임보험으로 처리하여 질병이 발
생한 3명은 보험회사로부터 손해배상을 받음.

o 보험회사 : 현대해상화재보험주식회사

(4) 피해자 병변 내용

o 우○○

- 진단명 : 식중독 추정

- 치료병원 : 명신의원, 대구시립의료원

- 당일 22:00 이후부터 장염 증상 및 구토 증상으로 24
경 구토 증상으로 대구시립의료원 방문하였다고 함.

o 김OO
- 진단명 : 식중독 추정, 오심, 장염
- 치료병원 : 명신의원
- 발병 여부 : 당일 24:00부터 구토하기 시작했고, 익일 명신의원 방문함.
o 정OO
- 진단명 : 식중독 추정, 오심, 장염
- 치료 여부 : 명신의원에서 치료함.
o 신청인은 감기 몸살 등으로 투약을 하고 있어 식사를 제대로 못하였고, 신청 외 박OO(신청인 사무실 직원)는 전날 과음 및 공황 장애 등으로 식사를 거의 하지 못하였다고 하면서 2명은 식중독 증상이 없었다고 함.

나. 관련 고시
(1) 「상법」
o 제54조(상사법정이율)
상행위로 인한 채무의 법정이율은 연6분으로 한다.

(2) 「소비자분쟁해결기준」(식료품, 공정거래위원회 고시)
- 부작용시 : 제품교환 또는 구입가 환급, 치료비, 경비 및 일실소득 배상

다. 책임 유무 및 범위
피신청인은 신청인과 보험처리를 해 주는 조건으로 식대 반환 등의 모든 권리를 포기하기로 한 것이라고 주장한다.

살피건대, 이 사건 피해자들 3명은 피신청인 식당에서 식사 후 식중독 증상이 발생하여 그 중 1명은 당일 24시경 의료기관에서 치료를 받았고, 나머지 2명은 익일 의료기관 치료를 받았으며, 이들에 대한 손해배상은 피신청인이 가입한 영업배상책임 보험자인

신청 외 '현대해상보험주식회사'에서 보상 처리를 해 준 사실이 인정되는바, 이와 같은 사실에 비추어보면 이 사건 피해자들은 신청인 식당에서의 식사로 부작용이 발생하였다고 봄이 상당하다.

「소비자분쟁해결기준」에 따르면, 식품 부작용이 있는 경우 치료비 및 일실수입을 배상하는 외에도 식대를 환급하도록 하고 있으므로, 피신청인은 피해자들에 대한 손해배상금을 지급하는 외에도 신청인에게 식대를 환급할 책임이 있다고 할 것이다. 그런데 피신청인은 신청인이 식대 환급에 관한 권리를 포기하였다고 주장하나 이를 인정할만한 객관적인 증거가 보이지 않으므로 피신청인은 신청인에게 이 사건 식사 대금을 환급할 책임이 있다.

신청인은 식사 대금 254,000원을 지급해 줄 것을 요구하나, 피신청인의 식품 부작용에 대한 대금의 환급액은 부작용 피해자의 범위 내로 한정함이 상당하고, 이 사건 피해자의 수가 3명이므로 피신청인은 위 식사 대금 중 금 152,400원(254,000원 × 3/5)을 신청인에게 환급함이 상당하다.

이상을 종합하여 볼 때, 피신청인은 신청인에게 금 152,400원을 지급하고, 만일 피신청인이 위 지급을 지체하면 「상법」 제54조에 따라 조정결정일로부터 6주가 경과한 2013. 1. 4.부터 완제일까지의 기간에 대해 연 6%로 계산된 지연배상금을 지급하는 것이 상당하다고 판단된다.

라. 결론

피신청인은 2013. 1. 3.까지 신청인에게 금 152,000원(1,000원 미만 버림)을 지급하고, 만일 피신청인이 제1항의 지급을 지체하면 2013. 1. 4.부터 다 갚는 날까지 연 6%의 비율에 의한 지연손해금을 가산하여 지급한다.

◇ 결정사항

1) 피신청인은 2013. 1. 3.까지 신청인에게 금 152,000원을 지급한다.

2) 만일 피신청인이 제1항의 지급을 지체하면 2013. 1. 4.부터 다 갚는 날까지 연 6%의 비율에 의한 지연손해금을 가산하여 지급한다.

4-2. 봉지 냉면에 포함된 이물질로 손상된 치아 배상 요구

◇ 사건개요

신청인은 2008. 9. 9. 피신청인이 제조한 '○○비빔냉면'(이하 '제품'이라 함)을 자택 인근 편의점에서 1,000원에 구입하고 조리하여 먹던 중 제품에 포함된 미세한 모래 같은 물질로 인해 치아가 손상되어 치료비 배상을 요구함.

◇ 당사자주장

가. 신청인(소비자)

o 피신청인이 제조한 제품을 조리하여 먹다가 모래 같은 미세한 이물질을 씹어 치아가 손상되어 발치하였으므로 치료비 3,450,000원 배상을 요구함.

o 부산지방식품의약품안전청에서 증거물(뱉은 음식물)을 확인하기 위하여 미세한 채로 걸렀다고 하는데, 이러한 방법을 사용했기 때문에 미세한 이물질이 걸러지지 않고 채에서 빠져나간 것으로 판단됨.

나. 피신청인(사업자)

o 부산지방식품의약품안전청에서 조사한 결과 이물질이 발견되지 않았고 제품의 제조 공정에도 특별한 문제점을 찾을 수 없으므로 신청인의 치료비 배상 요구를 수용하기 어려움.

o 신청인이 피신청인에게 피해 사실을 접수할 당시 전날 술을 마시고 아침에 제품을 취식하던 중 이물질을 씹었다고 주장하였으나, 한국소비자원에 신고한 내용은 저녁에 먹었다고 주장하는 등 피해사고 발생 시간대가 일치하지 아니하고, 부러진 치아의 일부도 확보되지 않았음.

◈ **판단**

가. 사실 관계

(1) 제품 관련 사항

o 제품명 : ○○냉면 비빔냉면

o 구입일 : 2008. 9. 9.

o 구입금액 : 1,000원

o 구입 장소 : 논스톱 편의점

(2) 사건 진행 경과

o 2008. 9. 9. : 신청인은 저녁에 동 제품을 조리하여 먹던 중 모래 크기의 미세한 이물질을 씹고 치아가 손상됨.

－ 이물질을 씹는 순간 치아가 찡하면서 큰 통증을 느꼈고 음식물을 뱉어 보관함.

o 2008. 9. 10. : 피신청인 고객센터에 피해 사실을 접수하자 피신청인 측 포항지점 직원이 신청인을 방문하고 제품을 수거하여 확인 후 배상 여부를 결정하겠다고 하자 이물질 확인을 거절하고 대구지방식품의약품안전청에 신고함.

o 2008. 9. 11. : 피신청인은 위 사건을 식품의약품안전청에 자진 신고함.

o 2008. 9. 14. 경 : 포항시청 위생계에서 신청인이 뱉어 놓은 음식물을 수거하여 대구지방식품의약품안전청에 제출하였으나, 피신청인 측 제조공장이 소재한 부산지방식품의약품안전청으로 신고 사건을 이첩함.

o 2008. 9. 19. : 부산지방식품의약품안전청에서 신청인이 뱉어 놓은 음식 내용물을 확인한 결과 미세 모래 등 이물질을 발견할 수 없었고 제조 공정상 미세 모래가 혼입되었는지 여부를 특정짓기 어렵다는 결과가 나오자 피신청인 측에서 치료비 배상을 거절함.

(3) 부산지방식품의약품안전청 조사 결과(민원 회신 내용 발췌, 식품안전관리과-5546)

o 귀하께서 신고하신 사항[○○비빔냉면에서 미세 모래 (추정) 발견]에 대하여 해당 제조업소를 방문하여 증거품의 내용물을 살펴본 결과 미세 모래 등 이물질을 발견할 수 없었습니다.

o 제품의 제조 공정 중 미세 모래가 혼입될 가능성을 조사한 결과, 냉면을 제조하기 위하여 사용되는 원료인 메밀가루, 밀가루 등은 밀폐된 배관을 통하여 자동 연속식으로 배합을 한 이후 0.8mm 노즐을 통하여 면을 사출하고 있는 점 등으로 보아 제조 공정 중 미세 모래가 혼입되었는지 여부를 특정 짓기는 어렵습니다.

(4) 진단서 내용

o 병명 : 치아 파절

o 발병일 : 2008. 9. 10.

o 진단일 : 2008. 9. 10.

o 향후 치료 의견 : 환자분의 진술에 의하면 2008. 9. 9. 저녁에 자가에서 냉면을 식사하시다가 딱딱한 것을 씹었다고 함. 임상적 소견으로 상악 견치의 치근 파절이 의심되며 향후 소견으로는 발치 후 근관 치료(상악 우측 제1소구치와 상악 측절치) 및 보철물 치료를 요함.

o 의원명 : □□□치과의원(포항시 두호동 소재)

(5) 추정 치료비 확인서 내용

o 병명 : 치아 파절

o 향후 치료 내용

① 상악 우측 견치 발치 후 상악 우측 측절치와 제1 소구치 근관 치료 후 3개의 bridge로 할 경우 금속도재금관 보철물 3개와 근관 치료 후의 2개 치아는 레진으로 충전을 해야 함.

－ 금속도재금관 1개당 450,000원, 레진 충전제 1개당 50,000원

－ (450,000원×3개)+(50,000원×2개) = 1,450,000원

② 상악 우측 견치 발치 후 implant 매식술 시 = 2,000,000원

o 작성일 : 2008. 10. 13.

o 의원명 : □□□치과의원(포항시 두호동 소재)

(6) 관련 법규

o 「제조물책임법」

－ 제2조(정의)

2. "결함"이라 함은 당해 제조물에 다음 각 목의 1에 해당하는 제조·설계 또는 표시상의 결함이나 기타 통상적으로 기대할 수 있는 안전성이 결여되어 있는 것을 말한다.

가) "제조상의 결함"이라 함은 제조업자의 제조물에 대한 제조·가공상의 주의의무의 이행 여부에 불구하고 제조물이 원래 의도한 설계와 다르게 제조·가공됨으로써 안전하지 못하게 된 경우를 말한다.

나) "설계상의 결함"이라 함은 제조업자가 합리적인 대체설계를 채용하였더라면 피해나 위험을 줄이거나 피할 수 있었음에도 대체설계를 채용하지 아니하여 당해 제조물이 안전하지 못하게 된 경우를 말한다.

다) "표시상의 결함"이라 함은 제조업자가 합리적인 설명·지시·경고 기타의 표시를 하였더라면 당해 제조물에 의하여 발생될

수 있는 피해나 위험을 줄이거나 피할 수 있었음에도 이를
하지 아니한 경우를 말한다.

- 제3조(제조물책임)
① 제조업자는 제조물의 결함으로 인하여 생명, 신체 또는
재산에 손해(당해 제조물에 대해서만 발생한 손해를 제외
한다)를 입은 자에게 그 손해를 배상하여야 한다.

- 제4조(면책 사유)
① 제3조의 규정에 의하여 손해배상책임을 지는 자가 다음
각 호의 1에 해당하는 사실을 입증한 경우에는 이 법에
의한 손해배상책임을 면한다.
1. 제조업자가 당해 제조물을 공급하지 아니한 사실
2. 제조업자가 당해 제조물을 공급한 때의 과학·기술수준
   으로는 결함의 존재를 발견할 수 없었다는 사실
3. 제조물의 결함이 제조업자가 당해 제조물을 공급할 당시의
   법령이 정하는 기준을 준수함으로써 발생한 사실
4. 원재료 또는 부품의 경우에는 당해 원재료 또는 부품을
   사용한 제조물 제조업자의 설계 또는 제작에 관한 지시로
   인하여 결함이 발생하였다는 사실
o 소비자분쟁해결기준(식료품. 공정거래위원회 고시 제2009-1호.
  2009. 1.)
- 이물 혼입 : 제품 교환 또는 구입가 환급
- 부작용 및 용기 파손으로 인한 상해 사고 : 치료비, 경비
  및 일실소득 배상(일실소득은 피해로 인하여 소득 상실이
  발생한 것이 입증된 때에 한하며, 그 금액을 입증할 수
  없는 경우에는 시중 노임단가를 기준으로 함)

나. 책임 유무
진단서 및 향후 추정 치료비 확인서상 신청인에게 상악 견치

치근 파절이 의심되고, 향후 이를 발치하고 주변 치아와 브릿지로 연결하여 보철물 치료를 하거나 임플란트 식립 등의 치료를 요한다는 피해 발생 자체는 인정된다.

그러나 신청인이 뱉어 놓은 음식물 전부를 수거하여 그 내용물을 확인한 결과 미세 모래 등 이물질을 발견할 수 없었고, 신청인도 위원회에 출석하여 육안으로는 이물질의 존재를 확인할 수 없었다고 진술하였다. 또한 신청인 주장과 같이 미세 모래 등의 물질이 포함되었더라도 이물질을 씹는 도중에 치아가 손상되는 경우 어금니가 아닌 송곳니가 파절되고 송곳니 중에서도 아랫송곳니가 아닌 윗 송곳니만이 파절된다는 결과도 쉽사리 납득하기 어렵다.

0.8mm 노즐을 통하여 면을 사출하고 있는 피신청인의 제조 공정상 미세 모래가 혼입되었는지 여부를 특정하기 어렵다는 부산지방 식품의약품안전청장의 민원 회신, 신청인의 치아 자체에 기왕력이 있었다는 사실을 고려하면 피신청인이 제조한 제품 안에 들어있던 이물질로 인하여 상악 견치 치근 파절을 입게 되었다는 사실을 인정하기 어려우므로 신청인의 배상 요구는 받아들일 수 없다고 보인다.

다. 결론

피신청인의 책임을 인정하기 어려우므로 이 사건 분쟁조정 신청에 대하여는 조정하지 아니함이 상당하다.

◆ 결정사항

이 사건 분쟁조정 신청에 대하여는 조정하지 아니한다.

4-3. 음식물 이물 혼입으로 파절된 치아치료비 손해배상 요구

◈ 사건개요

신청인은 2008. 7. 16. 피신청인의 음식점에서 식사를 하던 중 반찬으로 제공된 박나물에 혼입된 이물질로 인해 신청인의 치아 보철물이 파손되어 이에 따른 손해를 배상해 줄 것을 요구함.

◈ 당사자주장

가. 신청인(소비자)

피신청인 음식점에서 식사하던 중 반찬으로 나온 박나물 속의 이물질로 인하여 임플란트 시술한 치아보철물의 일부가 파절되었고, 당시 통증은 없었으나 와그작 소리와 함께 치아가 파손되는 느낌이 있어 식사를 마치고 비용을 계산하면서 피신청인에게 상황을 설명하였고, 2008. 7. 24. 치과 진단 결과 치아 보철물이 파절되어 보철물을 다시 하여야 한다는 소견이 있으므로 치아보철비에 상당하는 비용 및 위자료 등으로 600,000원을 배상해 줄 것을 요구함.

나. 피신청인(사업자)

사고 당일 별다른 부상을 호소한 사실이 없고, 식사일로부터 약 한 달가량 경과한 시점에서 손해배상청구를 하고 있어 치아 파절이 박나물에 의한 것인지 아니면 다른 음식을 섭취하던 중에 발생한 것인지 분명하지 않아 신청인의 요구를 받아들일 수는 없으나, 고객관리 차원에서 신청인 요구 금액의 50%에 상당하는 금 300,000원을 지급하겠음.

◈ 판단

가. 사실관계

(1) 사고 내용

o 사고 일자 : 2008. 7. 16. 15:30경

o 사고 내용

피신청인의 음식점에서 제공된 박나물 반찬을 취식하던 중 박나물에 포함된 조개에 포함된 이물(조개껍질로 추정)로 인해 치아보철의 교합면이 파손됨.

o 사고 내용 고지 여부

신청인은 식사를 마치고 대금을 계산하면서 피신청인의 캐셔 및 캡틴에게 이물 혼입사실을 항의한 사실이 있고, 피신청인 또한 이 사실을 인정함.

(2) 치료 내용

o 치료 일자 : 2008. 7. 24.

o 진단 내용(○○○치과의원)

상악 우측 제1대구치 이차보철물 파절(2007. 10월 장착한 보철물)

o 치료 내용

'○○○치과의원'에서는 신청인 보철물이 파절되어 날카롭게 된 교합면을 부드럽게 조정 처리함.

o 향후 치료 여부

보철을 다시 장착하는 방법 이외에는 파손된 부분에 대한 치료 방법은 없으며, 보철비용은 금 500,000원임.

o 사고 발생에 관한 의무기록지 기록 내용

며칠 전에 음식 섭취 중 깨졌다고 진술하고 있으나 구체적인 일시는 기재되어 있지 않음.

(3) 박나물 내용

o 박과 참기름, 조개 속살을 버무린 나물로서 흰색이며, 피신청인은 통상 조개 속살에 이물이 포함될 가능성이 있다고 하고, 사고 발생 이후 박나물은 더 이상 조리하지 않는다고 함.

나. 책임 유무 및 범위

피신청인은 신청인의 치아파절의 원인이 피신청인의 음식으로 인한 것인지 불명확하므로 신청인의 요구를 수용할 수 없다고 주장하나, 사고 당일 신청인이 피신청인의 직원 2명에게 박나물에 이물이 혼입되어 취식중 씹었다는 사실을 고지한 사실이 있고, 2008. 7. 24. 그리운치과의원 주치의에게 며칠 전 음식물 섭취 과정에 치아가 파절되었다고 진술하였으며 임플란트시술 방식으로 보철한 치아는 파손되어도 감각이 약하여 파손사실을 바로 알지 못할 가능성이 존재하는 점 등에 비추어 보면 피신청인이 제공한 박나물을 취식하던 중에 박나물에 혼입된 이물질에 의해 치아가 파절되었다고 봄이 상당하고, 파절된 치아보철물은 신청인이 2007. 10.에 시술하여 파절될 때까지 치료받은 사실이 없으며, 치아보철 후 사고발생일 까지 약 9개월 남짓 경과되었을 뿐이어서 외부적인 충격 없이는 쉽게 파손되기는 어렵다고 보이는 점을 종합하면 피신청인은 신청인에게 위 치아를 보철하는 비용 금 500,000원 및 정신적 고통에 대한 위자료 금 100,000원을 지급함이 상당하다.

다. 결론

피신청인은 2008. 12. 22.까지 신청인에게 금 600,000원을 지급함이 상당하다.

◆ 결정사항

피신청인은 2008. 12. 22.까지 신청인에게 금 600,000원을 지급한다.

4-4. 피자의 이물질로 손상된 치아 보상 요구

◈ 사건개요
- 청구인은 2005. 3. 27. 두 자녀와 함께 피청구인의 OO점에서 피자를 먹던 중 첫 조각에서 돌을 씹은 이후 오른쪽 어금니에 통증이 심해져 치과치료를 받고 치료비 등의 보상을 요구함.

◈ 당사자주장
- 청구인은 사건 당일 피자를 교환받았지만 제대로 먹지 못하였고, 점점 심해지는 치아의 통증으로 치과치료를 받는 등 불편을 겪었으며, 여전히 딱딱한 음식을 씹기가 곤란하므로 제대로 먹지 못한 피자값, 그동안의 치료비, 향후 예상되는 치료비 등 150,000원의 보상을 요구하는 반면,

- 피청구인은 피자의 이물질로 불편을 끼친 데 대하여 청구인에게 사과하고 치과 방문 시 동행하여 진단서를 발행할 정도의 치아 손상은 없음을 확인한 후 치료비를 대신 지급하였음에도 무리한 보상을 요구하였고, 이를 받아들이지 않자 관할 행정기관에 고지하여 위생검열 등을 받게 함으로써 오히려 영업에 지장을 초래하였는바, 피해를 입증할 수 있는 근거자료 없이 금전보상을 요구함은 부당하므로 청구인의 요구를 수용할 수 없다고 주장함.

◈ 판단
가. 사건발생 경위(청구인 주장)
- 2005. 3. 27. 피청구인의 OO점에서 고등학생 딸 2명과 피자를 먹던 중 첫 조각에서 우두둑 소리를 내며 돌조각을 씹었고 곧바로 이를 직원에게 알렸으며, 피청구인 직원은

사과와 함께 피자를 교환하여 주겠다고 하였으나, 오랜 시간
이 지나 나왔고 결국 제대로 먹지도 못한 채 대금 33,900원
을 신용카드로 결제함.

- 5~6일 경과 후 돌을 씹었던 오른쪽 어금니에 통증이 심해져
  피청구인에게 연락하고 같은 해 4. 4. 피청구인의 OO점 점장
  등과 함께 치과의원을 방문하였으며 당일 진료비는 피청구인
  측이 부담함.

- 같은 해 5. 2. 다시 치과를 방문하였을 때 '큰 이상은 없으나
  이가 멍들었으므로 딱딱한 것을 씹지 말고 병원을 다니며
  경과를 관찰하라'는 의사의 설명을 듣고 피자값, 치료비 등
  으로 150,000원의 보상을 피청구인에게 요구하였으나 거절함.

나. 치아 치료 내역

- OO치과 진료 : 2005. 4. 4/5. 2. 총 2회 진료

- 진료비 : 1차 17,500원(피청구인이 부담) 2차 17,850원(청구인이
  부담, 영수증 제시)

- 진료의사의 의견 : 두 번째 내원 당시에는 별다른 치료가 필요
  없었으나 향후 증상에 변화가 있는 경우 추가 치료의 가능성을
  배제할 수는 없음(진단서가 발급되지 않아 2005. 7. 7. 한국
  소비자보호원 담당자가 전화 통화함).

다. 결론

- 피청구인은 이 건 피자에 혼입된 이물질(돌조각)로 인한
  청구인의 치아손상에 대하여 객관적인 입증자료가 없으
  므로 보상할 수 없다고 주장하나,

- 음식물 내에 혼입된 이물질은 고객의 건강을 해칠 수도
  있으므로 피자를 직접 제조·판매하는 피청구인으로서는
  사전에 이러한 위험을 방지할 수 있도록 음식조리 과정

에서 위생관리에 만전을 기해야 할 의무가 있다고 할 것인바, 이를 소홀히 하여 청구인이 돌을 씹고 치아에 손상을 입었다 할 것이므로 이에 상응하는 책임을 부담하여야 할 것임.

- 다만, 청구인의 치아손상이 현재 별다른 치료를 요하지 않는 상태이고 음식물 섭취 시 불편감을 느끼는 수준인 점 등에 비추어 2차 치과진료 시 발생된 진료비와 제대로 먹지 못한 피자 대금 등을 보상함이 상당할 것임.

- 따라서 피청구인은 청구인에게 2차 치과진료비 17,850원, 피자대금 33,900원 등의 합계 51,000원(천원 미만 버림)을 지급함이 상당함.

◈ 결정사항

피청구인은 청구인에게 2005. 9. 21.까지 금 51,000원을 지급한다.

§. 모범업소 지정 및 지원

1. 모범업소 지정

1-1. 지정 대상

① '모범업소 지정기준'에 따라 위생관리 상태 등이 우수한 일반 음식점은 식품의약품안전처장 또는 특별자치시장·특별자치 도지사·시장·군수·구청장으로부터 모범업소로 지정받을 수 있습니다(식품위생법 제47조제1항, 식품위생법 시행규칙 제61조 제1항제2호 및 제2항).

② 모범업소 지정기준에 대한 자세한 내용은 「식품위생법 시행 규칙」 별표 19 제2호에서 확인할 수 있습니다.

---

2. 모범업소

가. 집단급식소

1) 법 제48조제3항에 따른 식품안전관리인증기준(HACCP) 적용업소로 인증받아야 한다.

2) 최근 3년간 식중독 발생하지 아니하여야 한다.

3) 조리사 및 영양사를 두어야 한다.

4) 그 밖에 나목의 일반음식점이 갖추어야 하는 기준을 모두 갖추어야 한다.

나. 일반음식점

1) 건물의 구조 및 환경

가) 청결을 유지할 수 있는 환경을 갖추고 내구력이 있는 건물 이어야 한다.

나) 마시기에 적합한 물이 공급되며, 배수가 잘 되어야 한다.

다) 업소 안에는 방충시설·쥐 막이 시설 및 환기시설을 갖추고 있어야 한다.

2) 주방

가) 주방은 공개되어야 한다.

나) 입식조리대가 설치되어 있어야 한다.

다) 냉장시설·냉동시설이 정상적으로 가동되어야 한다.

라) 항상 청결을 유지하여야 하며, 식품의 원료 등을 보관할 수 있는 창고가 있어야 한다.

마) 식기 등을 소독할 수 있는 설비가 있어야 한다.

3) 객실 및 객석

가) 손님이 이용하기에 불편하지 아니한 구조 및 넓이여야 한다.

나) 항상 청결을 유지하여야 한다.

4) 화장실

가) 정화조를 갖춘 수세식이어야 한다.

나) 손 씻는 시설이 설치되어야 한다.

다) 벽 및 바닥은 타일 등으로 내수 처리되어 있어야 한다.

라) 1회용 위생종이 또는 에어타월이 비치되어 있어야 한다.

5) 종업원

가) 청결한 위생복을 입고 있어야 한다.

나) 개인위생을 지키고 있어야 한다.

다) 친절하고 예의바른 태도를 가져야 한다.

6) 그 밖의 사항

가) 1회용 물 컵, 1회용 순가락, 1회용 젓가락 등을 사용하지 아니하여야 한다.

나) 그 밖에 모범업소의 지정기준 등과 관련한 세부사항은 식품의약품안전처장이 정하는 바에 따른다.

1-2. 대상 업소

모범음식점으로 지정될 수 있는 업소는 일반음식점으로 영업신고를 하고 영업신고증을 교부받은 업소로 합니다[모범업소 지정 및 운영 관리 규정(식품의약품안전처 예규 제86호, 2016. 11. 4. 발령·시행) 제2조].

모범업소 세부 지정기준

1. 일반음식점

 1) 건물의 구조 및 환경
  가. 건물은 오·폐수 기타 오염물질 발생시설로부터 나쁜 영향을 받지 아니하는 거리를 유지하여야 하고, 청결을 유지할 수 있는 환경을 갖추어야 한다.
  나. 취수원은 오염원으로부터 오염될 우려가 없어야 하며, 물탱크는 외부로부터 오염되지 않게 설치되어야 한다.
  다. 배수시설은 오수 및 쓰레기가 퇴적되지 않게 설치되어야 한다.
  라. 업소내 악취·가스·증기 등을 환기시킬 수 있는 충분한 시설을 설치하여야 한다.

 2) 주방
  가. 주방시설 및 기구는 당해 용도 외에 다른 목적에 사용되지 않도록 하여야 한다.
  나. 주방의 바닥은 타일, 콘크리트 등으로 내수처리 되어야 하고 물이 고이지 않도록 하여야 한다.
  다. 칼·도마 등은 과채·어패류 및 육류를 분리하여 조리할 수 있도록 구분되어 있어야 한다.

 3) 원재료의 보관 및 운반시설
  가. 냉장시설, 냉동시설의 구조와 기능은 원재료나 조리된

음식을 위생적으로 보관할 수 있도록 되어 있어야 한다.

나. 원재료, 반제품 및 완제품을 제품의 특성에 따라 식품의약품안전청장이 고시한 식품 기준 및 규격에 의해 적절한 온도로 보관할 수 있어야 한다.

다. 원재료 또는 반제품이 바닥과 벽에 직접 닿지 않게 위생적으로 보관하여야 한다.

라. 원재료는 선입·선출의 원칙에 따라 사용하여야 한다.

4) 종업원의 서비스

가. 청결한 위생복을 착용하여야 하며, 현란한 머리모양이나 화장 등 식품위생상 위해의 우려가 있거나 타인에게 전염의 우려가 있는 질병이 없도록 개인위생 수준을 유지하여야 한다.

나. 친절하고 예의바른 태도 및 겸손하고 교양 있는 대화로 손님의 주문에 응하여야 한다.

5) 제공반찬과 가격표시

가. 음식차림 모형 또는 천연색 메뉴판을 손님이 보기 쉬운 외부에 부착 또는 설치하여야 한다.

나. 객실 및 객석에는 한글과 외국어가 함께 표기(가격포함)된 음식메뉴판을 비치·사용하여야 한다.

6) 기 타

가. 간판은 옥외광고물관리법에 저촉되지 않아야 한다.

나. 모범업소지정증을 손님이 보기 쉬운 곳에 비치하여야 한다.

다. 주방종사자는 조리에 필요한 위생복, 위생모 및 위생장갑을 단정하게 착용하여야 한다.

라. 음식물쓰레기를 보관·처리할 수 있는 시설 및 설비는 가능한 한 조리시설에서 멀리 떨어져야 한다.

7) 가산점 부여

가. "밑반찬 선택제", "주문식단제" 이행업소, 음식물류
   폐기물 감량우수업소, '남은 음식 재사용 안하기 운동
   선도업소' 등에 가산점을 부여할 수 있다.

2. 집단급식소

1) 법 제48조제3항에 따른 위해요소중점관리기준(HACCP)
   적용업소로 지정받아야 한다.
2) 최근 3년간 식중독이 발생하지 아니하여야 한다.
3) 조리사 및 영양사를 두어야 한다.
4) 그 밖에 제1호의 일반음식점이 갖추어야 하는 기준을 모두
   갖추어야 한다.

2. 모범업소 지정 절차

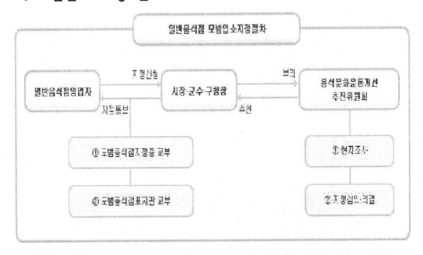

2-1. 지정 신청

모범음식점으로 지정을 받고자 하는 업소의 영업자는 모범음식점 지정신청서(모범업소 지정 및 운영관리 규정 별지 제1호서식)를 작성하여 해당 특별자치시장·특별자치도지사 또는 시장·군수·구청장 (이하 "시장·군수·구청장"이라 함)에게 제출해야 합니다(모범업소 지정 및 운영관리 규정 제11조제1항).

2-2. 심의·의결

① 지정신청을 받은 시장·군수·구청장은 15일 이내에 음식문화 개선운동추진위원회(이하 "위원회"라 함)에 이송해야 하며, 위원장은 민간위원 및 시·군·구의 담당공무원과 함께 지정 기준에 적합한지 여부를 매분기 단위로 현지 조사한 후 위원회 를 소집하여 그 지정여부를 심의·의결해야 합니다(모범업소 지정 및 운영관리 규정 제11조제2항).

② 심의는 「식품위생법 시행규칙」 별표 19 제2호, 「모범업소 지정 및 운영관리 규정」 별표 1과 별표 4의 지정기준에 따라야 하며, 지정기준 외에 고객의 평판 등을 고려해야 합니다. 이 경우 조리사 또는 영양사를 고용하여 위생적으로 운영하는 업소를 우선적으로 지정 추천합니다(모범업소 지정 및 운영 관리 규정 제11조제3항).

③ 위원회는 심의 시 위의 지정기준에 부적합하다는 이유 외의 다른 사유로 특정업소가 배제되지 않도록 공정을 기해야 하며, 동업자 단체 가입 여부 등에 따라 차별해서는 안 됩니다 (모범업소 지정 및 운영관리 규정 제11조제4항).

2-3. 지정여부 결정

위원장은 위원회의 심의결과를 7일 이내에 시장·군수·구청장에게 추천·통보해야 하고, 시장·군수·구청장은 지정여부를 결정한 후 그 결과를 7일 이내에 위원장 및 영업자에게 서면으로 통보해야 합니다(모범업소 지정 및 운영관리 규정 제11조제5항 전단).

3. 지정증 및 표지판의 교부

3-1. 모범업소 표지판 부착

모범업소로 지정을 받은 업소는 시장·군수·구청장이 교부한 모범업소 표지판을 업소에 부착해야 합니다(모범업소 지정 및 운영관리 규정 제11조제6항).

3-2. 지정증의 재교부

① 모범음식점으로 지정된 업소의 영업자는 단순히 업소의 명칭이나 상호가 변경되거나 영업자가 모범업소 지정 특례(모범업소 지정 및 운영관리 규정 제18조제1항)에 해당하는 경우 지정증의 재교부를 시장·군수·구청장에게 신청할 수 있습니다(모범업소 지정 및 운영관리 규정 제17조제1항).

② 지정증의 재교부신청을 받은 시장·군수·구청장은 담당 공무원으로 하여금 변경된 사실을 확인하게 한 후 지정증을 재교부해야 합니다(모범업소 지정 및 운영관리 규정 제17조제2항).

4. 모범업소 지정 재심사

4-1. 지정 재심사

① 시장·군수·구청장은 모범업소에 대해 매년 10월에 정기적으로 모범업소 지정의 적합여부를 재심사해야 합니다. 다만 재심사일을 기준으로 모범업소 지정을 받은 지 1년이 경과하지 않은

업소에 대해서는 재심사를 하지 않을 수 있습니다(모범업소 지정 및 운영관리 규정 제15조제1항).

② 시장·군수·구청장은 모범업소가 이 규정을 위반하거나 기준에 미달한다고 판단될 때에는 수시로 적합여부를 재심사할 수 있습니다(모범업소 지정 및 운영관리 규정 제15조제2항).

③ 시장·군수·구청장은 모범업소가 다음에 해당하게 될 경우 1개월 이내에 그 지정을 재심사해야 합니다(모범업소 지정 및 운영관리 규정 제15조제3항).

1) 영업자가 변경되었을 때(모범업소 지정 및 운영관리 규정 제18조에 해당하는 경우는 제외)
2) 영업소의 소재지가 변경되었을 때
3) 주 취급음식이 변경되었을 때

4-2. 모범업소 지정의 특례

모범업소 지정업소 영업자가 1명에서 공동명의자로 변경되거나, 공동명의자중 일부가 변경되더라도 당초 지정 당시의 영업자가 공동명의자로 남아 있는 경우에는 모범업소 지정업소로 봅니다 (모범업소 지정 및 운영관리 규정 제18조제1항).

5. 모범업소 지정 취소

5-1. 취소 사유

모범업소로 지정된 업소가 다음에 해당하게 될 경우에는 지체 없이 그 지정이 취소됩니다(식품위생법 제47조제3항 및 모범 업소 지정 및 운영관리 규정 제16조제1항).

1) 재심사결과 부적합하다고 판단될 때
2) 영업정지 이상의 행정처분을 받은 때
3) 해당 시·군·구 관할지역 외로 영업소의 소재지를 변경하였을 때

5-2. 취소에 따른 조치

시장·군수·구청장은 모범업소의 지정을 취소할 경우 다음의
조치를 취해야 합니다(식품위생법 시행규칙 제61조제4항).
1) 모범업소 지정증의 회수
2) 모범업소 표지판의 회수
3) 그 밖에 해당 업소에 대한 모범업소 지정에 따른 지원의 중지

5-3. 지정증 등의 반납

지정이 취소된 우수업소 또는 모범업소의 영업자 또는 운영자는
그 지정증 및 표지판을 지체없이 시장·군수·구청장에게 반납해야
합니다(식품위생법 시행규칙 제61조제5항).

6. 모범업소에 대한 지원

6-1. 검사 등의 면제

모범업소로 지정된 일반음식점은 다음에 해당하는 경우를 제외
하고는 관계 공무원으로 하여금 모범업소로 지정된 날부터 2년
동안은 출입·검사를 받지 않을 수 있습니다(식품위생법 제47조
제2항 및 식품위생법 시행규칙 제61조제3항).
1) 시정명령 또는 시설개수명령을 받은 업소
2) 「식품위생법」을 위반하여 징역 또는 벌금형이 확정된 영업자가
   운영하는 업소
3) 과태료 처분을 받은 업소

6-2. 융자 및 사업의 우선 지원

모범업소로 지정된 일반음식점은 영업자의 위생관리시설 및
위생설비시설 개선을 위한 융자 사업과 음식문화 개선과 좋은
식단 실천을 위한 사업에 대해 우선 지원 등을 받을 수 있습니다

(식품위생법 제47조제2항).

6-3. 안내홍보책자 발간·배부

다음의 안내홍보책자의 발간·배부 지원을 받을 수 있습니다
[모범업소 지정 및 운영관리 규정(식품의약품안전처 예규 제86호,
2016. 11. 4. 발령·시행) 제12조제1항제2호].

1) 내용 : 모범업소의 위치, 메뉴, 가격, 전화번호, 교통편 등
   (영어, 일어, 한자 병기)
2) 배부 : 관광호텔, 관광안내소, 주요기업 홍보실, 관공서 등

6-4. 모범업소 표지판 제작교부

모범업소로 지정된 일반음식점은 다음의 모범업소 표지판을 해당
업소의 외부 또는 내부에 붙일 수 있습니다(식품위생법 시행규칙
제61조제3항, 모범업소 지정 및 운영관리 규정 제12조제1항
제4호 및 별표 3).

1) 규격 및 재질
- 규격 : 가로330㎜ × 세로430㎜
- 재질 및 인쇄 : 10㎜ 투명아크릴판, 실사이미지 UV코팅
※ 조명장치를 위한 광원, 코팅, 발수보호캡 장치를 할 수 있습니다.

2) 모범업소 표지판 도안

6-5. 그 밖의 지원시책

그 밖에 다음의 사항을 지원받을 수 있습니다(모범업소 지정 및 운영관리 규정 제12조제1항제6호).

지원기관	지원내용
시·군·구	1. 상·하수도료 및 지하수 수질검사비 지원 2. 공동찬통, 소형·복합찬기 구입비 지원 3. 음식물쓰레기 처리기기 설비자금 융자 4. 쓰레기봉투 구입비 지원 5. 영업자의 위생관리시설 개선을 위한 융자사업과 음식문화의 개선 및 좋은식단 실천을 위한 사업의 우선지원

중앙부처, 시·도, 시·군·구	유관업소 포상시 우선적으로 고려
한국외식업 중앙회	1. 모범업소 관련 책자발간 배포 등 2. 정기간행물에 모범업소 지정업소 게재

제2장
식품관리에는 어떤 점에 유의해야 하나요?

§. 식품의 위생관리

1. 식품 취급 및 판매 등의 준수사항
1-1. 식품 등의 취급

① 누구든지 판매(판매 외의 불특정 다수인에 대한 제공을 포함)를 목적으로 식품 또는 식품첨가물을 채취·제조·가공·사용·조리·저장·소분·운반 또는 진열을 할 때에는 깨끗하고 위생적으로 해야 합니다(식품위생법 제3조제1항).

② 영업에 사용하는 기구 및 용기·포장은 깨끗하고 위생적으로 다루어야 합니다(식품위생법 제3조제2항).

③ 식품, 식품첨가물, 기구 또는 용기·포장(이하 "식품 등"이라 함)의 위생적인 취급에 관한 기준은 「식품위생법 시행규칙」 별표 1에서 확인할 수 있습니다(식품위생법 제3조제3항 및 식품위생법 시행규칙 제2조).

식품등의 위생적인 취급에 관한 기준

1. 식품등을 취급하는 원료보관실·제조가공실·조리실·포장실 등의 내부는 항상 청결하게 관리하여야 한다.

2. 식품등의 원료 및 제품 중 부패·변질이 되기 쉬운 것은 냉동·냉장시설에 보관·관리하여야 한다.

3. 식품등의 보관·운반·진열시에는 식품등의 기준 및 규격이

정하고 있는 보존 및 유통기준에 적합하도록 관리하여야
하고, 이 경우 냉동·냉장시설 및 운반시설은 항상 정상적
으로 작동시켜야 한다.

4. 식품등의 제조·가공·조리 또는 포장에 직접 종사하는 사람은
   위생모 및 마스크를 착용하는 등 개인위생관리를 철저히
   하여야 한다.

5. 제조·가공(수입품을 포함한다)하여 최소판매 단위로 포장
   (위생상 위해가 발생할 우려가 없도록 포장되고, 제품의
   용기·포장에 「식품 등의 표시 · 광고에 관한 법률」 제4조
   제1항에 적합한 표시가 되어 있는 것을 말한다)된 식품
   또는 식품첨가물을 허가를 받지 아니하거나 신고를 하지
   아니하고 판매의 목적으로 포장을 뜯어 분할하여 판매
   하여서는 아니 된다. 다만, 컵라면, 일회용 다류, 그 밖의
   음식류에 뜨거운 물을 부어주거나, 호빵 등을 따뜻하게
   데워 판매하기 위하여 분할하는 경우는 제외한다.

6. 식품등의 제조·가공·조리에 직접 사용되는 기계·기구 및
   음식기는 사용 후에 세척·살균하는 등 항상 청결하게 유지·
   관리하여야 하며, 어류·육류·채소류를 취급하는 칼·도마는
   각각 구분하여 사용하여야 한다.

7. 유통기한이 경과된 식품 등을 판매하거나 판매의 목적으로
   진열·보관하여서는 아니 된다.

1-2. 위반 시 제재

① 식품의약품안전처장, 특별시장·광역시장·특별자치시장·도지사·특별자치도지사(이하 "시·도지사"라 함) 또는 시장·군수·구청장은 식품 등의 위생적 취급에 관한 기준에 맞지 않게 영업하는 자와 「식품위생법」 을 지키지 않는 자에게는 필요한 시정을 명해야 합니다(식품위생법 제71조제1항).

② 또한, 이를 위반한 경우에는 500만원 이하의 과태료가 부과됩니다(식품위생법 제101조제2항제1호).

2. 식품 및 식품첨가물에 대한 금지의무

2-1. 위해식품 등의 판매 등 금지

누구든지 다음의 어느 하나에 해당하는 식품 등을 판매하거나 판매할 목적으로 채취·제조·수입·가공·사용·조리·저장·소분·운반 또는 진열해서는 안 됩니다(식품위생법 제4조).

1) 썩거나 상하거나 설익어서 인체의 건강을 해칠 우려가 있는 것

2) 유독·유해물질이 들어 있거나 묻어 있는 것 또는 그러할 염려가 있는 것(다만, 식품의약품안전처장이 인체의 건강을 해칠 우려가 없다고 인정하는 것은 제외)

3) 병(病)을 일으키는 미생물에 오염되었거나 그러할 염려가 있어 인체의 건강을 해칠 우려가 있는 것

4) 불결하거나 다른 물질이 섞이거나 첨가(添加)된 것 또는 그 밖의 사유로 인체의 건강을 해칠 우려가 있는 것

5) 「식품위생법」 에 따른 안전성 심사대상인 농·축·수산물 등 가운데 안전성 심사를 받지 않았거나 안전성 심사에서 식용(食用)으로 부적합하다고 인정된 것

6) 수입이 금지된 것 또는 규제 「수입식품안전관리 특별법」 제20조제1항에 따른 수입신고를 하지 않고 수입한 것

7) 영업자가 아닌 자가 제조·가공·소분한 것

2-2. 병든 동물 고기 등의 판매 등 금지
① 누구든지 다음의 질병에 걸렸거나 걸렸을 염려가 있는 동물이나 그 질병에 걸려 죽은 동물의 고기·뼈·젖·장기 또는 혈액을 식품으로 판매하거나 판매할 목적으로 채취·수입·가공·사용·조리·저장·소분 또는 운반하거나 진열해서는 안 됩니다 (식품위생법 제5조 및 식품위생법 시행규칙 제4조).
1) 「축산물 위생관리법 시행규칙」 별표 3 제1호다목에 따라 도축이 금지되는 가축전염병

다. 검사관은 가축의 검사 결과 다음에 해당되는 가축에 대해서는 도축을 금지하도록 해야 한다.
 1) 다음의 가축질병에 걸렸거나 걸렸다고 믿을 만한 역학조사·정밀검사 결과나 임상증상이 있는 가축
 가) 우역(牛疫)·우폐역(牛肺疫)·구제역(口蹄疫)·탄저(炭疽)·기종저(氣腫疽)·불루텅병·리프트계곡열·럼프스킨병·가성우역(假性牛疫)·소유행열·결핵병(結核病)·브루셀라병·요네병(전신증상을 나타낸 것만 해당한다)·스크래피·소해면상뇌증(海綿狀腦症: BSE)·소류코시스(임상증상을 나타낸 것만 해당한다)·아나플라즈마병(아나플라즈마 마지나레만 해당한다)·바베시아병(바베시아 비제미나 및 보비스만 해당한다)·타이레리아병(타이레리아 팔마 및 에눌라타만 해당한다)
 나) 돼지열병·아프리카돼지열병·돼지수포병(水疱病)·돼지텟셴병·돼지단독·돼지일본뇌염
 다) 양두(羊痘)·수포성구내염(水疱性口內炎)·비저(鼻疽)·말전염성빈혈·아프리카마역(馬疫)·광견병(狂犬病)
 라) 뉴캣슬병·가금콜레라·추백리(雛白痢)·조류(鳥類)인플루

엔자·닭전염성후두기관염·닭전염성기관지염·가금티프스

마) 현저한 증상을 나타내거나 인체에 위해를 끼칠 우려가
있다고 판단되는 파상풍·농독증·패혈증·요독증·황달·
수종·종양·중독증·전신쇠약·전신빈혈증·이상고열증상·
주사반응(생물학적제제에 의하여 현저한 반응을 나타낸 것만
해당한다)

2) 강제로 물을 먹였거나 먹였다고 믿을 만한 역학조사·정밀검사
결과나 임상증상이 있는 가축

2) 리스테리아병, 살모넬라병, 파스튜렐라병 및 선모충증

3) 기준·규격이 정해지지 않은 화학적 합성품 등의 판매 등 금지

② 누구든지 다음의 어느 하나에 해당하는 행위를 해서는 안
됩니다. 다만, 식품의약품안전처장이 식품위생심의위원회의
심의를 거쳐 인체의 건강을 해칠 우려가 없다고 인정하는
경우에는 그렇지 않습니다(식품위생법 제6조).

1) 「식품위생법」 에 따라 기준·규격이 정해지지 않은 화학적
합성품인 첨가물과 이를 함유한 물질을 식품첨가물로 사용
하는 행위

2) 위 1.에 따른 식품첨가물이 함유된 식품을 판매하거나 판매할
목적으로 제조·수입·가공·사용·조리·저장·소분·운반 또는 진열
하는 행위

2-3. 위반 시 제재

① 위해식품 등의 판매 등 금지 의무를 위반한 자는 10년 이하의
징역 또는 1억원 이하의 벌금에 처해지거나 징역과 벌금이 병과
될 수 있습니다(식품위생법 제94조제1항제1호).

② 위해식품 등의 판매 등 금지 의무 위반에 따라 형을 선고
받고 그 형이 확정된 후 5년 이내에 다시 이를 위반한 경우
에는 1년 이상 10년 이하의 징역에 처해집니다(식품위생법
제94조제2항).

③ 이 경우 그 해당 식품을 판매하였을 때에는 그 판매금액의 4배
이상 10배 이하에 해당하는 벌금이 병과됩니다(식품위생법
제94조제3항).

3. 유독기구 등의 사용 금지 의무

3-1. 유독기구 등의 사용 금지

유독·유해물질이 들어 있거나 묻어 있어 인체의 건강을 해칠
우려가 있는 기구 및 용기·포장과 식품 또는 식품첨가물에 접촉
되어 이에 유해한 영향을 줌으로써 인체의 건강을 해칠 우려가
있는 기구 및 용기·포장은 영업상 사용 등을 금지하고 있습니다
(식품위생법 제8조).

3-2. 위반 시 제재

① 이를 위반한 경우에는 10년 이하의 징역 또는 1억원 이하의
벌금에 처하거나 징역과 벌금이 병과될 수 있습니다(식품
위생법 제94조제1항제2호).

② 유독기구 등을 사용하여 금고이상의 형을 선고받고 그 형이 확정
된 후 5년 이내에 다시 유독기구 등을 판매한 자는 1년 이상 10년
이하의 징역에 처해집니다(식품위생법 제94조제2항).

4. 식품 취급 및 판매 등의 준수사항 위반 시 제재

4-1. 폐기처분 등

식품의약품안전처장, 시·도지사 또는 시장·군수·구청장은 영업자가 위의 식품 취급 및 판매 등의 준수사항을 위반한 경우에는 관계 공무원에게 그 식품 등을 압류 또는 폐기하게 하거나 용도·처리 방법 등을 정하여 영업자에게 위해를 없애는 조치를 하도록 명해야 합니다(식품위생법 제72조제1항).

4-2. 위해식품 등의 공표

식품의약품안전처장, 시·도지사 또는 시장·군수·구청장은 영업자가 위의 식품 취급 및 판매 등의 준수사항을 위반하여 식품위생에 관한 위해가 발생했다고 인정되는 때에는 그 사실의 공표를 명할 수 있습니다(식품위생법 제73조제1항제1호).

4-3. 허가취소 등

식품의약품안전처장 또는 특별자치시장·특별자치도지사·시장·군수·구청장은 영업자가 식품 및 식품첨가물에 대한 금지 의무(식품위생법 제4조부터 제7조까지) 및 유독기구 등의 사용 금지 의무(식품위생법 제8조)에 관한 규정을 위반한 경우에는 ① 영업허가를 취소하거나 ② 6개월 이내의 기간을 정하여 그 영업의 전부 또는 일부를 정지하거나 ③ 영업소 폐쇄(신고한 영업만 해당함)를 명할 수 있습니다(식품위생법 제75조제1항제1호).

4-4. 위해식품 등의 판매 등에 따른 과징금 부과

① 식품의약품안전처장 또는 특별자치도지사·시장·군수·구청장은 다음의 어느 하나에 해당하는 자에 대해 그가 판매한 해당 식품 등의 소매가격에 상당하는 금액을 과징금으로

부과합니다(식품위생법 제83조제1항제1호 및 제2호).

1) 위해식품 등의 판매 등 금지에 관한 규정을 위반하여 영업정지 2개월 이상의 처분, 영업허가 및 등록의 취소 또는 영업소의 폐쇄명령을 받은 자

2) 병든 동물 고기 등의 판매 등 금지(식품위생법 제5조), 기준·규격이 고시되지 않은 화학적 합성품 등의 판매 등 금지(식품위생법 제6조) 또는 유독기구 등의 판매·사용 금지(식품위생법 제8조)에 관한 규정을 위반하여 영업허가 및 등록의 취소 또는 영업소의 폐쇄명령을 받은 자

5. 쓰레기의 처리

5-1. 쓰레기란?

"쓰레기"란 사람의 생활이나 사업활동에 필요하지 않게 된 물질을 말하며, 음식점에서 발생하는 쓰레기는 주로 생활폐기물에 해당합니다.

5-2. 생활폐기물이란?

① "생활폐기물"이란 사업장폐기물 외의 폐기물로서, 쓰레기, 연소재(燃燒滓), 오니(汚泥), 폐유(廢油), 폐산(廢酸), 폐알칼리 및 동물의 사체(死體) 등으로서 사람의 생활이나 사업활동에 필요하지 않게 된 물질을 말합니다(폐기물관리법 제2조제2호 및 제1호).

② 특별시장·광역시장·특별자치시장·도지사·특별자치 도지사 또는 시장·군수·구청장은 관할 구역에서 배출되는 생활폐기물을 처리해야 합니다(폐기물관리법 제14조제1항 본문).

5-3. 생활폐기물의 처리 수수료

① 특별시장·광역시장·특별자치시장·도지사·특별자치 도지사 또는 시장·군수·구청장은 「폐기물관리법」 제14조제1항에 따라 생활폐기물을 처리할 때에는 배출되는 생활폐기물의 종류, 양 등에 따라 수수료를 징수할 수 있습니다(폐기물관리법 제14조제5항 전단).

② 이 경우 수수료는 해당 지방자치단체의 조례로 정하는 바에 따라 폐기물 종량제(從量制) 봉투 또는 폐기물임을 표시하는 표지 등을 판매하는 방법으로 징수합니다(폐기물관리법 제14조 제5항 후단).

6. 음식물 쓰레기의 처리

6-1. 음식물류 폐기물 배출자의 준수사항

① 음식물류 폐기물을 다량으로 배출하는 자로서 사업장 규모가 200제곱미터 이상인 휴게음식점영업 또는 일반음식점영업을 하는 자[다만, 음식물류 폐기물의 발생량, 폐기물 재활용시설의 용량 등을 고려하여 특별자치시, 특별자치도 또는 시·군·구의 조례로 사업장 규모(200제곱미터 이상에 한함) 또는 휴게음식점영업 중 일부 제외 대상 업종을 정하는 경우에는 그 조례에 따름]는 음식물류 폐기물의 발생 억제 및 적정 처리를 위해 관할 특별자치시·특별자치도 또는 시·군·구의 조례로 정하는 사항을 준수해야 합니다(폐기물관리법 제15조의2제1항 및 폐기물관리법 시행령 제8조의4제2호).

② 음식물류 폐기물 배출자는 음식물류 폐기물을 스스로 수집·운반 또는 재활용하거나 다음의 어느 하나에 해당하는 자에게 위탁하여 수집·운반 또는 재활용해야 합니다(폐기물관리법 제15조의2제3항).

1) 폐기물처리시설을 설치·운영하는 자
2) 폐기물 수집·운반업의 허가를 받은 자
3) 폐기물 재활용업의 허가를 받은 자
4) 폐기물처리 신고자(음식물류 폐기물을 재활용하기 위해 신고한 자에 한함)

■ 전자정보처리프로그램에 따른 음식물의 처리

Q 음식물류 폐기물 배출자가 아닌 경우에는 음식물 쓰레기를 어떻게 처리해야 하나요?

A 음식물 쓰레기를 별도로 위탁처리해야 하는 음식점이 아니면, 종량제 봉투 등을 이용하여 음식물 쓰레기를 처리하면 돼요(규제 「폐기물관리법」 제15조의2제3항 및 제14조제6항 참조).

최근에는 전자정보처리프로그램을 이용하여 음식물 쓰레기 종량제를 도입하여 운영하고 있는데요. 이와 같은 제도를 "RFID기반 음식물 쓰레기 관리 시스템"이라고 하며, 장비에 RFID태그를 인식하거나 배출하면 배출자와 배출된 음식물쓰레기의 무게정보가 중앙시스템에 자동 전송되어 수수료를 관리할 수 있도록 하는 방식이에요.

RFID방식의 음식물 쓰레기 종량제는 계량방식에 따라 개별계량, 차량수거, 휴대형리더기방식으로 구분할 수 있는데, 음식점에는 주로 차량수거방식과 휴대형리더기 방식이 이용된답니다.

7. 위생등급의 지정

7-1. 지정 대상

① 식품의약품안전처장, 특별시장·광역시장·특별자치시장·도지사·특별자치도지사(이하 "시·도지사"라 함) 또는 시장·군수·구청장은 식품접객업소의 위생 수준을 높이기 위하여 식품접객영업자의 신청을 받아 식품접객업소의 위생상태를 평가하여 위생등급을 지정할 수 있습니다(식품위생법 제47조의2 제1항).

② 신청인은 다음에 해당하는 경우에 한하여 위생등급을 지정 신청할 수 있습니다[「음식점 위생등급 지정 및 운영관리 규정」 (식품의약품안전처고시 제2021-73호, 2021. 8. 31. 발령·시행) 제3조].

1) 신규로 위생등급을 지정받으려고 하는 경우
2) 위생등급을 지정받은 날부터 6개월이 경과된 경우
3) 위생등급 지정을 위한 평가 또는 재평가 결과 최종적으로 등급 보류조치를 통보받은 경우 그 날부터 6개월이 경과된 경우

7-2. 지정 신청 및 절차

① 위생등급을 지정받으려는 식품접객영업자(일반음식점영업자에 한함)는 위생등급 지정신청서(식품위생법 시행규칙 별지 제51호의2서식)에 영업신고증 및 식품접객업소 위생등급 자율평가 결과서(음식점 위생등급 지정 및 운영관리 규정 별지 제2호서식)를 첨부하여 식품의약품안전처장, 시·도지사 또는 시장·군수·구청장에게 제출해야 합니다(식품위생법 시행규칙 제61조의2제1항 및 음식점 위생등급 지정 및 운영관리 규정 제7조제1항).

② 식품의약품안전처장, 시·도지사 또는 시장·군수·구청장은 지정 신청서를 접수받고 위생등급 지정을 위하여 직접 평가하거나, 평가기관에 송부합니다(음식점 위생등급 지정 및 운영관리 규정 제7조제3항).

③ 지정기관(위생등급 지정을 받고자 하는 신청인으로부터 위생 등급 지정신청을 받아 평가하여 그 결과를 신청인에게 통보 하는 기관을 말함. 이하 같음) 또는 평가기관(지정기관으로 부터 위생상태 평가업무를 위탁받고 그 업무를 수행하는 기관을 말함. 이하 같음)에서는 음식점 위생상태 평가기준 및 평가 항목(음식점 위생등급 지정 및 운영관리 규정 별지 제2호서식) 에 따라 평가를 실시하며, 평가기관에서 평가하는 경우 평가 결과를 민원처리기간 만료 14일 전까지 지정기관에게 송부 해야 합니다(음식점 위생등급 지정 및 운영관리 규정 제7조 제4항, 제2조제1호 및 제2호).

7-3. 위생등급 지정서 및 표지판 발급

① 식품의약품안전처장, 시·도지사 또는 시장·군수·구청장은 신청을 받은 날부터 60일 이내에 위에 따라 평가한 결과를 바탕으로 위생등급을 지정하고 위생등급 지정서(식품위생 법 시행규칙 별지 제51호의3서식)를 발급해야 합니다(식품 위생법 시행규칙 제61조의2제2항).

② 지정서를 발급하는 경우 지정기관은 신청인에게 위생등급 표지판(음식점 위생등급 지정 및 운영관리 규정 별표 2)을 제작·발급해야 합니다(음식점 위생등급 지정 및 운영관리 규정 제7조제6항).

7-4. 위생등급 지정 결과 공표

식품의약품안전처장, 시·도지사 또는 시장·군수·구청장은 인터넷 홈페이지에 게재하는 방법으로 위생등급 지정 결과를 공표할 수 있습니다(식품위생법 제47조의2제3항 및 식품위생법 시행규칙 제61조의2제3항).

7-5. 위생등급 재평가 신청

① 위의 평가결과가 신청인이 희망하는 위생등급 기준에 미달하는 경우 지정기관은 등급 지정을 보류하고 식품접객업소 위생등급 보류 통보서(음식점 위생등급 지정 및 운영관리 규정 별지 제4호서식)를 신청인에게 통보해야 합니다(음식점 위생등급 지정 및 운영관리 규정 제8조제1항).

② 신청인은 위에 따라 보류 통보서를 받을 경우 통보서를 받은 날부터 60일 이내에 식품접객업소 위생등급 재평가 신청서 (음식점 위생등급 지정 및 운영관리 규정 별지 제5호서식)를 제출하여 재평가를 신청할 수 있습니다(음식점 위생등급 지정 및 운영관리 규정 제8조제2항).

③ 재평가를 신청하는 경우 이에 대한 평가 절차는 「음식점 위생등급 지정 및 운영관리 규정」 제7조제4항과 같은 조 제5항의 규정을 따르며, 재평가를 신청하는 횟수는 최초 지정 신청일로부터 6개월 동안 총 2회로 제한합니다(음식점 위생등급 지정 및 운영관리 규정 제8조제3항).

8. 위생등급 지정

8-1. 위생등급 지정 표시

① 위생등급을 지정받은 식품접객영업자는 그 위생등급을 표시해야 하며, 광고할 수 있습니다(식품위생법 제47조의2제4항).

② 위생등급을 표시할 때에는 위생등급 표지판을 그 영업장의 주된 출입구 또는 소비자가 잘 볼 수 있는 장소에 부착하는 방법으로 합니다(식품위생법 시행규칙 제61조의2제4항).

8-2. 지정 기간

위생등급의 유효기간은 위생등급을 지정한 날부터 2년으로 합니다(식품위생법 제47조의2제5항 본문).

8-3. 지정 기간의 연장

① 다만, 위생등급의 유효기간을 연장하려는 자는 위생등급 유효기간 연장신청서(식품위생법 시행규칙 별지 제51호의4서식)에 위생등급 지정서(식품위생법 시행규칙 별지 제51호의3서식), 위생등급표지판 및 영업신고증을 첨부하여 위생등급의 유효기간이 끝나기 60일 전까지 식품의약품안전처장, 시·도지사 또는 시장·군수·구청장에 신청해야 합니다(식품위생법 제47조의2제5항 단서, 식품위생법 시행규칙 제61조의3제1항 및 음식점 위생등급 지정 및 운영관리 규정 제7조제2항).

② 지정기관 또는 평가기관에서는 「음식점 위생등급 지정 및 운영관리 규정」 별표 1의 음식점 위생상태 평가기준 및 평가항목에 따라 평가를 실시하며, 평가기관에서 평가하는 경우 평가 결과를 민원처리기간 만료 14일 전까지 지정기관에게 송부해야 합니다(음식점 위생등급 지정 및 운영관리 규정 제7조제4항).

음식점 위생상태 평가기준 및 평가항목

1. 지정기관 또는 평가기관은 별표 1-1 음식점 위생등급 평가표의 평가항목에 따라 현장평가를 실시한다.

2. 지정기관 또는 평가기관은 현장평가 실시 후 평가결과의 총 평가점수에 따라 위생등급을 지정한다. 이 경우 위생등급은 총 평가점수에 따라 '매우 우수, 우수, 좋음'으로 하고, 총 평가점수에 따른 위생등급은 다음과 같다.

   가) 총 평가점수가 90점 이상인 경우 : 매우 우수

   나) 총 평가점수가 85점 이상 90점 미만인 경우 : 우수

   다) 총 평가점수가 80점 이상 85점 미만인 경우 : 좋음

3. 지정기관 또는 평가기관은 아래 방법에 따라 별표 1-1 음식점 위생등급 평가표를 작성한다.

   가) 「현황표」에 업소명, 영업신고번호 등을 작성한다.

   나) 「기본분야」의 평가항목별 평가기준이 부합되는지 여부를 확인하고 모든 항목에 대하여 적합인 경우(비해당의 경우 제외)에 한하여 「일반분야」, 「공통분야」, 「총 평가점수 및 판정」에 대하여 순차적으로 기록한다.

   다) 「일반분야」의 평가항목별 평가기준을 확인하고 평가를 실시한 후 취득점수를 기록한다. 총 점수는 비 해당 항목이 있는 경우 그 점수를 제외하고 기록하며, 평가점수는 총 점수에 대한 취득점수를 100점 만점으로 환산하여 계산한다. 이 경우 소수점 첫째자리에서 반올림하여 정수로 계산한다.

   라) 「공통분야」의 평가항목별 평가기준을 확인하고 해당 또는 비해당의 결과를 기록하고 그에 따른 평가점수를 기록한다. 이 경우 소수점 첫째자리에서 반올림 하여 정수로 계산한다.

마) 「총 평가점수 및 등급지정」에는 「일반분야」의 평가점수, 「공통분야」의 평가점수, 총 평가점수, 총 평가점수에 따른 지정등급을 기록한다.

③ 유효기간의 연장신청을 받은 식품의약품안전처장, 시·도지사 또는 시장·군수·구청장은 식품의약품안전처장이 정하여 고시 하는 절차와 방법에 따라 위생등급을 지정하고, 위생등급 지정서(식품위생법 시행규칙 별지 제51호의3서식)를 발급해야 합니다(식품위생법 시행규칙 제61조의3제2항).

8-4. 위생등급 지정의 변경

① 음식점위생등급 지정을 받은 영업자가 지정받은 해당 업소의 영업의 형태(한식, 일식, 중식 등 주요 판매식품)를 변경하거나 영업장 소재지를 변경한 경우에는 이전 한 날로부터 30일 이내에 품접객업소 위생등급 지정사항 변경신청서(음식점 위생 등급 지정 및 운영관리 규정 별지 3호서식)에 영업신고증 및 위생등급지정서(위생등급표지판을 포함함)을 첨부하여 지정 기관에 제출해야 합니다(음식점 위생등급 지정 및 운영관리 규정 제7조의3제1항).

② 위에 따라 위생등급 지정사항 변경신청서가 제출된 경우 식품의약품안전처장, 시·도지사 또는 시장·군수·구청장은 신청서 를 접수받고 위생등급 지정을 위하여 직접 평가하거나, 평가 기관에 송부해야 합니다(음식점 위생등급 지정 및 운영관리 규정 제7조의3제2항).

③ 지정기관 또는 평가기관에서는 음식점 위생상태 평가항목· 기준에 따라 평가를 실시하며, 평가 결과를 민원처리기간 만료 3일 전까지 지정기관에 송부해야 합니다(음식점 위생

등급 지정 및 운영관리 규정 제7조의3제3항).

8-5. 위생등급 지정의 취소

식품의약품안전처장, 시·도지사 또는 시장·군수·구청장은 위생등급을 지정받은 식품접객영업자가 다음의 어느 하나에 해당하는 경우 그 지정을 취소하거나 시정을 명할 수 있습니다(식품위생법 제47조의2제6항 및 식품위생법 시행규칙 제61조의3제3항).

1) 위생등급을 지정받은 후 그 기준에 미달하게 된 경우
2) 위생등급을 표시하지 아니하거나 허위로 표시·광고하는 경우
3) 「식품위생법」 제75조에 따라 영업정지 이상의 행정처분을 받은 경우
4) 그 밖에 위 1.부터 3.까지에 준하는 사항으로서 부정한 방법으로 위생등급을 지정받은 경우

8-6. 위생등급 지정서 및 표지판 반납

위생등급 지정업소 중 영업을 폐업하는 경우, 지정 취소되는 경우, 또는 유효기한 종료 시에는 발급된 위생등급 지정서 및 표지판을 발급기관인 식품의약품안전처장, 시·도지사 또는 시장·군수·구청장에게 지체 없이 반납해야 하며, 영업자가 반납처리를 하지 않은 경우 관할 시장·군수·구청장은 폐업의 여부 등을 확인하여 자체적으로 처리할 수 있습니다(「음식점 위생등급 지정 및 운영관리 규정」 제10조).

9. 위생등급 지정 음식점에 대한 지원

9-1. 기술적 지원

위생등급 지정을 받았거나 받으려는 식품접객영업자는 다음에

따른 기술적 지원을 받을 수 있습니다(식품위생법 제47조의2 제7항 및 식품위생법 시행규칙 제61조의3제4항).
1) 위생등급 지정에 관한 교육
2) 위생등급 지정 등에 필요한 검사

9-2. 검사 등의 면제

위생등급을 지정받은 식품접객업소은 「식품위생법」 제22조에 따른 출입·검사·수거 등을 2년 동안 받지 않을 수 있습니다(식품 위생법 제47조의2제8항 및 식품위생법 시행규칙 제61조의3 제5항).

9-3. 융자 및 위생등급 지정 사업 우선 지원

시·도지사 또는 시장·군수·구청장은 식품진흥기금을 영업자의 위생관리시설 및 위생설비시설 개선을 위한 융자 사업과 식품 접객업소의 위생등급 지정 사업에 다음과 같은 사항을 우선 지원할 수 있습니다(식품위생법 제47조의2제9항 및 음식점 위생등급 지정 및 운영관리 규정 제12조).
1) 방역, 포충등, 청소비 등 위생관리에 관한 사항
2) 물티슈, 손소독제, 쓰레기봉투, 앞치마, 위생복, 행주 등 위 생용품에 관한 사항
3) 사전컨설팅 비용 등 위생등급 평가에 관한 사항
4) 손소독기, 방충·방서시설, 영업장, 조리장, 창고, 간판 등 시설 개선에 관한 사항
5) 공통찬통, 소형 복합찬기, 영문 메뉴판 등 음식문화개선에 관한 사항
6) 상하수도요금 및 지하수 수질 검사비 등 부대비용에 관한 사항
7) 광고, 안내책자, 공중파, SNS 등 홍보에 관한 사항
8) 기타 시 도지사 또는 시군구 청장이 필요하다고 정하는 사항

§. 원산지 표시의무

1. 농수산물 및 가공품의 원산지 표시

1-1. 원산지의 표시대상

① 휴게음식점영업, 일반음식점영업, 위탁급식영업 또는 집단 급식소를 설치·운영하는 자는 다음에 해당하는 경우에 그 농수산물이나 그 가공품의 원료에 대해 원산지(쇠고기는 식육의 종류를 포함함)를 표시해야 합니다(농수산물의 원산지 표시에 관한 법률 제5조제3항 본문, 농수산물의 원산지 표시에 관한 법률 시행령 제3조제5항 및 제4조).

1. 다음의 농수산물이나 그 가공품을 조리하여 판매·제공(배달을 통한 판매·제공을 포함함)하는 경우

 1) 쇠고기(식육·포장육·식육가공품 포함)

 2) 돼지고기(식육·포장육·식육가공품 포함)

 3) 닭고기(식육·포장육·식육가공품 포함)

 4) 오리고기(식육·포장육·식육가공품 포함)

 5) 양고기(식육·포장육·식육가공품 포함)

 6) 염소(유산양을 포함)고기(식육·포장육·식육가공품을 포함)

 7) 밥, 죽, 누룽지에 사용하는 쌀(쌀가공품, 찹쌀, 현미 및 찐쌀 포함)

 8) 배추김치(배추김치가공품 포함)의 원료인 배추(얼갈이 배추, 봄동배추 포함)와 고춧가루

 9) 두부류(가공두부, 유바 제외), 콩비지, 콩국수에 사용 하는 콩(콩가공품 포함)

 10) 넙치, 조피볼락, 참돔, 미꾸라지, 뱀장어, 낙지, 명태 (황태, 북어 등 건조한 것 제외), 고등어, 갈치, 오징어,

꽃게 및 참조기(해당 수산물가공품 포함)

11) 조리하여 판매·제공하기 위해 수족관 등에 보관·진열하는 살아있는 수산물

2. 1.에 따른 농수산물이나 그 가공품을 조리하여 판매·제공할 목적으로 보관하거나 진열하는 경우

② 다만, 원산지인증 표시를 한 경우에는 원산지를 표시한 것으로 보며, 쇠고기의 경우에는 식육의 종류를 별도로 표시해야 합니다(농수산물의 원산지 표시에 관한 법률 제5조제3항 단서).

1-2. 원산지를 표시한 것으로 보는 경우

다음 중 어느 하나에 해당하는 때에는 원산지를 표시한 것으로 봅니다(농수산물의 원산지 표시에 관한 법률 제5조제2항).

1) 「농수산물 품질관리법」 또는 「소금산업 진흥법」 에 따른 표준 규격품의 표시를 한 경우

2) 우수관리인증의 표시, 품질인증품의 표시 또는 우수천일염인증의 표시를 한 경우

3) 천일염생산방식인증의 표시를 한 경우

4) 친환경천일염인증의 표시를 한 경우

5) 「농수산물 품질관리법」 에 따른 이력추적관리의 표시를 한 경우

6) 「농수산물 품질관리법」 또는 「소금산업 진흥법」 에 따라 지리적 표시를 한 경우

7) 「식품산업진흥법」 에 따른 원산지인증 표시를 한 경우

8) 「대외무역법」 에 따라 수출입 농수산물이나 수출입 농수산물 가공품의 원산지를 표시한 경우

9) 다른 법률에 따라 농수산물의 원산지 또는 농수산물 가공품의 원료의 원산지를 표시한 경우

1-3. 원산지의 표시기준 및 방법

원산지의 표시기준은 「농수산물의 원산지 표시에 관한 법률 시행령」 별표 1과 같고, 원산지의 표시방법은 「농수산물의 원산지 표시에 관한 법률 시행규칙」 별표 4와 같습니다(농수산물의 원산지 표시에 관한 법률 제5조제4항, 농수산물의 원산지 표시에 관한 법률 시행령 제5조제1항 및 농수산물의 원산지 표시에 관한 법률 시행규칙 제3조제2호).

영업소 및 집단급식소의 원산지 표시방법

1. 공통적 표시방법

 가. 음식명 바로 옆이나 밑에 표시대상 원료인 농수산물 명과 그 원산지를 표시한다. 다만, 모든 음식에 사용된 특정 원료의 원산지가 같은 경우 그 원료에 대해서는 다음 예시와 같이 일괄하여 표시할 수 있다.

 [예시]

 - 우리 업소에서는 "국내산 쌀"만 사용합니다.

 - 우리 업소에서는 "국내산 배추와 고춧가루로 만든 배추김치" 만 사용합니다.

 - 우리 업소에서는 "국내산 한우 쇠고기"만 사용합니다.

 - 우리 업소에서는 "국내산 넙치"만을 사용합니다.

 나. 원산지의 글자 크기는 메뉴판이나 게시판 등에 적힌 음식명 글자 크기와 같거나 그 보다 커야 한다.

 다. 원산지가 다른 2개 이상의 동일 품목을 섞은 경우에는 섞음 비율이 높은 순서대로 표시한다.

 [예시 1] 국내산(국산)의 섞음 비율이 외국산보다 높은 경우

 - 쇠고기불고기(쇠고기: 국내산 한우와 호주산을 섞음), 설렁탕(육수: 국내산 한우, 쇠고기: 호주산), 국내산 한우

갈비뼈에 호주산 쇠고기를 접착(**接着**)한 경우: 소갈비(갈비뼈: 국내산 한우, 쇠고기: 호주산) 또는 소갈비(쇠고기: 호주산)
- 돼지고기, 닭고기 등: 고추장불고기(돼지고기: 국내산과 미국산을 섞음), 닭갈비(닭고기: 국내산과 중국산을 섞음)
- 쌀, 배추김치: 쌀(국내산과 미국산을 섞음), 배추김치(배추: 국내산과 중국산을 섞음, 고춧가루: 국내산과 중국산을 섞음)
- 넙치, 조피볼락 등: 조피볼락회(조피볼락: 국내산과 일본산을 섞음)

[예시 2] 국내산(국산)의 섞음 비율이 외국산보다 낮은 경우
- 불고기(쇠고기: 호주산과 국내산 한우를 섞음), 죽(쌀: 미국산과 국내산을 섞음), 낙지볶음(낙지: 일본산과 국내산을 섞음)

라. 쇠고기, 돼지고기, 닭고기, 오리고기, 넙치, 조피볼락 및 참돔 등을 섞은 경우 각각의 원산지를 표시한다.
[예시] 햄버그스테이크(쇠고기: 국내산 한우, 돼지고기: 덴마크산),모둠회(넙치: 국내산, 조피볼락: 중국산, 참돔: 일본산), 갈낙탕(쇠고기: 미국산, 낙지: 중국산)

마. 원산지가 국내산(국산)인 경우에는 "국산"이나 "국내산"으로 표시하거나 해당 농수산물이 생산된 특별시·광역시·특별자치시·도·특별자치도명이나 시·군·자치구명으로 표시할 수 있다.

바. 농수산물 가공품을 사용한 경우에는 그 가공품에 사용된 원료의 원산지를 표시하되, 다음 1) 및 2)에 따라 표시할 수 있다.

[예시] 부대찌개(햄(돼지고기: 국내산)), 샌드위치(햄(돼지

고기: 독일산))

1) 외국에서 가공한 농수산물 가공품 완제품을 구입하여 사용한 경우에는 그 포장재에 적힌 원산지를 표시할 수 있다.

[예시] 소세지야채볶음(소세지: 미국산), 김치찌개(배추김치: 중국산)

2) 국내에서 가공한 농수산물 가공품의 원료의 원산지가 영별표 1 제3호마목에 따라 원료의 원산지가 자주 변경되어 "외국산"으로 표시된 경우에는 원료의 원산지를 "외국산"으로 표시할 수 있다.

[예시] 피자(햄(돼지고기: 외국산)), 두부(콩: 외국산)

3) 국내산 쇠고기의 식육가공품을 사용하는 경우에는 식육의 종류 표시를 생략할 수 있다.

사. 농수산물과 그 가공품을 조리하여 판매 또는 제공할 목적으로 냉장고 등에 보관·진열하는 경우에는 제품 포장재에 표시하거나 냉장고 등 보관장소 또는 보관용기별 앞면에 일괄하여 표시한다. 다만, 거래명세서 등을 통해 원산지를 확인할 수 있는 경우에는 원산지 표시를 생략할 수 있다.

아. 삭제 <2017. 5. 30.>

자. 표시대상 농수산물이나 그 가공품을 조리하여 배달을 통하여 판매·제공하는 경우에는 해당 농수산물이나 그 가공품 원료의 원산지를 포장재에 표시한다. 다만, 포장재에 표시하기 어려운 경우에는 전단지, 스티커 또는 영수증 등에 표시할 수 있다.

2. 영업형태별 표시방법

가. 휴게음식점영업 및 일반음식점영업을 하는 영업소

1) 원산지는 소비자가 쉽게 알아볼 수 있도록 업소 내의 모든 메뉴판 및 게시판(메뉴판과 게시판 중 어느 한 종류만 사용하는 경우에는 그 메뉴판 또는 게시판을 말한다)에 표시하여야 한다. 다만, 아래의 기준에 따라 제작한 원산지 표시판을 아래 2)에 따라 부착하는 경우에는 메뉴판 및 게시판에는 원산지 표시를 생략할 수 있다.

가) 표제로 "원산지 표시판"을 사용할 것

나) 표시판 크기는 가로 × 세로(또는 세로 × 가로) 29cm × 42cm 이상일 것

다) 글자 크기는 60포인트 이상(음식명은 30포인트 이상)일 것

라) 제3호의 원산지 표시대상별 표시방법에 따라 원산지를 표시할 것

마) 글자색은 바탕색과 다른 색으로 선명하게 표시

2) 원산지를 원산지 표시판에 표시할 때에는 업소 내에 부착되어 있는 가장 큰 게시판(크기가 모두 같은 경우 소비자가 가장 잘 볼 수 있는 게시판 1곳)의 옆 또는 아래에 소비자가 잘 볼 수 있도록 원산지 표시판을 부착하여야 한다. 게시판을 사용하지 않는 업소의 경우에는 업소의 주 출입구 입장 후 정면에서 소비자가 잘 볼 수 있는 곳에 원산지 표시판을 부착 또는 게시하여야 한다.

3) 1) 및 2)에도 불구하고 취식(**取食**)장소가 벽(공간을 분리할 수 있는 칸막이 등을 포함한다)으로 구분된 경우 취식 장소별로 원산지가 표시된 게시판 또는 원산지 표시판을 부착해야 한다. 다만, 부착이 어려울 경우 타 위치의 원산지 표시판 부착 여부에 상관없이 원산지 표시가 된 메뉴판을 반드시 제공하여야 한다.

나. 위탁급식영업을 하는 영업소 및 집단급식소

1) 식당이나 취식장소에 월간 메뉴표, 메뉴판, 게시판 또는 푯말 등을 사용하여 소비자(이용자를 포함한다)가 원산지를 쉽게 확인할 수 있도록 표시하여야 한다.

2) 교육·보육시설 등 미성년자를 대상으로 하는 영업소 및 집단급식소의 경우에는 1)에 따른 표시 외에 원산지가 적힌 주간 또는 월간 메뉴표를 작성하여 가정통신문(전자적 형태의 가정통신문을 포함한다)으로 알려주거나 교육·보육시설 등의 인터넷 홈페이지에 추가로 공개하여야 한다.

다. 장례식장, 예식장 또는 병원 등에 설치·운영되는 영업소나 집단급식소의 경우에는 가목 및 나목에도 불구하고 소비자(취식자를 포함한다)가 쉽게 볼 수 있는 장소에 푯말 또는 게시판 등을 사용하여 표시할 수 있다.

3. 원산지 표시대상별 표시방법

가. 축산물의 원산지 표시방법: 축산물의 원산지는 국내산(국산)과 외국산으로 구분하고, 다음의 구분에 따라 표시한다.

1) 쇠고기

가) 국내산(국산)의 경우 "국산"이나 "국내산"으로 표시하고, 식육의 종류를 한우, 젖소, 육우로 구분하여 표시한다. 다만, 수입한 소를 국내에서 6개월 이상 사육한 후 국내산(국산)으로 유통하는 경우에는 "국산"이나 "국내산"으로 표시하되, 괄호 안에 식육의 종류 및 출생국가명을 함께 표시한다.

[예시] 소갈비(쇠고기: 국내산 한우), 등심(쇠고기: 국내산 육우), 소갈비(쇠고기: 국내산 육우(출생국: 호주))

나) 외국산의 경우에는 해당 국가명을 표시한다.

[예시] 소갈비(쇠고기: 미국산)

2) 돼지고기, 닭고기, 오리고기 및 양고기(염소 등 산양 포함)

가) 국내산(국산)의 경우 "국산"이나 "국내산"으로 표시한다. 다만, 수입한 돼지 또는 양을 국내에서 2개월 이상 사육한 후 국내산(국산)으로 유통하거나, 수입한 닭 또는 오리를 국내에서 1개월 이상 사육한 후 국내산(국산)으로 유통하는 경우에는 "국산"이나 "국내산"으로 표시하되, 괄호 안에 출생국가명을 함께 표시한다.

[예시] 삼겹살(돼지고기: 국내산), 삼계탕(닭고기: 국내산), 훈제오리(오리고기: 국내산), 삼겹살(돼지고기: 국내산(출생국: 덴마크)), 삼계탕(닭고기: 국내산(출생국: 프랑스)), 훈제오리(오리고기: 국내산(출생국: 중국))

나) 외국산의 경우 해당 국가명을 표시한다.

[예시] 삼겹살(돼지고기: 덴마크산), 염소탕(염소고기: 호주산), 삼계탕(닭고기: 중국산), 훈제오리(오리고기: 중국산)

나. 쌀(찹쌀, 현미, 찐쌀을 포함한다. 이하 같다) 또는 그 가공품의 원산지 표시방법: 쌀 또는 그 가공품의 원산지는 국내산(국산)과 외국산으로 구분하고, 다음의 구분에 따라 표시한다.

1) 국내산(국산)의 경우 "밥(쌀: 국내산)", "누룽지(쌀: 국내산)"로 표시한다.

2) 외국산의 경우 쌀을 생산한 해당 국가명을 표시한다.

[예시] 밥(쌀: 미국산), 죽(쌀: 중국산)

다. 배추김치의 원산지 표시방법

1) 국내에서 배추김치를 조리하여 판매·제공하는 경우에는 "배추김치"로 표시하고, 그 옆에 괄호로 배추김치의 원료인 배추(절인 배추를 포함한다)의 원산지를 표시한다. 이 경우 고춧가루를 사용한 배추김치의 경우에는 고춧가루

의 원산지를 함께 표시한다.

[예시]

– 배추김치(배추: 국내산, 고춧가루: 중국산), 배추김치
(배추: 중국산, 고춧가루: 국내산)

– 고춧가루를 사용하지 않은 배추김치: 배추김치(배추:
국내산)

2) 외국에서 제조·가공한 배추김치를 수입하여 조리하여
판매·제공하는 경우에는 배추김치를 제조·가공한 해당
국가명을 표시한다.

[예시] 배추김치(중국산)

라. 콩(콩 또는 그 가공품을 원료로 사용한 두부류·콩비지·
콩국수)의 원산지 표시방법: 두부류, 콩비지, 콩국수의 원료
로 사용한 콩에 대하여 국내산(국산)과 외국산으로 구분
하여 다음의 구분에 따라 표시한다.

1) 국내산(국산) 콩 또는 그 가공품을 원료로 사용한 경우
"국산"이나 "국내산"으로 표시한다.

[예시] 두부(콩: 국내산), 콩국수(콩: 국내산)

2) 외국산 콩 또는 그 가공품을 원료로 사용한 경우 해당
국가명을 표시한다.

[예시] 두부(콩: 중국산), 콩국수(콩: 미국산)

마. 넙치, 조피볼락, 참돔, 미꾸라지, 뱀장어, 낙지, 명태,
고등어, 갈치, 오징어, 꽃게, 참조기, 다랑어, 아귀 및
주꾸미의 원산지 표시방법: 원산지는 국내산(국산),
원양산 및 외국산으로 구분하고, 다음의 구분에 따라
표시한다.

1) 국내산(국산)의 경우 "국산"이나 "국내산" 또는 "연근
해산"으로 표시한다.

[예시] 넙치회(넙치: 국내산), 참돔회(참돔: 연근해산)

2) 원양산의 경우 "원양산" 또는 "원양산, 해역명"으로 한다.

[예시] 참돔구이(참돔: 원양산), 넙치매운탕(넙치: 원양산, 태평양산)

3) 외국산의 경우 해당 국가명을 표시한다.

[예시] 참돔회(참돔: 일본산), 뱀장어구이(뱀장어: 영국산)

바. 살아있는 수산물의 원산지 표시방법은 별표 1 제2호 다목에 따른다.

■ 배추김치 원산지 표시 방법

Q 저희 음식점에서는 칼국수를 판매하면서 배추김치를 직접 담궈 손님들에게 함께 제공하고 있는데요. 배추가 국내산이면, 배추 김치에 대한 원산지를 국내산으로 표시할 수 있는 건가요? 고춧가루를 사용한 경우에 그 원산지도 표시해야 하나요?

A

국내에서 배추김치를 조리하여 만들어 제공하는 경우에는 "배추 김치"로 표시하고, 그 옆에 괄호로 배추김치의 원료인 배추(절인 배추를 포함)의 원산지를 표시해야 해요. 고춧가루를 사용한 배추 김치의 경우에는 고춧가루의 원산지도 함께 표시해야 하고요.

그리고 고춧가루를 사용하지 않은 배추김치는 배추에 대한 원산지만 표시하면 돼요(「농수산물의 원산지 표시에 관한 법률 시행규칙」 별표 4).

(예시)

배추김치(배추 국내산, 고춧가루 중국산)

배추김치(배추 중국산, 고춧가루 국내산)

고춧가루를 사용하지 않은 배추김치 : 배추김치(배추 국내산)

1-4. 위반 시 제재

이를 위반하여 원산지 표시를 하지 않거나 원산지의 표시방법을 위반한 경우에는 1천만원 이하의 과태료가 부과됩니다(농수산물의 원산지 표시에 관한 법률 제18조제1항제1호 및 제2호).

2. 원산지 거짓 표시 등의 금지

2-1. 혼동 또는 위장표시 등의 금지

① 농수산물이나 그 가공품을 조리하여 판매·제공하는 자는 다음의 행위를 해서는 안 됩니다(농수산물의 원산지 표시에 관한 법률 제6조제2항).

1) 원산지 표시를 거짓으로 하거나 이를 혼동하게 할 우려가 있는 표시를 하는 행위

2) 원산지를 위장하여 조리·판매·제공하거나, 조리하여 판매·제공할 목적으로 농수산물이나 그 가공품의 원산지 표시를 손상·변경하여 보관·진열하는 행위

3) 원산지 표시를 한 농수산물이나 그 가공품에 원산지가 다른 동일 농수산물이나 그 가공품을 혼합하여 조리·판매·제공하는 행위

② 「방송법」 에 따라 승인을 받고 상품소개와 판매에 관한 전문편성을 하는 방송채널사용사업자는 해당 방송채널 등에 물건 판매중개를 의뢰하는 사업자가 위의 행위를 하도록 방치해서는 안 됩니다(농수산물의 원산지 표시에 관한 법률 제6조제5항).

③ 원산지를 혼동하게 할 우려가 있는 표시 및 위장판매의 범위는 「농수산물의 원산지 표시에 관한 법률 시행규칙」 별표 5에서 확인할 수 있습니다(농수산물의 원산지 표시에 관한 법률 제6조제3항 및 농수산물의 원산지 표시에 관한 법률 시행규칙 제4조).

원산지를 혼동하게 할 우려가 있는 표시 및 위장판매의 범위

1. 원산지를 혼동하게 할 우려가 있는 표시

 가. 원산지 표시란에는 원산지를 바르게 표시하였으나 포장재·푯말·홍보물 등 다른 곳에 이와 유사한 표시를 하여 원산지를 오인하게 하는 표시 등을 말한다.

 나. 가목에 따른 일반적인 예는 다음과 같으며 이와 유사한 사례 또는 그 밖의 방법으로 기망(欺罔)하여 판매하는 행위를 포함한다.

  1) 원산지 표시란에는 외국 국가명을 표시하고 인근에 설치된 현수막 등에는 "우리 농산물만 취급", "국산만 취급", "국내산 한우만 취급" 등의 표시·광고를 한 경우

  2) 원산지 표시란에는 외국 국가명 또는 "국내산"으로 표시하고 포장재 앞면 등 소비자가 잘 보이는 위치에는 큰 글씨로 "국내생산", "경기특미" 등과 같이 국내 유명 특산물 생산지역명을 표시한 경우

  3) 게시판 등에는 "국산 김치만 사용합니다"로 일괄 표시하고 원산지 표시란에는 외국 국가명을 표시하는 경우

  4) 원산지 표시란에는 여러 국가명을 표시하고 실제로는 그 중 원료의 가격이 낮거나 소비자가 기피하는 국가산만을 판매하는 경우

2. 원산지 위장판매의 범위

 가. 원산치 표시를 잘 보이지 않도록 하거나, 표시를 하지 않고 판매하면서 사실과 다르게 원산지를 알리는 행위 등을 말한다.

 나. 가목에 따른 일반적인 예는 다음과 같으며 이와 유사한 사례 또는 그 밖의 방법으로 기망하여 판매하는 행위를

　포함한다.

　1) 외국산과 국내산을 진열·판매하면서 외국 국가명 표시
　　를 잘 보이지 않게 가리거나 대상 농수산물과 떨어진
　　위치에 표시하는 경우

　2) 외국산의 원산지를 표시하지 않고 판매하면서 원산지
　　가 어디냐고 물을 때 국내산 또는 원양산이라고 대답
　　하는 경우

　3) 진열장에는 국내산만 원산지를 표시하여 진열하고,
　　판매 시에는 냉장고에서 원산지 표시가 안 된 외국산
　　을 꺼내 주는 경우

2-2. 위반 시 제재

① 혼동 또는 위장표시 금지조항을 위반한 경우에는 7년 이하의
징역이나 1억원 이하의 벌금에 처해지거나 징역과 벌금이
병과될 수 있습니다(농수산물의 원산지 표시에 관한 법률
제14조제1항).

② 위에 해당하여 형을 선고받고 그 형이 확정된 후 5년 이내
에 다시 혼동 또는 위장표시 금지 조항을 위반한 자는 1년
이상 10년 이하의 징역 또는 500만원 이상 1억5천만원 이하
의 벌금에 처해 지거나 하거나 징역과 벌금이 병과될 수 있
습니다(농수산물의 원산지 표시에 관한 법률 제14조제2항).

③ 방송채널사용사업자가 해당 방송채널 등에 물건 판매중개
를 의뢰한 자가 혼동 또는 위장표시 행위를 하는 것을 알
았거나 알 수 있었음에도 방치한 경우에는 1천만원 이하의
과태료가 부과됩니다(농수산물의 원산지 표시에 관한 법률
제18조제1항제3호의2).

3. 영수증이나 거래명세서 등의 비치·보관 의무

3-1. 원산지 등이 기재된 영수증 등의 비치

원산지를 표시해야 하는 자는 다른 법률에 따라 발급받은 원산지 등이 기재된 영수증이나 거래명세서 등을 매입일부터 6개월간 비치·보관해야 합니다(농수산물의 원산지 표시에 관한 법률 제8조).

3-2. 위반 시 제재

이를 위반하여 영수증이나 거래명세서 등을 비치·보관하지 않은 경우에는 1천만원 이하의 과태료가 부과됩니다(규제 「농수산물의 원산지 표시에 관한 법률」 제18조제1항제5호).

제3장
점포관리는 어떤 점에 유의해야 하나요?

§. 시설관리 시 준수사항

1. 소방안전 등에 관한 관리

1-1. 화재배상책임보험 의무 가입 대상

다음의 어느 하나에 해당하는 영업(이하 "다중이용업"이라 함)을 하는 음식점은 화재(폭발을 포함)로 인해 다른 사람이 사망·부상하거나 재산상의 손해를 입은 경우 피해자(피해자가 사망한 경우에는 손해배상을 받을 권리를 가진 자를 말함)에게 「다중이용업소의 안전관리에 관한 특별법 시행령」 제9조의2제1항에 따른 금액을 지급할 책임을 지는 책임보험(이하 "화재배상책임보험"이라 함)에 가입해야 합니다(다중이용업소의 안전관리에 관한 특별법 제2조제1항제1호, 제13조의2제1항 및 다중이용업소의 안전관리에 관한 특별법 시행령 제2조제1호).

1) 휴게음식점영업·제과점영업 또는 일반음식점영업으로서 영업장으로 사용하는 바닥면적(건축법 시행령 제119조 제1항제3호에 따라 산정한 면적을 말함)의 합계가 100제곱미터(영업장이 지하층에 설치된 경우에는 그 영업장의 바닥면적 합계가 66제곱미터) 이상인 것. 다만, 영업장(내부계단으로 연결된 복층구조의 영업장을 제외)이 지상 1층 또는 지상과 직접 접하는 층에 설치되고 그 영업장의 주된 출입구가 건축물 외부의 지면과 직접 연결되는 곳에서 하는 영업을

제외합니다.
2) 단란주점영업과 유흥주점영업

1-2. 다른 보험에 가입한 경우

「화재로 인한 재해보상과 보험가입에 관한 법률」 제2조제3호에 따른 특수건물에서 음식점을 운영하는 경우에는 화재배상책임 보험에 가입하지 않아도 됩니다(다중이용업소의 안전관리에 관한 특별법 제4조제2항).

■ 특수건물에서 음식점을 운영하는 경우 화재보험

Q 특수건물에서 음식점을 운영하는 경우에는 화재배상책임보험에 가입하지 않아도 되나요?

A ① 「화재로 인한 재해보상과 보험가입에 관한 법률」 제2조제3호에 따른 특수건물에서 음식점을 운영하는 경우에는 화재배상책임보험에 가입하지 않아도 돼요(다중이용업소의 안전관리에 관한 특별법 제4조 제2항).

② 이때, "특수건물"이란 다음의 어느 하나를 영업으로 사용하는 부분의 바닥면적의 합계가 2천제곱미터 이상인 건물을 말합니다(화재로 인한 재해보상과 보험가입에 관한 법률 제2조제3호 및 화재로 인한 재해보상과 보험가입에 관한 법률 시행령 제2조제1항제10호).

1. 「식품위생법 시행령」 제21조제8호가목에 따른 휴게음식점 영업
2. 「식품위생법 시행령」 제21조제8호나목에 따른 일반음식점 영업
3. 「식품위생법 시행령」 제21조제8호다목에 따른 단란주점 영업
4. 「식품위생법 시행령」 제21조제8호라목에 따른 유흥주점 영업

③ 이와 같은 특수건물의 소유자는 「화재로 인한 재해보상과 보험가입에 관한 법률」 제4조제1항에 따른 손해배상책임의 이행을 위해서 그 건물을 손해보험회사가 영위하는 신체손해배상특약부화재보험(이하 "특약부화재보험"이라 함)에 가입해야 해요(화재로 인한 재해보상과 보험가입에 관한 법률 제5조제1항 본문).

④ 다만, 종업원에 대해서 「산업재해보상보험법」에 따른 산업재해보상보험에 가입하고 있는 경우에는 그 종업원에 대한 특약부화재보험에 가입하지 않을 수 있어요(화재로 인한 재해보상과 보험가입에 관한 법률 제5조제1항 단서).

1-3. 위반 시 제재

화재배상책임보험을 가입하지 않은 음식점은 300만원 이하의
과태료가 부과됩니다(다중이용업소의 안전관리에 관한 특별법
제25조제1항제6호의2).

2. 다중이용업소의 안전관리

2-1. 안전시설 등의 설치 및 신고

① 다중이용업주 및 다중이용업을 하려는 경우에는 「다중이용
업소의 안전관리에 관한 특별법 시행령」 별표 1의2에 해당
하는 안전시설 등을 「다중이용업소의 안전관리에 관한 특별법
시행규칙」 별표 2에 따라 설치·유지해야 합니다(다중이용업소
의 안전관리에 관한 특별법 제9조제1항 전단, 다중이용업소의
안전관리에 관한 특별법 시행령 제9조 및 다중이용업소의 안전
관리에 관한 특별법 시행규칙 제9조).

② 다중이용업을 하려는 자(다중이용업을 하고 있는 자를 포함)
는 다음의 어느 하나에 해당하는 경우에는 안전시설등을 설치
하기 전에 미리 소방본부장이나 소방서장에게 신고해야 합니다
(다중이용업소의 안전관리에 관한 특별법 제9조제3항).

1) 안전시설 등을 설치하려는 경우

2) 영업장 내부구조를 변경하려는 경우로서 다음의 어느 하나에
해당하는 경우

 - 영업장 면적의 증가

 - 영업장의 구획된 실의 증가

 - 내부통로 구조의 변경

3) 안전시설 등의 공사를 마친 경우

③ 다중이용업주 및 다중이용업을 하려는 경우에는 「다중이용
업소의 안전관리에 관한 특별법 시행령」 제9조제1항에 따라

설치·유지하는 안전시설등 중 영업장의 위치가 4층 이하(지하층인 경우는 제외)인 경우 그 영업장에 설치하는 비상구에 추락위험을 알리는 표지 등 추락 등의 방지를 위한 장치를 「다중이용업소의 안전관리에 관한 특별법 시행규칙」 별표 2 제2호다목의 기준에 따라 갖추어야 합니다(다중이용업소의 안전관리에 관한 특별법 제9조의2, 다중이용업소의 안전관리에 관한 특별법 시행규칙 제11조의2).

④ 이를 위반하여 비상구에 추락 등의 방지를 위한 장치를 기준에 따라 갖추지 아니한 경우에는 300만원 이하의 과태료가 부과됩니다(다중이용업소의 안전관리에 관한 특별법 제25조 제1항제2호의3).

2-2. 실내장식물의 설치

① 다중이용업소에 설치하거나 교체하는 실내장식물(반자돌림대 등의 너비가 10센티미터 이하인 것은 제외)은 불연재료(不燃材料) 또는 준불연재료로 설치해야 합니다(다중이용업소의 안전관리에 관한 특별법 제10조제1항).

② "실내장식물"이란 건축물 내부의 천장이나 벽에 붙이는(설치하는) 것으로서 다음의 어느 하나에 해당하는 것을 말합니다. 다만, 가구류(옷장, 찬장, 식탁, 식탁용 의자, 사무용 책상, 사무용 의자, 계산대 및 그 밖에 이와 비슷한 것을 말함)와 너비 10센티미터 이하인 반자돌림대 등과 「건축법」 제52조에 따른 내부마감재료는 제외합니다(다중이용업소의 안전관리에 관한 특별법 제2조제3호 및 다중이용업소의 안전관리에 관한 특별법 시행령 제3조).

1) 종이류(두께 2밀리미터 이상인 것을 말함)·합성수지류 또는 섬유류를 주원료로 한 물품

2) 합판이나 목재

3) 공간을 구획하기 위해 설치하는 간이 칸막이(접이식 등 이동 가능한 벽체나 천장 또는 반자가 실내에 접하는 부분까지 구획하지 않는 벽체를 말함)

4) 흡음(吸音)이나 방음(防音)을 위해 설치하는 흡음재(흡음용 커튼을 포함) 또는 방음재(방음용 커튼을 포함)

2-3. 피난시설, 방화구획 및 방화시설의 유지·관리

다중이용업주는 해당 영업장에 설치된 「건축법」 제49조에 따른 피난시설, 방화구획과 「건축법」 제50조부터 제53조까지의 규정에 따른 방화벽, 내부 마감재료 등을 「화재예방, 소방시설 설치·유지 및 안전관리에 관한 법률」 제10조제1항에 따라 유지하고 관리해야 합니다(다중이용업소의 안전관리에 관한 특별법 제11조).

2-4. 위반 시 제재

다중이용업소에 대한 안전관리 의무를 위반한 경우에는 300만원 이하의 과태료가 부과됩니다(다중이용업소의 안전관리에 관한 특별법 제25조제1항).

3. 소방시설 등의 유지·관리

3-1. 소방시설 등의 설치 등

다음의 어느 하나에 해당하는 음식점(이하"특정소방대상물"이라 함)의 영업자는 소방시설을 화재안전기준에 따라 설치 또는 유지·관리해야 합니다. 이 경우 장애인·노인·임산부 등 일상생활에서 이동, 시설이용 및 정보접근 등에 불편을 느끼는 사람(이하 "장애인 등"이라 함)이 사용하는 소방시설(경보설비 및 피난구조설비를 말함)은 장애인등에 적합하게 설치 또는 유지·관리

하여야 합니다(화재예방, 소방시설 설치·유지 및 안전관리
에 관한 법률 제2조제1항제3호, 제9조제1항, 화재예방, 소방
시설 설치·유지 및 안전관리에 관한 법률 시행령 제5조, 제15조,
별표 2 제2호나목, 제14호가목·나목 및 별표5).

1) 근린생활시설

 − 휴게음식점, 제과점, 일반음식점 및 단란주점(단란주점은 같은
   건축물에 해당 용도로 쓰는 바닥면적의 합계가 150㎡ 미만인 것)

2) 위락시설

 − 단란주점으로서 근린생활시설에 해당하지 않는 것

 − 유흥주점, 그 밖에 이와 비슷한 것

3-2. 피난시설 및 방화시설의 관리

특정소방대상물의 관계인은 「건축법」 제49조에 따른 피난시설,
방화구획(**防火區劃**) 및 「건축법」 제50조부터 제53조까지에 따른
방화벽, 내부 마감재료 등(이하 "방화시설"이라 함)에 대해 다음
행위를 해서는 안 됩니다(화재예방, 소방시설 설치·유지 및 안전
관리에 관한 법률 제10조제1항).

1) 피난시설, 방화구획 및 방화시설을 폐쇄하거나 훼손하는
   등의 행위

2) 피난시설, 방화구획 및 방화시설의 주위에 물건을 쌓아
   두거나 장애물을 설치하는 행위

3) 피난시설, 방화구획 및 방화시설의 용도에 장애를 주거나
   화재, 재난·재해 그 밖의 위급한 상황이 발생한 경우 소방대
   를 현장에 신속하게 출동시켜 화재진압과 인명구조 등 소방
   에 필요한 활동(소방기본법 제16조)을 하는 데 지장을 주는
   행위

4) 그 밖에 피난시설·방화구획 및 방화시설을 변경하는 행위

3-3. 소방대상물의 방염

다중이용업소에 사용하는 실내장식물(다중이용업소의 안전관리에 관한 특별법 제2조제1항제3호의 실내장식물을 말함)과 제조 또는 가공 공정에서 방염처리를 한 물품(합판·목재류의 경우에는 설치 현장에서 방염처리를 한 것을 포함)으로서 다음의 어느 하나에 해당하는 물품은 방염성능기준 이상의 것으로 설치해야 합니다(화재예방, 소방시설 설치·유지 및 안전관리에 관한 법률 제12조제1항, 화재예방, 소방시설 설치·유지 및 안전관리에 관한 법률 시행령 제20조제1항제1호 및 제19조제9호).

1) 창문에 설치하는 커튼류(블라인드를 포함)
2) 카펫, 두께가 2밀리미터 미만인 벽지류(종이벽지는 제외)
3) 전시용 합판 또는 섬유판, 무대용 합판 또는 섬유판
4) 암막·무대막(영화 및 비디오물의 진흥에 관한 법률 제2조 제10호에 따른 영화상영관에 설치하는 스크린과 다중이용업소의 안전관리에 관한 특별법 시행령 제2조제7호의4에 따른 가상체험 체육시설업에 설치하는 스크린을 포함)
5) 섬유류 또는 합성수지류 등을 원료로 하여 제작된 소파·의자(단란주점영업, 유흥주점영업 및 노래연습장업의 영업장에 설치하는 것만 해당)

4. 금연구역의 지정

4-1. 금연구역 지정 대상

휴게음식점, 일반음식점, 제과점 및 식품자동판매기 영업소(이하 "음식점"이라 함)의 소유자·점유자 또는 관리자는 해당 시설의 전체를 금연구역으로 지정하고 금연구역을 알리는 표지를 설치해야 합니다(국민건강증진법 제9조제4항제24호 및 국민건강증진법 시행규칙 제6조제1항제3호).

4-2. 금연구역의 표지 설치

① 음식점의 소유자·점유자 또는 관리자는 금역구역을 알리는 표지를 설치할 수 있습니다(국민건강증진법 제9조제4항 후단, 국민건강증진법 시행규칙 제6조제4항 및 별표 2 제1호).

② 표지 부착

1) 음식점의 소유자·점유자 또는 관리자는 해당 시설 전체가 금연구역임을 나타내는 표지판 또는 스티커를 달거나 부착해야 합니다.

2) 표지판 또는 스티커는 해당 시설을 이용하는 자가 잘 볼 수 있도록 건물 출입구에 부착해야 하며, 그 외 계단, 화장실 등 주요 위치에 부착합니다.

3) 표지판 또는 스티커는 해당 시설의 소유자·점유자 또는 관리자가 제작하여 부착해야 합니다. 다만, 보건복지부장관, 시·도지사 또는 시장·군수구청장이 표지판 또는 스티커를 제공하는 경우에는 이를 부착할 수 있습니다.

③ 표지 내용

1) 다음에 따른 표지판 또는 스티커에는 다음과 같은 사항이 포함되어야 합니다.
  - 금연을 상징하는 그림 또는 문자
  - 위반 시 조치사항
  - 위반 시 조치사항

 (예시) : 이 건물 또는 시설은 전체가 금연구역으로, 지정된 장소 외에서는 담배를 피울 수 없습니다. 이를 위반할 경우, 「국민건강증진법」 에 따라 10만원 이하의 과태료가 부과됩니다.

2) 건물 또는 시설의 규모나 구조에 따라 표지판 또는 스티커의 크기를 다르게 할 수 있으며, 바탕색 및 글씨 색상 등

은 그 내용이 눈에 잘 띄도록 배색해야 합니다.

3) 표지판 또는 스티커의 글자는 한글로 표기하되, 필요한 경우에는 영어, 일본어, 중국어 등 외국어를 함께 표기할 수 있습니다.

4) 필요한 경우 표지판 또는 스티커 하단에 아래 사항을 추가로 표시할 수 있습니다.

(예시) : 위반사항을 발견하신 분은 전화번호 000-0000로 신고해주시기 바랍니다.

4-3. 위반 시 제재

① 음식점의 소유자, 점유자 또는 관리자가 금연구역을 지정하지 않거나 금연구역을 알리는 표지를 설치하지 않은 경우에는 일정한 기간을 정해 그 시정을 명할 수 있습니다(국민건강증진법 제9조제9항제1호).

② 시정명령을 내렸음에도 명령에 따르지 않는 경우에는 500만원 이하의 과태료가 부과됩니다(국민건강증진법 제34조제1항제2호).

5. 흡연실의 설치

5-1. 금연구역에서의 흡연실 설치

① 음식점의 소유자·점유자 또는 관리자는 해당 음식점에 흡연자를 위해 다음의 기준 및 방법에 따라 흡연실을 설치할 수 있습니다(국민건강증진법 제9조제4항 후단, 국민건강증진법 시행규칙 제6조제4항 및 별표 2 제2호).

(1) 흡연실의 설치 위치

음식점의 소유자·점유자 또는 관리자는 가급적 실외에 흡연실을 설치하되, 부득이한 경우 건물 내에 흡연실을 설치할 수 있습니다.

(2) 흡연실의 표지 부착

1) 건물 내에 흡연실을 설치한 경우 해당 시설의 소유자·점유자 또는 관리자는 시설 전체가 금연구역이라는 표시와 함께 해당 시설을 이용하는 자가 잘 볼 수 있는 위치에 아래 예시와 같이 흡연실임을 나타내는 표지판을 달거나 부착해야 합니다.

2) 건물 또는 시설의 규모나 구조에 따라 표지판 또는 스티커의 크기를 다르게 할 수 있으며, 바탕색 및 글씨 색상 등은 그 내용이 눈에 잘 띄도록 배색해야 합니다.

3) 표지판 또는 스티커의 글자는 한글로 표기하되, 필요한 경우에는 영어, 일본어, 중국어 등 외국어를 함께 표기할 수 있습니다.

4) 실외에 흡연실을 설치하는 경우 흡연이 가능한 영역을 명확히 알 수 있도록 그 경계를 표시하거나, 표지판을 달거나 부착해야 합니다.

(3) 흡연실의 설치 방법

1) 실외에 흡연실을 설치하는 경우 자연 환기가 가능하도록 하고, 부득이한 경우에는 별도로 환기시설을 설치해야 합니다. 이 경우 해당 흡연실을 덮을 수 있는 지붕 및 바람막이 등을 설치할 수 있습니다.

2) 건물 내에 흡연실을 설치하는 경우 해당 시설의 규모나 특성 및 이용자 중 흡연자 수 등을 고려하여 담배 연기가 실내로 유입되지 않도록 실내와 완전히 차단된 밀폐 공간으로 해야 합니다. 이 경우 공동으로 이용하는 시설인 사무실, 화장실, 복도, 계단 등의 공간을 흡연실로 사용해서는 안 됩니다.

3) 건물 내 흡연실에는 흡연실의 연기를 실외로 배출할 수 있도록 환풍기 등 환기시설을 설치해야 합니다.

4) 흡연실에 재떨이 등 흡연을 위한 시설 외에 개인용 컴퓨터

또는 탁자 등 영업에 사용되는 시설 또는 설비를 설치해서는 안 됩니다.

§. 임대차계약의 관리

1. 임대차계약의 갱신

1-1. 합의의 갱신

임대인과 임차인은 임대차계약 기간의 만료에 따라 임대차계약의 조건을 변경하거나, 기존의 임대차와 동일한 계약조건으로 임대차계약을 존속시키도록 하는 합의 갱신을 할 수 있습니다.

1-2. 묵시의 갱신

① "묵시의 갱신"이란 임대차기간이 만료됨에도 당사자 사이에 계약해지에 관한 특별한 의사표시가 없는 경우 임대차관계를 존속시키는 것을 말합니다.

② 임대인이 임대차기간이 만료되기 6개월 전부터 1개월 전까지의 기간(상가건물 임대차보호법 제10조제1항)에 임차인에게 갱신거절의 통지 또는 조건 변경의 통지를 하지 않은 경우에는 그 기간이 만료된 때에 전 임대차와 동일한 조건으로 다시 임대차한 것으로 봅니다(상가건물 임대차보호법 제10조제4항 전단). 이 경우에 임대차의 존속기간은 1년으로 봅니다(상가건물 임대차보호법 제10조제4항 후단).

③ 지역별로 정해진 보증금의 일정 기준금액을 초과하는 상가건물 임대차에 대한 묵시의 갱신은 「민법」의 규정이 적용

됩니다(상가건물 임대차보호법 제2조제1항 단서).

④ 「민법」 상 계약의 갱신

임대차기간이 만료한 후 임차인이 임차물의 사용, 수익을 계속하는 경우에 임대인이 상당한 기간 내에 이의를 하지 않은 때에는 전임대차와 동일한 조건으로 다시 임대차한 것으로 봅니다(민법 제639조제1항 본문). 전임대차에 대해 제3자가 제공한 담보는 기간의 만료로 인해 소멸합니다(민법 제639조제2항).

2. 계약갱신의 요구

2-1. 계약의 갱신

임차인은 임대차기간 만료 전 6개월부터 1개월까지 사이에 임대인에게 계약갱신을 요구할 수 있습니다(상가건물 임대차보호법 제10조제1항 본문).

2-2. 계약 갱신의 거절

임대인은 다음의 어느 하나의 경우에는 계약의 갱신을 거절할 수 있습니다(상가건물 임대차보호법 제10조제1항 단서).

1) 임차인이 3기의 차임액에 해당하는 금액에 이르도록 차임을 연체한 사실이 있는 경우
2) 임차인이 거짓이나 그 밖의 부정한 방법으로 임차한 경우
3) 서로 합의하여 임대인이 임차인에게 상당한 보상을 제공한 경우
4) 임차인이 임대인의 동의 없이 목적 건물의 전부 또는 일부를 전대(轉貸)한 경우
5) 임차인이 임차한 건물의 전부 또는 일부를 고의나 중대한

과실로 파손한 경우

6) 임차한 건물의 전부 또는 일부가 멸실되어 임대차의 목적을 달성하지 못할 경우

7) 임대인이 다음의 어느 하나에 해당하는 사유로 목적 건물의 전부 또는 대부분을 철거하거나 재건축하기 위해 목적 건물의 점유를 회복할 필요가 있는 경우

- 임대차계약 체결 당시 공사시기 및 소요기간 등을 포함한 철거 또는 재건축 계획을 임차인에게 구체적으로 고지하고 그 계획에 따르는 경우

- 건물이 노후·훼손 또는 일부 멸실되는 등 안전사고의 우려가 있는 경우

- 다른 법령에 따라 철거 또는 재건축이 이루어지는 경우

8) 그 밖에 임차인이 임차인으로서의 의무를 현저히 위반하거나 임대차를 계속하기 어려운 중대한 사유가 있는 경우

2-3. 계약갱신의 범위

임차인의 계약갱신 요구는 최초의 임대차 기간을 포함한 전체 임대차 기간이 10년을 초과하지 않는 범위 내에서만 행사할 수 있습니다(상가건물 임대차보호법 제10조제2항).

2-4. 갱신된 임대차의 조건

① 갱신되는 임대차는 전 임대차와 동일한 조건으로 다시 계약된 것으로 봅니다(상가건물 임대차보호법 제10조제3항 본문).

② 다만, 차임 또는 보증금은 증감할 수 있으며, 증액의 경우에는 청구 당시 차임 또는 보증금의 100분의 5의 금액을 초과할 수 없습니다(상가건물 임대차보호법 제10조제3항 단서, 제11조제1항 및 상가건물 임대차보호법 시행령 제4조).

3. 임대차계약의 종료

3-1. 임대차계약의 종료 사유

① 임대차기간의 약정이 있는 임대차의 경우 계약기간이 종료하면 임대차는 종료됩니다.

② 임대차기간의 약정이 없는 경우 당사자는 언제든지 계약해지의 통고를 할 수 있고, 임대차기간의 약정이 있는 경우에도 당사자 일방 또는 쌍방이 그 기간 내에 해지할 권리를 보류한 경우에는 언제든지 계약해지의 통고를 할 수 있습니다 (민법 제635조제1항 및 제636조).

3-2. 임대차계약의 중도 해지

① 임차인은 다음의 경우에 임대차계약을 해지할 수 있습니다.

1) 임대인이 임차인의 의사에 반하여 보존행위를 하는 경우에 임차인이 이로 인해 임차의 목적을 달성할 수 없는 경우(민법 제625조)

2) 임차물의 일부가 임차인의 과실없이 멸실 그 밖의 사유로 인해 사용, 수익할 수 없는 때, 그 잔존부분으로 임차의 목적을 달성할 수 없는 경우(민법 제627조)

② 임대인은 다음의 경우에 임대차계약을 해지할 수 있습니다.

1) 임차인이 임대인의 동의없이 그 권리를 양도하거나 임차물을 전대한 경우(민법 제629조제2항)

2) 임차인의 차임연체액이 3기의 차임액에 달하는 경우(상가건물 임대차보호법 제10조의8)

3-3. 계약 갱신요구 등에 관한 임시 특례

임차인이 2020년 9월 29일 부터 6개월까지의 기간 동안 연체한 차임액은 「상가건물 임대차보호법」 제10조제1항제1호, 제10조의

230. 2편 음식점 운영자

4제1항 단서 및 제10조의8의 적용에 있어서는 차임연체액으로 보지 않습니다. 다만 이 경우에도 연체한 차임액에 대한 임대인의 그 밖의 권리는 영향을 받지 않습니다(상가건물 임대차보호법 제10조의9).

4. 임대차계약 종료의 효력

4-1. 임대차관계의 소멸 및 손해배상

① 임대인 또는 임차인이 임대차계약을 해지한 때에는 임대차관계는 장래를 향해 그 효력이 소멸됩니다(민법 제550조).

② 임대차계약의 해지는 손해배상의 청구에 영향을 미치지 않으므로, 상대방에게 과실이 있으면 그 손해배상을 청구할 수 있습니다(민법 제551조). 다만, 임차인의 파산으로 임대차계약이 해지된 경우, 계약해지로 인한 손해는 청구하지 못합니다(민법 제637조).

4-2. 임대물건의 반환 및 임차보증금의 회수

① 임대차가 종료되면, 임대차계약의 내용에 따라 임차인은 임차상가건물을 반환할 의무 등을 지게 되고, 임대인은 보증금을 반환할 의무를 지게 됩니다.

② 따라서 임차인은 차임지급의무를 지는 한편 보증금을 반환받을 때까지 임차상가건물의 인도를 거절하는 동시이행항변권을 가지게 되고(대법원 1977. 9. 28. 선고 77다1241 전원합의체 판결), 임대인은 차임지급청구권을 가지는 한편 임차상가건물을 인도받을 때까지 보증금의 지급을 거절하는 동시이행항변권을 가지게 됩니다.

5. 권리금의 회수

5-1. 권리금이란?

"권리금"이란 임대차 목적물인 상가건물에서 영업을 하는 사람 또는 영업을 하려는 사람이 영업시설·비품, 거래처, 신용, 영업 상의 노하우, 상가건물의 위치에 따른 영업상의 이점 등 유형· 무형의 재산적 가치의 양도 또는 이용대가로서 임대인, 임차인 에게 보증금과 차임 이외에 지급하는 금전 등의 대가를 말합니다 (상가건물 임대차보호법 제10조의3제1항).

5-2. 권리금 회수기회의 보호

임대인은 임대차기간이 끝나기 6개월 전부터 임대차 종료 시 까지 다음의 어느 하나에 해당하는 행위를 함으로써 권리금 계약에 따라 임차인이 주선한 신규임차인이 되려는 사람으로 부터 권리금을 지급받는 것을 방해해서는 안 됩니다. 다만, 「상가건물 임대차보호법」 제10조제1항에 해당하는 사유가 있는 경우에는 그러하지 않습니다(상가건물 임대차보호법 제10조의 4제1항 및 제2항).

1) 임차인이 주선한 신규임차인이 되려는 사람에게 권리금을 요구하거나 임차인이 주선한 신규임차인이 되려는 사람으 로부터 권리금을 수수하는 행위
2) 임차인이 주선한 신규임차인이 되려는 사람으로 하여금 임 차인에게 권리금을 지급하지 못하게 하는 행위
3) 임차인이 주선한 신규임차인이 되려는 사람에게 상가건물 에 관한 조세, 공과금, 주변 상가건물의 차임 및 보증금, 그 밖의 부담에 따른 금액에 비추어 현저히 고액의 차임과 보증금을 요구하는 행위
4) 다음의 어느 하나에 해당하는 정당한 사유 없이 임대인이 임차인이 주선한 신규임차인이 되려는 사람과 임대차계약

의 체결을 거절하는 행위

- 임차인이 주선한 신규임차인이 되려는 사람이 보증금 또는 차임을 지급할 자력이 없는 경우
- 임차인이 주선한 신규임차인이 되려는 사람이 임차인으로서의 의무를 위반할 우려가 있거나 그 밖에 임대차를 유지하기 어려운 상당한 사유가 있는 경우
- 임대차 목적물인 상가건물을 1년 6개월 이상 영리목적으로 사용하지 않은 경우
- 임대인이 선택한 신규임차인이 임차인과 권리금 계약을 체결하고 그 권리금을 지급한 경우

5-3. 임대인의 손해배상 책임

① 임대인이 위의 권리금 회수 금지 행위를 위반하여 임차인에게 손해를 발생하게 한 경우에는 그 손해를 배상할 책임이 있습니다(상가건물 임대차보호법 제10조의4제3항 전단).

② 이 경우 그 손해배상액은 신규임차인이 임차인에게 지급하기로 한 권리금과 임대차 종료 당시의 권리금 중 낮은 금액을 넘지 못합니다(상가건물 임대차보호법 제10조의4제3항 후단).

③ 임대인에게 손해배상을 청구할 권리는 임대차가 종료한 날부터 3년 이내에 행사하지 않으면 시효의 완성으로 소멸합니다(상가건물 임대차보호법 제10조의4제4항).

제4장
종업원 관리에 유의할 점은 무엇인가요?

§. 종업원 채용

1. 근로 계약 및 채용
1-1. 근로계약이란?

"근로계약"이란 근로자가 사용자에게 근로를 제공하고 사용자는 이에 대해 임금을 지급하는 것을 목적으로 체결된 계약을 말합니다(근로기준법 제2조제1항제4호).

1-2. 근로계약서 작성

사용자는 근로계약을 체결할 때에 근로자에게 다음의 사항을 명시해야 합니다. 근로계약 체결 후 다음의 사항을 변경하는 경우에도 같습니다(근로기준법 제17조제1항 및 근로기준법 시행령 제8조).

1) 임금
2) 소정근로시간
3) 휴일(근로기준법 제55조)
4) 연차 유급휴가(근로기준법 제60조)
5) 취업의 장소와 종사하여야 할 업무에 관한 사항
6) 「근로기준법」 제93조제1호부터 제12호까지의 규정에서 정한 사항
7) 사업장의 부속 기숙사에 근로자를 기숙하게 하는 경우에는 기숙사 규칙에서 정한 사항

p

표준근로계약서(기간의 정함이 없는 경우)

_____(이하 "사업주"라 함)과(와) _____
(이하 "근로자"라 함)은 다음과 같이 근로계약을 체결한다.

1. 근로개시일 :   년   월   일부터

2. 근무장소 :

3. 업무의 내용 :

4. 소정근로시간 : __시__분부터 __시__분까지
                (휴게시간 : 시 분~ 시 분)

5. 근무일/휴일 : 매주 __일(또는 매일단위)근무,
               주휴일 매주 __요일

6. 임금
 - 월(일, 시간)급 : _____원
 - 상여금 : 있음 (   ) _____원, 없음 (   )
 - 기타급여(제수당 등) : 있음 (   ), 없음 (   )
   · _____원, _____원
   · _____원, _____원
 - 임금지급일 : 매월(매주 또는 매일) _____일
             (휴일의 경우는 전일 지급)
 - 지급방법 : 근로자에게 직접지급(   ),
            근로자 명의 예금통장에 입금(   )

7. 연차유급휴가
 - 연차유급휴가는 근로기준법에서 정하는 바에 따라 부여함

8. 사회보험 적용여부(해당란에 체크)
    □ 고용보험 □ 산재보험 □ 국민연금 □ 건강보험

9. 근로계약서 교부
 - 사업주는 근로계약을 체결함과 동시에 본 계약서를 사본
  하여 근로자의 교부요구와 관계없이 근로자에게 교부함
  (근로기준법 제17조 이행)

10. 근로계약, 취업규칙 등의 성실한 이행의무
 - 사업주와 근로자는 각자가 근로계약, 취업규칙, 단체협약
  을 지키고 성실하게 이행하여야 함

11. 기 타
 - 이 계약에 정함이 없는 사항은 근로기준법령에 의함

                    년   월   일

(사업주)
사업체명 :   (전화 :   )
주   소 :
대 표 자 :   (서명)

(근로자)
주   소 :
연 락 처 :
성   명 :   (서명)

2. 청소년의 채용

2-1. 청소년 채용의 나이 제한

① 15세 미만인 사람(초·중등교육법에 따른 중학교에 재학중인 18세 미만인 자를 포함함)은 근로자로 사용하지 못합니다 (근로기준법 제64조제1항 본문).

② 13세 이상 15세 미만인 사람으로서 고용노동부장관이 발급한 취직인허증(就職認許證)을 지닌 자는 근로자로 사용할 수 있습니다(근로기준법 제64조제1항 단서 및 근로기준법 시행령 제35조제1항 본문).

2-2. 청소년의 근무시간

① 15세 이상 18세 미만인 사람의 근로시간은 1일에 7시간, 1주일에 35시간을 초과하지 못합니다(근로기준법 제69조 본문).

② 다만, 당사자 사이의 합의에 따라 1일에 1시간, 1주일에 5시간을 한도로 연장할 수 있습니다(근로기준법 제69조 단서).

2-3. 야간·휴일근로의 제한

① 사용자는 18세 미만인 사람을 오후 10시부터 오전 6시까지의 시간 및 휴일에 근로시키지 못합니다(근로기준법 제70조제2항 본문).

② 다만, 18세 미만의 동의가 있는 경우로서 고용노동부장관의 인가를 받으면 근로를 시킬 수 있습니다(근로기준법 제70조제2항 단서).

2-4. 위반 시 제재

이를 위반하여 청소년 고용한 경우에는 2년 이하의 징역 또는 2천만원 이하의 벌금에 처해집니다(근로기준법 제110조제1호).

3. 근로자의 근무 여건

3-1. 최저임금의 보장

① 사용자는 최저임금의 적용을 받는 근로자에게 최저임금액 이상의 임금을 지급해야 합니다(최저임금법 제6조제1항).

② 2022년 1월 1일부터 2022년 12월 31일까지의 최저임금액 은 9,160원입니다[「2022년 적용 최저임금 고시」(고용노동부 고시 제2021-68호, 2021. 8. 5. 제정, 2022. 1. 1. 시행)].

③ 월 환산액 1,914,440원: 주 소정근로 40시간을 근무할 경우 월 환산 기준 시간수 209시간(주당 유급주휴 8시간 포함) 기준입니다.

3-2. 휴게시간의 보장

① 사용자는 근로시간이 4시간인 경우에는 30분 이상, 8시간 인 경우에는 1시간 이상의 휴게시간을 근로시간 도중에 주어야 합니다(근로기준법 제54조제1항).

② 이를 위반한 경우에는 2년 이하의 징역 또는 2천만원 이하의 벌금에 처해집니다(근로기준법 제110조제1호).

3-3. 근로 후 휴일의 보장

① 사용자는 근로자에게 1주에 평균 1회 이상의 유급휴일을 보장해야 합니다(근로기준법 제55조제1항).

② 사용자는 근로자에게 「관공서의 공휴일에 관한 규정」 제2조 각 호(일요일은 제외)에 따른 공휴일 및 「관공서의 공휴일에 관한 규정」 제3조에 따른 대체공휴일을 유급으로 보장해야 합니다(근로기준법 제55조제2항 본문 및 근로기준법 시행령 제30조제2항).

③ 다만, 근로자대표와 서면으로 합의한 경우 특정한 근로일로 대체할 수 있습니다(근로기준법 제55조제2항 단서).

④ 4주 동안(4주 미만으로 근로하는 경우에는 그 기간)을 평균하여 1주 동안의 소정근로시간이 15시간 미만인 단시간 근로자는 유급휴일을 받을 수 없습니다(근로기준법 제18조 제3항).

※ 「근로기준법」 제55조제2항에 따른 적용기간

① 상시 300명 이상의 근로자를 사용하는 사업 또는 사업장, 「공공기관의 운영에 관한 법률」 제4조에 따른 공공기관, 「지방공기업법」 제49조 및 같은 법 제76조에 따른 지방 공사 및 지방공단, 국가·지방자치단체 또는 정부투자기관이 자본금의 2분의 1 이상을 출자하거나 기본재산의 2분의 1 이상을 출연한 기관·단체와 그 기관·단체가 자본금의 2분의 1 이상을 출자하거나 기본재산의 2분의 1 이상을 출연한 기관· 단체, 국가 및 지방자치단체의 기관: 2020년 1월 1일

② 상시 30명 이상 300명 미만의 근로자를 사용하는 사업 또는 사업장: 2021년 1월 1일

③ 상시 5인 이상 30명 미만의 근로자를 사용하는 사업 또는 사업장: 2022년 1월 1일

---

⑤ 이를 위반한 경우에는 2년 이하의 징역 또는 2천만원 이하의 벌금에 처해집니다(근로기준법 제110조제1호).

3-4. 연장·야간 및 휴일 근로

① 사용자는 연장근로(근로기준법 제53조, 제59조 및 제69조 단서에 따라 연장된 시간의 근로)에 대해서는 통상임금의 100분의 50 이상을 가산하여 지급해야 합니다(근로기준법 제56조제1항).

② 위에도 불구하고 사용자는 8시간 이내의 휴일근로에 대해서는 통상임금의 100분의 50, 8시간을 초과한 휴일근로에 대해서는 통상임금의 100분의 100의 금액 이상을 가산하여 근로자에게 지급해야 합니다(근로기준법 제56조제2항).

③ 사용자는 야간근로(오후 10시부터 다음 날 오전 6시 사이의 근로)에 대해서는 통상임금의 100분의 50 이상을 가산하여 근로자에게 지급해야 합니다(근로기준법 제56조제3항).

④ 이를 위반한 경우에는 3년 이하의 징역 또는 3천만원 이하의 벌금에 처해집니다(근로기준법 제109조제1항).

4. 퇴직금의 지급

4-1. 퇴직금제도의 설정

퇴직금제도를 설정하려는 사용자는 계속근로기간 1년에 대해 30일분 이상의 평균임금을 퇴직금으로 퇴직 근로자에게 지급할 수 있는 제도를 설정해야 합니다(근로자퇴직급여 보장법 제8조제1항).

4-2. 퇴직금 지급 대상

① 퇴직금은 1년 이상 계속 근로한 근로자가 퇴직하는 경우 지급합니다(근로자퇴직급여 보장법 제8조제1항).

② 또한, 퇴직금은 직업의 종류와 관계없이 임금을 목적으로 사업이나 사업장에 근로를 제공하는 사람에게 지급해야 합니다(근로자퇴직급여 보장법 제2조제1호 및 근로기준법 제2조제1항제1호).

4-3. 퇴직금 지급

사용자는 근로자가 퇴직한 경우에는 그 지급사유가 발생한 날부터 14일 이내에 퇴직금을 지급해야 합니다(근로자퇴직급여 보장법 제9조 본문).

4-4. 위반 시 제재

이를 위반하여 퇴직금을 지급하지 않은 경우에는 3년 이하의 징역 또는 2천만원 이하의 벌금에 처해집니다(근로자퇴직급여 보장법 제44조제1호).

■ 외국인 근로자 채용

Q 요즘 사람 구하기가 너무 힘드네요. 저희 음식점에서 일할 종업원으로 중국동포를 뽑으려고 알아보고 있어요.
혹시, 필요한 절차가 있나요?

A
　　외국인근로자를 채용하려면 우선, 고용지원센터에 내국인 근로자 구인신청을 하고, 14일 이상 내국인근로자를 채용하기 위한 노력을 해야 해요(외국인근로자의 고용 등에 관한 법률 제6조제1항, 외국인근로자의 고용 등에 관한 법률 시행령 제13조의4제2호 및 외국인근로자의 고용 등에 관한 법률 시행규칙 제5조의2제1항제2호).

　　이러한 노력에도 불구하고 내국인 근로자를 채용하지 못한 경우에만 고용허가를 신청할 수 있어요(외국인근로자의 고용 등에 관한 법률 제8조제1항). 채용할 근로자를 선정하면 고용허가서를 발급받고(외국인근로자의 고용 등에 관한 법률 제8조제4항), 외국인근로자와 근로계약을 체결해야 해요(외국인근로자의 고용 등에 관한 법률 제9조제1항).

　　이처럼 외국인근로자를 채용한 경우에도 내국인근로자와 동등하게 대우하고 국내법에 따라 권익을 보호하는 조치를 해야 한다는 것, 꼭 명심하세요~!

5. 4대보험 가입

5-1. 국민연금의 가입 대상

① 1명 이상의 근로자를 사용하는 음식점(이하 "당연적용사업장"
   이라 함)의 18세 이상 60세 미만의 근로자와 사용자는 사업장
   가입자가 됩니다(국민연금법 제8조제1항 및 국민연금법 시행령
   제19조제1항제1호).

② 국민연금에 가입된 사업장에 종사하는 18세 미만 근로자는
   사업장가입자가 되는 것으로 봅니다(국민연금법 제8조제2항
   본문).

③ 다만, 본인이 원하지 않으면 사업장가입자가 되지 않을 수
   있습니다(국민연금법 제8조제2항 단서).

5-2. 자격 취득 및 상실 등 신고

사업장가입자의 사용자는 당연적용사업장에 해당된 사실, 사업장
의 내용 변경 및 휴업·폐업 등에 관한 사항과 가입자 자격의
취득·상실, 가입자의 소득월액 등에 관한 사항을 당연적용사업장
이 된 날이 속하는 달의 다음 달 15일까지 「국민연금법 시행
규칙」 별지 제3호서식의 당연적용사업장 해당신고서 및 통장
사본 1부(자동이체를 신청하는 경우만 해당함)를 국민연금공단
에 제출해야 합니다(국민연금법 제21조제1항 및 국민연금법 시행
규칙 제3조).

6. 국민건강보험의 가입

6-1. 가입 대상

① 국내에 거주하는 국민은 모두 국민건강보험의 가입자가 되

며, 국내에 체류하는 재외국민 또는 외국인도 일정한 요건을
갖추면 가입자가 될 수 있습니다(국민건강보험법 제5조 및
제109조제2항).

② 국민건강보험가입자는 직장가입자와 지역가입자로 구분됩
니다(국민건강보험법 제6조제1항).

③ 다음의 어느 하나에 해당하는 사람을 제외하고 모든 사업장
의 근로자 및 사용자는 직장가입자가 됩니다(국민건강보험법
제6조제2항 및 국민건강보험법 시행령 제9조).

1) 고용 기간이 1개월 미만인 일용근로자

2) 비상근 근로자 또는 1개월 동안의 소정(**所定**)근로시간이 60
시간 미만인 단시간근로자

3) 소재지가 일정하지 아니한 사업장의 근로자 및 사용자

4) 근로자가 없거나 위 2.에 해당하는 근로자만을 고용하고
있는 사업장의 사업주

④ 위의 직장가입자를 제외한 가입자는 지역가입자가 됩니다
(국민건강보험법 제6조제3항).

⑤ 따라서 근로자가 없는 사업장의 사용자는 지역가입자가
됩니다.

6-2. 자격변동 신고

직장가입자의 사용자는 지역가입자가 해당 사업장의 근로자로
사용된 날 또는 사용관계가 끝난 날의 다음 날 등 그 자격이
변동된 날부터 14일 이내에 국민건강보험공단에 신고해야 합
니다(국민건강보험법 제9조제1항제1호·제3호 및 제2항).

7. 고용보험의 가입

7-1. 가입 대상

① 근로자를 사용하는 모든 사업 또는 사업장은 「고용보험법」
의 적용을 받으며, 이에 따른 사업주와 근로자(고용보험법
제10조 및 제10조의2에 따른 적용 제외 근로자는 제외함)
는 당연히 고용보험의 보험가입자가 됩니다(고용보험법 제
8조제1항 및 고용보험 및 산업재해보상보험의 보험료징수
등에 관한 법률 제5조제1항).

② 「고용보험법」 제77조의2제1항에 따른 예술인 또는 「고용
보험법」 제77조의6제1항에 따른 노무제공자의 노무를 제공
받는 사업은 「고용보험법」 제5장의2 또는 제5장의3에서 규정
된 사항에 한정하여 「고용보험법」 의 적용을 받습니다(고용
보험법 제8조제2항).

7-2. 자격 취득 및 상실 등 신고

사업주는 그 사업에 고용된 근로자의 피보험자격의 취득 및
상실 등에 관한 사항을 신고하려는 경우에는 그 사유가 발생한
날이 속하는 달의 다음 달 15일까지(근로자가 그 기일 이전에
신고하는 경우에는 지체없이) 신고해야 합니다(고용보험법 제15조
제1항 및 고용보험법 시행령 제7조제1항).

■ 자영업자의 고용보험 가입

Q

종업원을 고용하지 않고 저 혼자 작은 음식점을 운영하려고 하는데요. 저 같은 자영업자도 고용보험에 가입할 수 있나요?

A

네. 근로자를 사용하지 않거나 50명 미만의 근로자를 사용하는 사업주로서 「고용보험 및 산업재해보상보험의 보험료징수 등에 관한 법률 시행령」 제56조의6에서 정하는 요건을 갖춘 자영업자는 근로복지공단의 승인을 받아 본인을 근로자로 보아 고용보험에 가입할 수 있어요(고용보험 및 산업재해보상보험의 보험료징수 등에 관한 법률 제49조의2제1항).

이처럼 고용보험에 가입한 자영업자는 나중에 음식점을 폐업하게 되는 경우, 수급자격을 갖추면 실업급여를 받을 수 있으니, 꼼꼼히 확인해 보세요~!

8. 산업재해보상보험의 가입

8-1. 가입 대상

① 「산업재해보상보험법」 은 근로자를 사용하는 모든 사업 또는 사업장에 적용합니다. 다만, 위험률·규모 및 장소 등을 고려하여 「산업재해보상보험법 시행령」 제2조에서 정하는 사업에 대하여는 이 법을 적용하지 아니합니다(산업재해보상보험법 제6조 및 산업재해보상보험법 시행령 제2조).

② 「산업재해보상보험법」 제6조 단서에 따라 「산업재해보상보험법」 을 적용하지 않는 사업의 사업주는 공단의 승인을 받아 산재보험에 가입할 수 있습니다(고용보험 및 산업재해보상보험의 보험료징수 등에 관한 법률 제5조제4항).

8-2. 보험관계의 성립

사업주는 산업재해보상보험의 가입자가 된 경우에는 그 보험관계가 성립한 날부터 14일 이내에, 사업의 폐업·종료 등으로 인하여 보험관계가 소멸한 경우에는 그 보험관계가 소멸한 날부터 14일 이내에 근로복지공단에 보험관계의 성립 또는 소멸신고를 해야 합니다(고용보험 및 산업재해보상보험의 보험료징수 등에 관한 법률 제11조제1항 본문).

■ 음식점도 4대보험에 가입할 수 있는 건가요?

Q
제가 운영하고 있는 음식점에서 일하는 종업원들이 조금 더 안정적으로 일할 수 있도록 4대 보험에 가입하려고 하는데요. 음식점도 4대보험에 가입할 수 있는 건가요?

A
네. 음식점 뿐 아니라 1명 이상의 근로자를 고용하는 사업장은 일정한 요건을 갖추면 4대 보험에 가입할 수 있어요.

◇ 4대보험 가입

① "4대 사회보험"이란 국민연금, 국민건강보험, 산업재해보상보험, 고용보험을 말합니다.

② 1명이상의 근로자를 사용하는 음식점의 근로자와 사용자는 국민연금의 사업장가입자가 됩니다.

③ 국내에 거주하는 국민은 모두 국민건강보험의 가입자가 되며, 국내에 체류하는 재외국민 또는 외국인도 일정한 요건을 갖추면 가입자가 될 수 있습니다.

④ 근로자를 사용하는 모든 사업 또는 사업장은 「고용보험법」의 적용을 받으며, 이에 따른 사업주와 근로자(고용보험법 제10조 및 제10조의2에 따른 적용 제외 근로자는 제외함)는 당연히 고용보험의 보험가입자가 됩니다.

⑤ 「산업재해보상보험법 시행령」 제2조에 따라 법의 적용 예외가 되는 사업 이외에 근로자를 사용하는 모든 사업 또는 사업장은 「산업재해보상보험법」의 적용을 받으며, 「산업재해보상보험법」 제6조 단서에 따라 같은 법을 적용하지 않는 사업의 사업주는 공단의 승인을 받아 산재보험에 가입할 수 있습니다.

§. 종업원의 위생관리

1. 건강진단의 실시

1-1. 건강진단 대상자

① 식품 또는 식품첨가물(화학적 합성품 또는 기구 등의 살균·소독제는 제외)을 채취·제조·가공·조리·저장·운반 또는 판매하는 일에 직접 종사하는 종업원은 건강진단을 받아야 합니다(식품위생법 제40조제1항 본문 및 식품위생법 시행규칙 제49조제1항 본문).

② 다만, 다른 법령에 따라 같은 내용의 건강진단을 받는 경우에는 「식품위생법」에 따른 건강진단을 받은 것으로 봅니다(식품위생법 제40조제1항 단서).

1-2. 건강진단 시기

건강진단을 받아야 하는 종업원은 영업에 종사하기 전에 미리 건강진단을 받아야 합니다(식품위생법 시행규칙 제49조제2항).

1-3. 건강검진의 항목 및 횟수

건강진단을 받아야 하는 사람의 진단항목 및 횟수는 다음과 같습니다(식품위생법 시행규칙 제49조제3항, 식품위생 분야 종사자의 건강진단 규칙 제2조 및 별표).

대 상	건강진단 항목	횟 수
식품 또는 식품첨가물 (화학적 합성품 또는 기구등의 살균·소독제를 제외)을	1. 장티푸스 (식품위생 관련 영업 및 집단급식소	1회/년

채취·제조·가공·조리·저장·운반 또는 판매하는데 직접 종사하는 사람 (다만, 영업자 또는 종업원 중 완전 포장된 식품 또는 식품첨가물을 운반 또는 판매하는데 종사하는 사람은 제외)	종사자만 해당) 2. 폐결핵 3. 전염성 피부질환 (한센병 등 세균성 피부질환을 말함)	

1-4. 위반 시 제재

이를 위반하여 건강진단을 받지 않는 경우에는 300만원 이하의 과태료가 부과됩니다(식품위생법 제101조제3항제1호).

2. 질병인정 시 영업 종사의 제한

2-1. 영업 종사의 제한

① 건강진단을 받은 결과 타인에게 위해를 끼칠 우려가 있는 질병이 있다고 인정된 경우에는 그 영업에 종사할 수 없습니다(식품위생법 제40조제2항).

② 또한, 영업자는 건강진단을 받지 않거나 건강진단 결과 타인에게 위해를 끼칠 우려가 있는 질병이 있는 자를 그 영업에 종사시키지 못합니다(식품위생법 제40조제3항).

2-2. 영업에 종사하지 못하는 질병의 종류

건강진단 결과 다음의 질병에 걸린 사람은 영업에 종사하지 못합니다(식품위생법 제40조제4항 및 식품위생법 시행규칙 제50조).

1) 「감염병의 예방 및 관리에 관한 법률」 제2조제3호가목에 따른 결핵(비감염성인 경우는 제외)
2) 「감염병의 예방 및 관리에 관한 법률 시행규칙」 제33조제1항 각 호의 어느 하나에 해당하는 감염병
3) 피부병 또는 그 밖의 화농성(化膿性)질환
4) 후천성면역결핍증(감염병의 예방 및 관리에 관한 법률 제19조에 따라 성매개감염병에 관한 건강진단을 받아야 하는 영업에 종사하는 사람만 해당함)

2-3. 위반 시 제재

이를 위반하여 건강진단을 받지 않거나 건강진단 결과 타인에게 위해를 끼칠 우려가 있는 질병이 있는 자를 그 영업에 종사시키는 경우에는 300만원 이하의 과태료가 부과됩니다(식품위생법 제101조제3항제1호).

■ 서빙만 하고 종업원도 건강진단을 받아야 하나요?

Q 서빙만 하고 음식을 직접 만들지 않는 종업원도 건강진단을 받아야 하나요?

A

네. 음식을 조리하는 사람 뿐 아니라, 가공, 조리, 저장, 운반 또는 판매하는 등 음식점에서 일하는 사람은 건강진단을 받아야 해요.

◇ 건강진단 대상자

식품 또는 식품첨가물(화학적 합성품 또는 기구 등의 살균·소독제는 제외)을 채취·제조·가공·조리·저장·운반 또는 판매하는 일에 직접 종사하는 종업원은 영업에 종사하기 전에 미리 건강진단을 받아야 합니다.

◇ 위반 시 제재

이를 위반하여 건강진단을 받지 않는 경우에는 300만원 이하의 과태료가 부과됩니다.

3. 식품위생교육

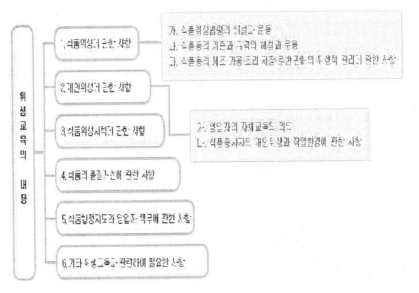

3-1. 식품위생교육 대상자

음식점 영업자 및 유흥종사자를 둘 수 있는 음식점 영업자의
종업원은 매년 식품위생교육을 받아야 합니다(식품위생법 제41조
제1항).

3-2. 식품위생교육의 대리

① 식품위생교육을 받아야 하는 자가 영업에 직접 종사하지
   않거나 두 곳 이상의 장소에서 영업을 하는 경우에는 종업원
   중에서 식품위생에 관한 책임자를 지정하여 영업자 대신
   교육을 받게 할 수 있습니다(식품위생법 제41조제3항 본문).

② 다만, 집단급식소에 종사하는 조리사 및 영양사(국민영양
   관리법 제15조에 따라 영양사 면허를 받은 사람을 말함)가
   식품위생에 관한 책임자로 지정되어 「식품위생법」 제56조

제1항 단서에 따라 교육을 받은 경우에는 해당 연도의 식품위생교육을 받은 것으로 봅니다(식품위생법 제41조제3항 단서).

3-3. 식품위생교육의 면제

식품위생교육을 받은 자가 다음의 어느 하나에 해당하는 경우에는 해당 영업에 대한 식품위생교육을 받은 것으로 봅니다(식품위생법 시행규칙 제52조제4항).

1. 해당 연도에 식품위생교육을 받은 자가 기존 영업의 영업소가 속한 특별시·광역시·특별자치시·도·특별자치도의 관할 구역에서 교육받은 업종과 같은 업종으로 영업을 하고 있는 경우

2. 해당 연도에 식품위생교육을 받은 자가 기존 영업의 허가관청·신고관청과 같은 관할 구역에서 다음의 어느 하나에 해당하는 업종 중에서 다른 업종으로 영업을 하고 있는 경우(①에서 ①의 다른 업종으로 영업을 하고 있는 경우 또는 ②에서 ②의 다른 업종으로 영업을 하고 있는 경우, ③에서 ③의 다른 업종으로 영업을 하고 있는 경우, ④에서 ④의 다른 업종으로 영업을 하고 있는 경우).

① 식품제조·가공업, 즉석판매제조·가공업 및 식품첨가물제조업

② 식품소분업, 유통전문판매업, 집단급식소 식품판매업 및 기타 식품판매업

③ 휴게음식점영업, 일반음식점영업 및 제과점영업

④ 단란주점영업 및 유흥주점영업

4. 식품위생교육의 실시

4-1. 식품위생교육 시간

영업자 및 종업원이 받아야 하는 식품위생교육 시간은 다음과 같습니다(식품위생법 제41조제1항 및 식품위생법 시행규칙 제52조 제1항제1호·제2호).

1. 영업자 : 3시간
2. 유흥주점영업의 유흥종사자 : 2시간

4-2. 식품위생교육 기관

영업자 및 그 종업원은 다음의 기관에서 위생교육을 받아야 합니다[식품위생법 제41조제6항, 식품위생법 시행규칙 제51조 제1항 및 식품 등 영업자 등에 대한 위생교육기관지정(식품의 약품안전처 고시 제2019-123호, 2019. 12. 11. 발령·시행)].

교육대상	교육기관
휴게음식점영업자	한국휴게음식업중앙회
일반음식점영업자	한국외식업중앙회 한국외식산업협회 (소속회원에 한함)
단란주점영업자	한국단란주점업중앙회
유흥주점영업자	한국유흥음식업중앙회
위탁급식영업의 영업자 및 유흥종사자	한국식품산업협회 한국외식산업협회 (소속회원에 한함)
제과점영업자	(사)대한제과협회

4-3. 위반 시 제재

이를 위반하여 식품위생교육을 받지 않은 경우에는 100만원
이하의 과태료가 부과됩니다(식품위생법 제101조제4항제1호).

제5장
어떤 종류의 세금을 납부해야 하나요?

1. 부가가치세의 납부

1-1. 부가가치세 납세 의무자

사업자로서 개인, 법인(국가·지방자치단체와 지방자치단체조합을 포함), 법인격이 없는 사단·재단 또는 그 밖의 단체는 부가가치세를 납부할 의무가 있습니다(부가가치세법 제3조제1항).

1-2. 과세 대상

부가가치세는 사업자가 행하는 재화 또는 용역의 공급과 재화의 수입에 대해 과세됩니다(부가가치세법 제4조).

1-3. 과세기간

① 음식점 사업자의 부가가치세 과세기간은 다음과 같습니다 (부가가치세법 제5조제1항).
1) 간이과세자 : 1월 1일부터 12월 31일까지
2) 일반과세자
 - 제1기 : 1월 1일부터 6월 30일까지
 - 제2기 : 7월 1일부터 12월 31일까지

② 간이과세자에 관한 규정이 적용되거나 적용되지 않게 되어 일반과세자가 간이과세자로 변경되거나 간이과세자가 일반과세자로 변경되는 경우 그 변경되는 해에 간이과세자에 관한 규정이 적용되는 기간의 부가가치세의 과세기간은 다음의 구분에 따른 기간으로 합니다(부가가치세법 제5조제4항).

258. 2편 음식점 운영자

1) 일반과세자가 간이과세자로 변경되는 경우
　: 그 변경 이후 7월 1일부터 12월 31일까지
2) 간이과세자가 일반과세자로 변경되는 경우
　: 그 변경 이전 1월 1일부터 6월 30일까지

1-4. 사업 개시 및 폐업 시 과세기간

① 신규로 사업을 시작하는 자에 대한 최초의 과세기간은 사업 개시일부터 그 날이 속하는 과세기간의 종료일까지로 합니다. 다만, 사업개시일 이전에 사업자등록을 신청한 경우에는 그 신청한 날부터 그 신청일이 속하는 과세기간의 종료일까지로 합니다(부가가치세법 제5조제2항).

② 사업자가 폐업하는 경우의 과세기간은 폐업일이 속하는 과세 기간의 개시일부터 폐업일까지로 합니다(부가가치세법 제5조 제3항 전단).

③ 폐업일은 사업장별로 그 사업을 실질적으로 폐업하는 날로 하며, 폐업한 날이 분명하지 않은 경우에는 폐업신고서의 접수일로 합니다(부가가치세법 제5조제3항 후단 및 부가가 치세법 시행령 제7조제1항제3호).

1-5. 간이과세자 포기 시 과세기간

① 간이과세자가 간이과세자에 대한 규정의 적용을 포기함으 로써 일반과세자로 되는 경우 다음의 기간을 각각 하나의 과세기간으로 합니다(부가가치세법 제5조제5항).
1) 간이과세자의 과세기간 : 간이과세의 적용 포기의 신고일이 속하는 과세기간의 개시일로부터 그 신고일이 속하는 달의 마지막 날까지의 기간
2) 일반과세자의 과세기간 : 간이과세의 적용 포기의 신고일이

속하는 달의 다음 달 1일부터 그 날이 속하는 과세기간의
종료일까지의 기간

2. 일반과세자의 부가가치세 신고 및 납부

2-1. 납부세액

① 일반과세자의 부가가치세 납부세액은 매출세액(부가가치세법
제45조제1항에 따른 대손세액을 뺀 금액으로 함)에서 매입
세액, 그 밖에 「부가가치세법」 및 다른 법률에 따라 공제
되는 매입세액을 뺀 금액으로 합니다. 이 경우 매출세액을 초과
하는 부분의 매입세액은 환급세액으로 합니다(부가가치세법
제37조제2항).

② 납부세액을 기준으로 사업자가 최종 납부하거나 환급받을
세액은 다음과 같이 계산합니다(부가가치세법 제37조제3항).

$$납부하거나 환급받을 세액 = A - B - C$$

A: 제2항에 따른 납부세액 또는 환급세액

B: 제46조, 제47조 및 그 밖에 이 법 및 다른 법률에서 정하는 공제세액

C: 제30조 및 「국세기본법」 제47조의2부터 제47조의5까지의 규정에 따른 가산세

2-2. 신고 및 납부

① 사업자는 각 과세기간 중 다음의 기간이 끝난 후 25일 이내에
과세표준과 납부세액 또는 환급세액을 납세지 관할 세무서장
에게 신고해야 합니다(부가가치세법 제48조제1항 및 제49조
제1항).

과세기간	과세대상기간		신고납부기간	신고대상자
제1기 1.1.~6.30.	예정 신고	1.1.~3.31.	4.1.~4.25.	법인사업자
	확정 신고	1.1.~6.30.	7.1.~7.25.	법인·개인사업자
제2기 7.1.~12.31	예정 신고	7.1.~9.30.	10.1.~10.25.	법인사업자
	확정 신고	7.1.~12.31.	다음해 1.1.~1.25.	법인·개인사업자

② 사업자는 납부세액을 예정신고 및 확정신고를 할 때 각 납세지 관할 세무서장에게 납부하거나 국세징수법에 따른 납부서를 작성하여 한국은행(대리점 포함) 또는 체신관서 (이하 "한국은행 등"이라 함)에 납부해야 합니다(부가가치 세법 제48조제2항 및 제49조제2항).

2-3. 간이과세자의 부가가치세 신고 및 납부

① 납부세액

간이과세자의 부가가치세 납부세액은 [(과세표준 x 부가가치 율 15% x 10%)-공제세액]의 금액으로 합니다(부가가치세법 제63조제2항, 제3항 및 부가가치세법 시행령 제111조제2항).

② 신고 및 납부

간이과세자는 과세기간의 과세표준과 납부세액을 그 과세 기간이 끝난 후 25일(폐업하는 경우 폐업일이 속한 달의 다음 달 25일) 이내에 납세지 관할 세무서장에게 확정신고 를 하고 납세지 관할 세무서장 또는 한국은행 등에 납부해 야 합니다(부가가치세법 제67조제1항).

③ 간이과세자에 대한 납부의무의 면제

간이과세자의 과세기간에 대한 공급대가의 합계액이 4,800 만원 미만인 경우에는 부가가치세 납부의무가 면제됩니다. 다만, 「부가가치세법」 제64조에 따라 납부세액에 더하여야 할 세액은 면제되지 않습니다(부가가치세법 제69조제1항).

2-4. 유흥주점과 개별소비세

① 개별소비세는 특정한 물품, 특정한 장소에의 입장 행위, 특정한 장소에서의 유흥음식행위 및 특정한 장소에서의 영업행위에 대해 부과하는 세금이며(개별소비세법 제1조 제1항), 유흥주점·외국인전용 유흥음식점 그 밖에 이와 유사한 장소에 대해 그 곳에서 제공되는 유흥음식요금의 100분의 10 에 해당하는 세금이 부과됩니다(개별소비세법 제1조제4항).

② 과세유흥장소를 경영하는 사람은 매월 과세유흥장소의 종류별 로 인원·유흥음식요금 산출세액·면제세액·공제세액·납부세액 등 을 기재한 신고서를 유흥음식행위를 한 날이 속하는 달의 다음 달 25일까지 과세유흥장소의 관할 세무서장에게 제출하여 개별 소비세를 신고·납부해야 합니다(개별소비세법 제9조제5항).

3. 종합소득세의 납부

3-1. 납세의무자

① 소득세는 국내에 주소를 두거나 183일 이상의 거소(居所)를 둔 개인(이하 "거주자"라 함)의 모든 소득에 대해 과세됩니다 (소득세법 제1조의2제1항제1호 및 제3조제1항 본문).

② 종합소득세는 거주자의 이자소득, 배당소득, 사업소득, 근로소득, 연금소득, 기타소득을 합한 것에 부과됩니다(소득세법 제4조제1항제1호).

3-2. 과세기간

소득세의 과세기간은 1월 1일부터 12월 31일까지 1년으로 합니다 (소득세법 제5조제1항).

3-3. 장부의 비치 및 기장

3-3-1. 복식부기의무자

① 소득세는 사업자가 스스로 본인의 소득을 계산하여 신고·납부하는 세금이므로, 간편장부대상 이외의 모든 사업자(국내 사업장이 있거나 「소득세법」 제119조제3호에 따른 소득이 있는 비거주자를 포함)는 소득금액을 계산할 수 있도록 증빙서류 등을 갖춰 놓고 그 사업에 관한 모든 거래 사실이 객관적으로 파악될 수 있도록 복식부기에 따라 장부에 기록·관리해야 합니다(소득세법 제160조제1항).

② 장부는 사업의 재산상태와 그 손익거래내용의 변동을 빠짐없이 이중으로 기록하여 계산하는 부기형식의 장부를 말합니다(소득세법 시행령 제208조제1항).

3-3-2. 간편장부대상자

① 다음의 사업자가 「소득세법 시행령」 제208조제9항에 따른 간편
   장부를 갖춰 놓고 그 사업에 관한 거래 사실을 성실히 기재한
   경우에는 장부를 비치·기록하지 않아도 됩니다(소득세법 제160조
   제2항, 소득세법 시행령 제208조제5항제1호 및 제2호나목).

1) 해당 과세기간에 신규로 사업을 시작한 음식점 사업자
2) 직전 과세기간의 수입금액이 1억 5천만원 미만인 음식점사업자

② "간편장부"란 다음의 사항을 기재할 수 있는 장부로서 국세청장
   이 정하는 것을 말합니다(소득세법 시행령 제208조제9항).

1) 매출액 등 수입에 관한 사항
2) 경비지출에 관한 사항
3) 사업용 유형자산 및 무형자산의 증감에 관한 사항
4) 그 밖의 참고사항

③ 간편장부에 대한 자세한 내용은 「간편장부 고시」(국세청 고시
   제2021-33호, 2021. 7. 21. 발령·시행)에서 확인할 수 있습니다.

---

1. 표지

> 업종별 일정규모 미만의 개인사업자를 위한
> **간 편 장 부**

2. 간편장부 서식

※ 간편장부대상자는 위 간편장부의 기재사항을
  추가하여 사용하거나 별도의 보조부 또는 복식부기에
  의한 장부를 작성할 수 있음.

3. 작성요령

① 일 자	② 계 정 과 목	③ 거 래 내 용	④ 거 래 처	⑤수입 (매출)		⑥비용 (원가관련 매입포함)		⑦사업용 유형자산 및 무형자산 증감(매매)		⑧ 비 고
				금 액	부 가 세	금 액	부 가 세	금 액	부 가 세	

가. 일반적 기재요령

1) 거래일자 순으로 매출(수입) 및 비용 관련 거래내용(외상 거래 포함)을 모두 기재함.

2) 매출건수가 1일 평균 50건 이상인 경우에는 1일 동안의 매출금액(또는 수입금액)을 합계하여 기재할 수 있으며, 비용 및 매입거래는 거래 건별로 모두 기재하여야 함.

3) 증빙서류 발행분과 수취분에 대하여는 비고란에 그 종류 를 표시하되 약칭으로 기재할 수 있음.

※ 예) 세금계산서는 '세계', 계산서는 '계',

신용카드매출전표 및 현금영수증은 '카드등', 그 밖의 영수증은 '영'으로 각각 표시함.

4) 상품·제품·원재료의 재고액은 과세기간 개시일 및 종료일에 실지 재고량을 기준으로 평가하여 비고란에 기재함.

- 재고액의 기재가 없는 경우에는 과세기간 개시일 및 종료일의 재고액이 동일한 것으로 간주함.

5) 기부금, 감가상각비, 대손충당금, 퇴직급여충당금, 특별수선충당금, 국고보조금, 보험차익 및 「조세특례제한법」 상의 각종 준비금을 필요경비에 산입한 때에는 종합소득세신고 시에 해당 계정에 대한 조정명세서를 첨부하여야 함.

나. 각 항목 기재요령

① 일자란 : 현금 또는 외상거래에 관계없이 거래가 발생한 일자를 기준으로 수입 및 비용을 모두 기재함.

② 계정과목란 : 거래별로 아래 해당하는 계정과목을 기재함.

구분		계정과목
수입금액		매출액, 기타수입금액
비용	매출원가 및 제조비용	상품매입, 재료비매입, 제조노무비, 제조경비
	일반 관리비 등	급료, 제세공과금, 임차료, 지급이자, 접대비, 기부금, 감가상각비, 차량유지비, 지급수수료, 소모품비, 복리후생비, 운반비, 광고선전비, 여비교통비, 기타비용
사업 유형자산 및 무형자산		사업용 유형자산 및 무형자산 매입, 사업용 유형자산 및 무형자산 매도

③ 거래내용란 : 매출·매입의 품명, 규격, 수량 등을 요약하여 기재(예 ○○판매, ○○구입)하며, 비고란에 대금 결제 유형(현금, 외상, 카드)을 기재함.

④ 거래처란 : 거래상대방의 상호, 성명 또는 전화번호 등을 기재함.

⑤ 수입(매출)란 : 상품·제품 또는 용역의 공급 등에 관련된 사업상의 영업수입(매출) 및 영업외수입을 기재함. 부가가치세 일반과세자는 공급가액과 부가가치세를 구분하여 기재

※ 신용카드 및 현금영수증 매출의 경우 공급가액과 부가가치세가 구분되지 않은 경우에는 매출액을 1.1로 나누어서 금액란과 부가세란에 각각 기재

- 간이과세자는 부가가치세를 포함한 매출액(공급대가)을, 부가가치세 면세사업자는 매출액을 '금액'란에 각각 기재

⑥ 비용란

- 상품·원재료·부재료의 매입금액, 일반관리비·판매비(영업활동비) 등 사업에 관련된 모든 비용을 기재함.

- 일반과세자가 거래상대방인 일반과세자로부터 부가가치세를 별도로 구분할 수 있는 증빙서류(예 : 세금계산서, 신용카드매출전표, 현금영수증)를 받은 때에는 부가가치세를 거래금액과 구분하여 기재함.

- 계산서, 영수증 등 부가가치세가 별도로 구분되지 않은 증빙서류를 수취한 매입분은 매입금액을 금액란에 기재함.

⑦ 사업용 유형자산 및 무형자산 증감(매매)란

- 건물, 기계장치, 컴퓨터 등 사업용 유형자산 및 무형자산의 매입(설치·제작·건설 등 포함)에 소요된 금액 및 그 부대비용과 자본적 지출액을 기재하고, 사업용 유형자산 및 무형자산을 매각 또는 폐기하는 경우에는 그

금액을 붉은색으로 기재하거나 금액 앞에 '△'표시함.

- 사업용 유형자산 및 무형자산의 매입시는 나. ⑥ 비용란의 기재방법을, 사업용 유형자산 및 무형자산 매도시는 나. ⑤ 수입(매출)란 기재방법을 각각 준용함.

⑧ 비고란 : 거래증빙 유형 및 재고액을 기재함.

다. 기타 작성요령

1) 부동산임대업의 사업소득, 부동산임대업 외의 사업소득 등 2개 이상 소득이 있는 경우에는 간편장부를 각각 작성하여야 함.

2) 사업장이 2개 이상인 경우에는 각 사업장별로 간편장부를 작성하여야 함.

3-3-3. 장부를 기장하지 않은 경우

① 사업자는 장부에 따라 과세기간의 소득금액을 계산하여 결손이 발생한 경우 10년간 소득금액에서 공제를 받을 수 있는데, 장부를 기장하지 않은 경우에는 결손금액이 발생하더라도 이를 인정받지 못할 수 있습니다(소득세법 제45조제1항 참조).

② "결손금"은 필요경비가 총수입금액을 초과하는 경우 그 초과하는 금액을 말합니다(소득세법 제19조제2항).

③ 사업자가 복식부기(소득세법 제160조) 또는 간편장부(소득세법 제161조)를 비치·기록하지 않았거나 비치·기록한 장부에 따른 소득금액이 기장해야 할 금액에 미달한 경우에는 다음 계산식에 따라 계산한 금액을 가산세로 해당 과세기간의 종합소득 결정세액에 더하여 납부하여야 합니다(소득세법 제81조의5제1항).

$$\text{가산세} = A \times \frac{B}{C} \times 100분이\ 20$$

A : 종합소득 산출세액
B : 기장하지 아니한 소득금액 또는 기장하여야 할 금액에 미달한 소득
  금액
C : 종합소득금액

(이 경우 사업소득금액이 종합소득금액에서 차지하는 비율이 1보다
큰 경우에는 1로, 0보다 작은 경우에는 0으로 함)

4. 종합소득세의 신고 및 납부

4-1. 장부를 비치·기장하고 있는 사업자의 소득금액

장부를 비치·기장하고 있는 사업자의 소득금액은 (총수입금액-
필요경비)의 금액으로 합니다(소득세법 제19조제2항).

4-2. 장부를 비치·기장하지 않은 사업자의 소득금액

① 기준경비율적용 대상자는 다음 중 작은 금액을 소득금액으로
  합니다(소득세법 제80조제3항 단서, 소득세법 시행령 제143조
  제3항제1호 및 소득세법 시행규칙 제67조).
1) 소득금액 = 수입금액-필요경비-(수입금액 X 기준경비율)
2) 소득금액 = {수입금액-(수입금액 X 단순경비율)} X 배율
  [간편장부대상자 : 2.8, 복식부기의무자 : 3.4]

② 단순경비율 적용대상자는 {수입금액-(수익금액 X 단순경비
  율)}의 금액을 소득금액으로 합니다. 단, 수입금액에서 「고용
  정책 기본법」 제29조에 따라 고용노동부장관이 기업의 고용
  유지에 필요한 비용의 일부를 지원하기 위해 지급하는 금액

으로 기획재정부령으로 정하는 것은 제외됩니다(소득세법 제80조제3항 단서 및 소득세법 시행령 제143조제3항제1호의2).

③ "단순경비율 적용대상자"란 다음의 어느 하나에 해당하는 사업자를 말합니다(소득세법 시행령 제143조제4항제1호, 제2호 나목 및 제208조제5항제2호나목).

1) 해당 과세기간에 신규로 사업을 개시한 음식점 사업자

2) 직전 과세기간의 수입금액이 3천600만원에 미달하는 음식점 사업자

④ "기준경비율 적용대상자"는 단순경비율의 적용 대상이 아닌 자를 말합니다.

4-3. 납부세액

사업자의 종합소득 납부세액은 {(과세표준 = 소득금액-소득공제) X 세율}의 금액으로 합니다(소득세법 제14조제2항 및 제55조제1항).

종합소득과세표준	세율
1천200만원 이하	과세표준의 6%
1천200만원 초과 4천600만원 이하	72만원 + (1천200만원을 초과하는 금액의 15%)
4천600만원 초과 8천800만원 이하	582만원 + (4천600만원을 초과하는 금액의 24%)
8천800만원 초과 1억5천만원 이하	1천590만원 + (8천800만원을 초과하는 금액의 35%)
1억5천만원 초과 3억원 이하	3천760만원 + (1억5천만원을 초과하는 금액의 38%)
3억원 초과 5억원 이하	9천460만원 + (3억원을 초과하는 금액의 40%)
5억원 초과 10억원 이하	17,460만원 + (5억원을 초과하는 금액의42%)
10억원 초과	38,460만원 + (10억원을 초과하는 금액의 45%)

4-4. 신고 및 납부

① 해당 과세기간의 종합소득금액이 있는 거주자(종합소득과세표준이 없거나 결손금이 있는 거주자를 포함)는 그 종합소득 과세표준을 그 과세기간의 다음 연도 5월 1일부터 5월 31일까지 납세지 관할 세무서장에게 종합소득 과세표준확정신고를 해야 합니다(소득세법 제70조제1항 및 제3항).

② 거주자는 해당 과세기간의 과세표준에 대한 종합소득 산출세액에서 감면세액과 세액공제액을 공제한 금액을 과세표준 확정신고기한까지 납세지 관할 세무서, 한국은행 또는 체신관서에 납부해야 합니다(소득세법 제76조제1항).

③ 그 밖에 종합소득세 신고 및 납부에 대한 더 자세한 내용은 <국세청 홈페이지(www.nts.go.kr), 성실 신고지원-종합소득세>에서 확인할 수 있습니다.

5. 현금영수증의 발급

5-1. 현금영수증가맹점의 가입 대상

① 다음의 요건 중 어느 하나에 해당하는 음식점 사업자는 그 요건에 해당하는 날부터 60일(수입금액 등 대통령령으로 정하는 요건에 해당하는 사업자의 경우 그 요건에 해당하는 날이 속하는 달의 말일부터 3개월) 이내에 신용카드단말기 등에 현금영수증 발급장치를 설치함으로써 현금영수증가맹점으로 가입해야 합니다(소득세법 제162조의3제1항, 소득세법 시행령 제210조의3제1항제1호·제4호, 별표 3의3 및 제4항).

1) 직전 과세기간의 수입금액(결정 또는 경정에 의해 증가된 수입금액을 포함)의 합계액이 2천400만원 이상인 사업자. 이 경우에 해당하게 되는 사업자는 해당 연도의 3월 31일까지 현금영수증가맹점으로 가입해야 합니다.

2) 일반유흥 주점업, 무도유흥 주점업, 출장 음식 서비스업을 하는 사업자

② 위 1.을 적용하는 경우 음식점(소비자상대업종)과 다른 업종을 겸영하는 경우 사업자의 수입금액은 음식점의 수입금액만으로 하고, 음식점(소비자상대업종)을 영위하는 사업장이

272. 2편 음식점 운영자

둘 이상인 사업자의 수입금액은 사업장별 수입금액을 합산
하여 산정합니다(소득세법 시행령 제210조의3제2항).

③ 직전 과세기간에 신규로 사업을 개시한 사업자의 수입금액은
직전 과세기간의 수입금액을 해당 사업월수(1개월 미만의 단수
가 있는 경우에는 1개월로 함)로 나눈 금액에 12를 곱하여 산정
합니다(소득세법 시행령 제210조의3제3항).

■ 현금영수증 발급 대상

Q 올해 분식집을 창업하여 운영하고 있는데요. 저희 분식집도
현금영수증가맹점에 가입해야 하는지 궁금해요.

A

현금영수증가맹점에 가입해야 하는 음식점은 직전 과세기간의
수입금액 합계액이 2천400만원이상이어야 해요(소득세법 제162조
의3제1항 및 소득세법 시행령 제210조의3제1항제1호 참조).

즉, 직전과세기간의 수입금액을 알 수 없는 사업의 첫 해이거나,
수입금액이 2천400만원보다 적은 경우에는 현금영수증가맹점에 가입
하지 않아도 돼요.

따라서 올해 분식집을 운영하는 첫 해라면 현금영수증가맹점으로
가입하지 않아도 된답니다.

5-2. 현금영수증가맹점의 표시

① 현금영수증가맹점으로 가입한 음식점 영업자는 현금영수증
가맹점을 나타내는 표지를 다음의 장소에 게시해야 합니다
[소득세법 제162조의3제2항 및 현금영수증가맹점이 지켜야 할
사항(국세청 고시 제2021-11호, 2021. 5. 14. 발령·시행) 제2조].

1) 계산대가 있는 사업장 : 계산대나 계산대 근처의 벽·천정
(천정걸이 사용) 등 소비자가 잘 볼 수 있는 곳

2) 계산대가 없는 사업장 : 사업장 출입문 입구나 내부에 소비자가
잘 볼 수 있는 곳

② 현금영수증가맹점을 나타내는 표지는 다음과 같습니다(현금
영수증가맹점이 지켜야 할 사항 제2조 및 별표).

구 분	규 격	포함될 문구
의무발행 가맹점	가로160㎜ × 세로100㎜ ± 30%	현금영수증 의무발행 가맹점
일반 가맹점	가로125㎜ × 세로100㎜ ± 30%	현금영수증 가맹점

1) 의무발행 가맹점은 소득세법 시행령 제210조의3 제11항에
따른 의무발행업종의 현금영수증가맹점

2) 일반 가맹점은 의무발행 가맹점 외 현금영수증가맹점

③ '의무발행 가맹점'은 「소득세법 시행령」 제210조의3제1항
제4호 및 별표 3의 3에 따른 의무발행업종의 현금영수증
가맹점을 의미하며, 의무발행 가맹점 외의 현금영수증가맹
점은 '일반가맹점'에 해당합니다.

5-3. 위반 시 제재

현금영수증가맹점으로 가입해야 할 사업자가 가입하지 아니하거나
그 가입기한이 지나서 가입한 경우 다음에 해당하는 금액을 해당
과세기간의 결정세액에 더합니다(소득세법 제81조의9제2항제1호).

$$\text{가산세} = A \times \frac{B}{C} \times 100\text{분의 } 1$$

A : 해당 과세기간의 수입금액(현금영수증가맹점 가입대상인 업종의 수입금액만 해당하며, 제
  163조에 따른 계산서 및 「부가가치세법」 제32조에 따른 세금계산서 발급분 등 대통령령
  으로 정하는 수입금액은 제외한다)

B : 미가입기간(제162조의3제1항에 따른 가입기한의 다음 날부터 가입일 전날까지의 일수를 말
  하며, 미가입기간이 2개 이상의 과세기간에 걸쳐 있으면 각 과세기간별로 미가입기간을 적
  용한다)

C : 365(윤년에는 366으로 한다)

5-4. 현금영수증의 발급

① 현금영수증의 발급대상금액은 건당 1원 이상입니다(소득세법
   시행령 제210조의3제6항).

② 현금영수증을 발급하는 경우에는 재화 또는 용역을 공급하고
   그 대금을 현금으로 받은 날부터 5일 이내에 무기명으로 발급
   할 수 있습니다(소득세법 시행령 제210조의3제12항).

5-5. 현금영수증 발급 관련 금지행위

① 현금영수증가맹점은 현금영수증 발급을 이유로 재화 또는
   용역의 공급대가 이외에 어떠한 명목의 추가요금을 소비자
   에게 부담하게 해서는 안 됩니다(현금영수증가맹점이 지켜야
   할 사항 제3조).

② 현금영수증가맹점은 다음 중 어느 하나에 해당하는 행위를 해
   서는 안 됩니다(현금영수증가맹점이 지켜야 할 사항 제4조).

1) 재화 또는 용역의 공급 없이 거래를 한 것으로 가장하여 현금
   영수증을 발급하는 행위

2) 재화 또는 용역의 공급대가를 초과하여 현금영수증을 발급하는 행위

3) 다른 현금영수증가맹점 명의로 현금영수증을 발급하는 행위

4) 현금영수증가맹점의 명의를 타인에게 대여하는 행위

5) 현금영수증을 발급한 후 정당한 사유 또는 소비자의 동의 없이 현금영수증 발급을 취소하는 행위

6) 무기명으로 발급된 현금영수증을 거래상대방이 아닌 타인에게 교부하는 행위

5-6. 위반 시 제재

현금영수증가맹점으로 가입한 사업자가 상대방이 대금을 현금으로 지급한 후 현금영수증의 발급을 요청한 경우에 현금영수증 발급을 거부하거나 사실과 다르게 발급하여 납세지 관할 세무서장으로부터 통보를 받은 경우 다음에 해당하는 금액을 해당 과세기간의 결정세액에 더합니다(소득세법 제81조의9제2항제2호 및 제162조의3제3항).

1) 해당 과세기간의 거래에 대해서 통보받은 건별 발급 거부 금액 또는 사실과 다르게 발급한 금액(건별로 발급해야 할 금액과의 차액)의 각각 5%에 해당하는 금액(건별로 계산한 금액이 5천원에 미달하는 경우에는 5천원으로 함)

5-7. 현금영수증가맹점에서 탈퇴

① 현금영수증가맹점으로 가입된 사업자는 수입금액의 합계액이 2천400만원에 미달하게 되는 과세기간이 있는 경우에는 그 다음 연도 1월 1일부터 현금영수증가맹점에서 탈퇴할 수 있습니다(소득세법 시행령 제210조의3제5항 전단).

② 이 경우 현금영수증가맹점을 나타내는 표지를 게시해서는 안 됩니다(소득세법 시행령 제210조의3제5항 후단).

제6장
영업사항의 변경 및 폐업 등에는 어떤 조치를 해야 하나요?

§. 영업사항의 변경

1. 허가 및 신고사항의 변경

1-1. 업종별 영업신고 및 허가

① 휴게음식점영업, 일반음식점영업, 위탁급식영업, 제과점영업을 하기 위해서는 영업 종류별 또는 영업소별로 식품의약품안전처장 또는 특별자치시장·특별자치도지사·시장·군수·구청장에게 영업신고를 해야 합니다(식품위생법 제37조제4항 및 식품위생법 시행령 제25조제1항제8호).

② 단란주점영업, 유흥주점영업을 하기 위해서는 영업 종류별 또는 영업소별로 식품의약품안전처장 또는 특별자치시장·특별자치도지사·시장·군수·구청장에게 영업허가를 받아야 합니다(식품위생법 제37조제1항 및 식품위생법 시행령 제23조제2호).

1-2. 영업의 신고

다음 중 어느 하나에 해당하는 영업을 하려는 자는 영업 종류별 또는 영업소별로 식품의약품안전처장 또는 특별자치시장·특별자치도지사·시장·군수·구청장(이하 "신고관청"이라 함)에게 신고해야 합니다(식품위생법 제37조제4항 전단 및 식품위생법 시행령 제25조제1항제8호).

1) 휴게음식점영업
2) 일반음식점영업
3) 위탁급식영업
4) 제과점영업

1-3. 영업신고 제한요건

다음 중 어느 하나에 해당하는 경우에는 영업신고를 할 수 없습니다 (식품위생법 제38조제2항).

1) 식품위생법령 위반으로 영업소 폐쇄명령(식품위생법 제44조 제2항제1호를 위반하여 영업소 폐쇄명령을 받은 경우와 식품 위생법 제75조제1항제19호에 따라 영업소 폐쇄명령을 받은 경우 제외)이나 「식품 등의 표시·광고에 관한 법률」 제16조제1항부터 제4항까지에 따른 영업소 폐쇄명령을 받고 6개월이 지나기 전에 같은 장소에서 같은 종류의 영업을 하려는 경우. 다만, 영업시설의 전부를 철거하여 영업소 폐쇄명령을 받은 경우에는 영업신고를 할 수 있습니다.

2) 청소년을 유흥접객원으로 고용하여 유흥행위를 하게 하여 (식품 위생법 제44조제2항제1호) 영업소의 폐쇄명령을 받거나 「성매매 알선 등 행위의 처벌에 관한 법률」 제4조에 따른 금지행위(식품 위생법 제75조제1항제19호)를 하여 영업소 폐쇄명령을 받은 후 1년이 지나기 전에 같은 장소에서 식품접객업을 하려는 경우

3) 식품위생법령 위반으로 영업소 폐쇄명령(식품위생법 제4조 부터 제6조까지, 제8조 또는 제44조제2항제1호를 위반하여 영업소 폐쇄명령을 받은 경우와 식품위생법 제75조제1항제19호 에 따라 영업소 폐쇄명령을 받은 경우는 제외)이나 「식품 등의 표시·광고에 관한 법률」 제16조제1항부터 제4항까지에 따른 영업소 폐쇄명령을 받고 2년이 지나기 전에 같은자(법인인 경우 에는 그 대표자를 포함)가 폐쇄명령을 받은 영업과 같은 종류의

영업을 하려는 경우

4) 청소년을 유흥접객원으로 고용하여 유흥행위를 하게 하여 (식품 위생법 제44조제2항제1호) 영업소의 폐쇄명령을 받거나 「성매매 알선 등 행위의 처벌에 관한 법률」 제4조에 따른 금지행위(식품 위생법 제75조제1항제19호)를 하여 영업소 폐쇄명령을 받고 2년 이 지나기 전에 같은 자(법인의 경우 대표자 포함)가 식품접객업 을 하려는 경우

5) 위해식품 등 판매(식품위생법 제4조), 병든 고기 등의 판매 (식품 위생법 제5조), 기준·규격이 정해지지 않은 화학적 합성품 등의 판매(식품위생법 제6조), 유독기구 등의 판매(식품위생법 제8조) 금지를 위반하여 영업소 폐쇄명령을 받고 5년이 지나지 않은 자 (법인인 경우 대표자 포함)가 폐쇄명령을 받은 영업과 같은 종류 의 영업을 하려는 경우

1-4. 영업신고 절차

1-4-1. 영업신고 시 제출서류

① 영업신고를 하려면 영업에 필요한 시설을 갖춘 후 다음의 서류(전자문서 포함)를 첨부하여 신고관청에 제출해야 합니다 (식품위생법 제37조제4항 전단 및 식품위생법 시행규칙 제42조 제1항).

1) 영업신고서(식품위생법 시행규칙 별지 제37호서식)

2) 교육이수증(식품위생법 제41조제2항에 따라 미리 교육을 받은 경우만 해당)

3) 「먹는물관리법」에 따른 먹는물 수질검사기관이 발행한 수질 검사(시험)성적서(수돗물이 아닌 지하수 등을 먹는 물 또는 식품 등의 제조과정이나 식품의 조리·세척 등에 사용하는 경우만 해당)

4) 유선 및 도선사업 면허증 또는 신고필증(수상구조물로 된

유선장 및 도선장에서 휴게음식점영업, 일반음식점영업 및 제과점영업을 하려는 경우만 해당)

5) 식품자동판매기의 종류 및 설치장소가 기재된 서류(2대 이상의 식품자동판매기를 설치하고 일련관리번호를 부여하여 일괄신고를 하는 경우만 해당)

6) 수상레저사업 등록증(수상구조물로 된 수상레저사업장에서 휴게음식점영업 및 제과점영업을 하려는 경우만 해당)

7) 국유재산 사용허가서(군사시설 또는 국유철도의 정거장시설에서 휴게음식점영업, 일반음식점영업 및 제과점영업을 하려는 경우)

8) 해당 도시철도사업자와 체결한 도시철도시설 사용계약에 관한 서류(도시철도의 정거장시설에서 휴게음식점영업, 일반음식점영업 및 제과점영업을 하려는 경우만 해당)

9) 예비군식당 운영계약에 관한 서류(군사시설에서 일반음식점영업을 하려는 경우만 해당)

10) 영업장과 연접하는 외부 장소를 영업장으로 사용하려는 경우에는 해당 외부 장소에 대해 정당한 사용 권한이 있음을 증명하는 서류(휴게음식점영업, 일반음식점영업 또는 제과점영업을 하려는 자가 해당 외부 장소에서 음식류 등을 제공하는 경우만 해당)

11) 이동용 음식판매 용도인 소형·경형화물자동차(자동차관리법 시행규칙 별표 1 제1호·제2호 및 비고 제1호가목)에 따른 또는 이동용 음식판매 용도인 특수작업형 특수자동차(자동차관리법 시행규칙 별표 1 제2호)를 사용하여 휴게음식점영업 및 제과점영업을 하려는 경우는 「식품위생법 시행규칙」 별표15의2에 따른 서류

12) 어린이놀이시설 설치검사합격증(어린이놀이시설 안전관리법 제12조제1항 및 어린이놀이시설 안전관리법 시행령 제7조

제4항) 또는 어린이놀이시설 정기시설검사합격증(어린이놀이시설
안전관리법 제12조제2항 및 어린이놀이시설 안전관리법 시행령
제8조제5항)(해당 영업장에 어린이놀이시설을 설치하는 경우만
해당)

② 영업신고를 하는 경우에는 28,000원의 수수료를 납부해야
합니다(식품위생법 제92조제5호, 식품위생법 시행규칙 제97조
제1항 및 별표 26 제1호).

③ 영업신고시 구체적인 서류는 관할 신고관청에 미리 확인해
주시기 바랍니다.

1-4-2. 영업소 시설의 확인

신고를 받은 신고관청은 해당 영업소의 시설에 대한 확인이
필요한 경우에는 반드시 신고증 발급 후 1개월 이내에 해당
영업소의 시설에 대하여 신고받은 사항을 확인해야 합니다
(식품위생법 시행규칙 제42조제10항 단서).

1-4-3. 영업신고증 발급

영업신고 절차가 완료되면 신고관청으로부터 영업신고증(식품
위생법 시행규칙 별지 제39호서식)을 발급받습니다(식품위생법
시행규칙 제42조제8항).

1-5. 등록면허세의 납부

① 영업신고를 하여 다음의 면허를 받는 사람은 면허증서를
발급받거나 송달받기 전까지 납세지를 관할하는 지방자치
단체의 장에게 그 등록면허세를 신고하고 납부해야 합니다
(지방세법 제35조제1항 본문, 지방세법 시행령 제39조 및
별표 1).

1) 제1종 : 영업장 연면적 1,000㎡ 이상인 휴게음식점영업, 제과점영업 및 일반음식점영업
2) 제2종 : 영업장 연면적 500㎡ 이상 1,000㎡ 미만인 휴게음식점영업, 제과점영업 및 일반음식점영업
3) 제3종 : 영업장 연면적 300㎡ 이상 500㎡ 미만인 휴게음식점영업, 제과점영업 및 일반음식점영업
4) 제4종 : 제1종부터 제3종까지에 속하지 않는 휴게음식점영업, 제과점영업 및 일반음식점영업

② 면허에 대한 등록면허세의 세율은 다음의 구분에 따릅니다 (지방세법 제34조제1항).

구 분	인구 50만명 이상	그 밖의 시	군
제1종	67,500원	45,000원	27,000원
제2종	54,000원	34,000원	18,000원
제3종	40,500원	22,500원	12,000원
제4종	27,000원	15,000원	9,000원

1-6. 위반 시 제재

1-6-1. 영업소 폐쇄 조치

① 식품의약품안전처장, 특별시장·광역시장·특별자치시장·도지사·특별자치도지사(이하 "시·도지사"라 함) 또는 시장·군수·구청장은 신고하지 않고 영업을 하는 경우에는 해당 영업소를 폐쇄하기 위해 관계 공무원에게 다음의 조치를 하게 할 수 있으며 조치는 그 영업을 할 수 없게 하는 데에 필요한 최소한의 범위에 그쳐야 합니다(식품위생법 제79조제1항 및 제4항).
1) 해당 영업소의 간판 등 영업 표지물의 제거나 삭제
2) 해당 영업소가 적법한 영업소가 아님을 알리는 게시문 등의 부착

3) 해당 영업소의 시설물과 영업에 사용하는 기구 등을 사용할 수 없게 하는 봉인(封印)

② 식품의약품안전처장, 시·도지사 또는 시장·군수·구청장은 위 3.에 따라 봉인한 후 봉인을 계속할 필요가 없거나 해당 영업을 하는 자 또는 그 대리인이 해당 영업소 폐쇄를 약속하거나 그 밖의 정당한 사유를 들어 봉인의 해제를 요청하는 경우에는 봉인을 해제할 수 있습니다. 위 2.에 따른 게시문 등의 경우에도 또한 같습니다(식품위생법 제79조제2항).

③ 식품의약품안전처장, 시·도지사 또는 시장·군수·구청장은 위에 따른 조치를 하려면 해당 영업을 하는 자 또는 그 대리인에게 문서로 미리 알려야 합니다(식품위생법 제79조제3항 본문). 다만, 급박한 사유가 있으면 문서로 미리 알리지 않아도 됩니다(식품위생법 제79조제3항 단서).

1-6-2. 형사처벌

영업신고를 하지 않은 경우에는 3년 이하의 징역 또는 3천만원 이하의 벌금에 처해집니다(식품위생법 제97조제1호).

2. 중요한 허가사항의 변경

2-1. 변경허가의 대상

단란주점 및 유흥주점 영업자가 영업 중 영업소의 소재지를 변경하려는 경우에는 특별자치시장·특별자치도지사·시장·군수 또는 구청장의 허가를 받아야 합니다(식품위생법 제37조제1항 후단 및 식품위생법 시행령 제24조).

2-2. 변경허가의 신청

단란주점 및 유흥주점 영업자가 영업소의 소재지 변경에 대해 시장·군수 또는 구청장의 허가를 받기 위해서는 다음의 서류를 변경한 날부터 7일 이내에 허가관청에 제출하면 됩니다(식품위 생법 시행규칙 제41조제1항).

1) 변경허가신청서(식품위생법 시행규칙 별지 제36호서식)
2) 허가증
3) 유선 및 도선사업 면허증 또는 신고필증(수상구조물로 된 유선장 또는 도선장에서 단란주점영업 및 유흥주점영업을 하려는 경우만 해당)
4) 「먹는물관리법」에 따른 먹는물 수질검사기관이 발행한 수질검사(시험)성적서(수돗물이 아닌 지하수 등을 먹는 물 또는 식품 등의 제조과정이나 식품의 조리·세척 등에 사용하는 경우만 해당)

2-3. 위반 시 제재

① 변경허가를 받지 않은 경우에는 10년 이하의 징역 또는 1억원 이하의 벌금에 처해지거나 징역과 벌금이 병과될 수 있습니다(식품위생법 제94조제1항제3호).

② 변경허가를 받지 않아 금고 이상의 형을 선고받고 그 형이 확정된 후 5년 이내에 다시 변경허가를 받지않은 자는 1년 이상 10년 이하의 징역에 처해 집니다(식품위생법 제94조제2항).

3. 경미한 허가사항의 변경

3-1. 변경신고의 대상

영업의 허가를 받은 단란주점 및 유흥주점 영업자가 허가받은 사항 중 영업소재지 변경을 제외한 아래의 경미한 사항을 변경할 때에는 식품의약품안전처장 또는 특별자치시장·특별자치도지사·시장·군수 또는 구청장에게 신고해야 합니다(식품위생법 제37조제3항 및 식품위생법 시행규칙 제41조제3항).

1) 영업자의 성명(영업자가 법인인 경우에는 그 대표자의 성명을 말함)
2) 영업소의 명칭 또는 상호
3) 영업장의 면적

3-2. 변경신고의 신청

영업허가를 받은 단란주점 및 유흥주점 영업자가 위 경미한 사항을 변경한 경우에는 변경한 날부터 7일 이내에 허가사항 변경 신청·신고서(식품위생법 시행규칙 별지 제36호서식)에 허가증을 첨부하여 허가관청에 제출하면 됩니다(식품위생법 시행규칙 제41조제3항).

3-3. 위반 시 제재

변경신고를 하지 않은 경우에는 3년 이하 징역 또는 3천만원 이하의 벌금에 처해집니다(식품위생법 제97조제1호).

4. 중요한 신고사항의 변경

4-1. 변경신고의 대상

휴게음식점·일반음식점·위탁급식·제과점영업자가 신고한 사항 중 아래의 중요한 사항을 변경하려는 때에는 식품의약품안전처장 또는 특별자치시장·특별자치도지사·시장·군수 또는 구청장에게 신고해야 합니다(식품위생법 제37조제4항 후단 및 식품위생법 시행령 제26조).

1) 영업자의 성명(법인의 경우에는 그 대표자의 성명을 말함)
2) 영업소의 명칭 또는 상호
3) 영업장의 소재지
4) 영업장의 면적

4-2. 변경신고의 신청

변경신고를 하려는 자는 영업신고사항 변경신고서(식품위생법 시행규칙 별지 제41호서식. 전자문서로 된 신고서를 포함함)에 영업신고증(소재지를 변경하는 경우에는 식품위생법 시행규칙 제42조제1항제2호부터 제4호까지, 제6호부터 제15호까지의 서류를 포함하되, 제2호의 서류는 제조·가공하려는 식품의 유형 또는 제조방법을 변경하는 경우만 해당하며, 제13호의 서류는 건물 외부에 있는 영업장의 면적을 변경하는 경우만 해당함)을 첨부하여 변경한 날부터 7일 이내에 신고관청에 제출해야 합니다(식품위생법 시행규칙 제43조 전단).

4-3. 위반 시 제재

변경신고를 하지 않은 경우에는 3년 이하의 징역 또는 3천만원 이하의 벌금에 처해집니다(식품위생법 제97조제1호).

5. 사업자등록 사항의 변경 및 말소 등

5-1. 사업자등록의 변경

5-1-1. 변경신고

사업자등록을 한 사업자는 다음의 어느 하나에 해당하는 경우
에는 지체 없이 관할 세무서장이나 그 밖에 신고인의 편의에
따라 선택한 세무서장(국세정보통신망에 따른 제출을 포함함)
에게 신고해야 합니다(부가가치세법 제8조제7항, 부가가치세법
시행령 제14조제1항 및 부가가치세법 시행규칙 제12조·제13조).

1) 상호를 변경하는 경우
2) 법인 또는 「국세기본법」 제13조제1항 및 제2항에 따라 법인
   으로 보는 단체 외의 단체로서 「소득세법 시행령」 제3조의2
   제2호에 따라 1거주자로 보는 단체가 대표자를 변경하는 경우
3) 다음의 사유가 발생한 경우
 - 사업의 종류를 완전히 다른 종류로 변경한 경우
 - 새로운 사업의 종류를 추가하거나 사업의 종류 중 일부를
   폐지한 경우
4) 사업장[부가가치세법 제8조제3항에 따른 사업자 단위 과세
   사업자(이하 "사업자 단위 과세 사업자"라 함)의 경우에는
   사업자 단위 과세 적용 사업장을 말함]을 이전하는 경우
5) 상속으로 사업자의 명의가 변경되는 경우
6) 공동사업자의 구성원 또는 출자지분이 변경되는 경우
7) 임대인, 임대차 목적물 및 그 면적, 보증금, 임차료 또는
   임대차기간이 변경되거나 새로 상가건물을 임차한 경우(상
   가건물 임대차보호법 제2조제1항에 따른 상가건물의 임차
   인이 사업자등록 정정신고를 하려는 경우, 임차인이 상가
   건물 임대차보호법 제5조제2항에 따른 확정일자를 신청하
   려는 경우 및 확정일자를 받은 임차인에게 변경 등이 있는
   경우에 한함)

8) 사업자 단위 과세 사업자가 사업자 단위 과세 적용 사업장을 변경하는 경우

9) 사업자 단위 과세 사업자가 종된 사업장을 신설하거나 이전하는 경우

10) 사업자 단위 과세 사업자가 종된 사업장의 사업을 휴업하거나 폐업하는 경우

11) 사이버몰[전기통신사업법 제5조에 따른 부가통신사업을 하는 사업자(이하 "부가통신사업자"라 함)가 컴퓨터 등과 정보통신설비를 이용하여 재화 등을 거래할 수 있도록 설정한 가상의 영업장을 말함]에 인적사항 등의 정보를 등록하고 재화 또는 용역을 공급하는 사업을 하는 사업자가 사이버몰의 명칭 또는 「인터넷주소자원에 관한 법률」 에 따른 인터넷 도메인이름을 변경하는 경우

5-1-2. 사업자등록정정신고서 제출

① 변경신고를 하는 경우에는 사업자의 인적사항, 사업자등록의 변경 사항 및 그 밖의 필요한 사항을 적은 사업자등록정정신고서에 사업자등록증을 첨부하여 제출(국세정보통신망에 따른 제출을 포함)해야 합니다(부가가치세법 시행령 제14조제2항 전단 및 제14조제1항).

② 이 경우 「부가가치세법 시행령」 제11조제3항 각 호의 구분란에 해당하는 내용이 변경된 사업자는 해당 각 호의 첨부서류를 제출해야 합니다(부가가치세법 시행령 제14조제2항 후단).

③ 사업장과 주소지가 동일한 사업자가 사업자등록신청서 또는 사업자등록정정신고서를 제출하면서 「주민등록법」 에 따른 주소가 변경되면 사업장의 주소도 변경되는 것에 동의한 경우,

사업자가 전입신고를 하면 사업자등록정정신고서를 제출한 것으로 봅니다(부가가치세법 시행령 제14조제5항, 주민등록법 제10조제1항제7호).

5-1-3. 사업자등록증 재발급

① 신고를 받은 세무서장은 다음의 구분에 따른 기한 이내에 변경 내용을 확인하고 사업자등록증의 기재사항을 정정하여 재발급해야 합니다(부가가치세법 시행령 제14조제3항).

1) 위 변경신고의 1. 및 11.의 경우: 신고일 당일
2) 위 변경신고의 2.부터 10.까지의 경우: 신고일부터 2일 이내

② 사업자가 위 변경신고의 4. 또는 8.에 따른 사유로 사업자등록 정정신고를 한 경우 사업장 관할 세무서장은 종전의 사업장 관할 세무서장에게 지체 없이 사업장의 이전 또는 변경 사실을 통지해야 합니다(부가가치세법 시행령 제14조제4항).

5-2. 사업자 등록의 말소

5-2-1. 등록 말소의 사유

사업장 관할 세무서장은 사업자등록이 된 사업자가 다음의 어느 하나에 해당하면 지체 없이 사업자등록을 말소해야 합니다(부가가치세법 제8조제8항 및 부가가치세법 시행령 제15조제2항).

1) 폐업한 경우
2) 다음의 어느 하나에 해당하는 경우
- 사업자가 사업자등록을 한 후 정당한 사유 없이 6개월 이상 사업을 시작하지 않는 경우
- 사업자가 부도발생, 고액체납 등으로 도산하여 소재 불명인 경우

- 사업자가 인가·허가의 취소 또는 그 밖의 사유로 사업을 수행할 수 없어 사실상 폐업상태에 있는 경우
- 사업자가 정당한 사유 없이 계속하여 둘 이상의 과세기간에 걸쳐 부가가치세를 신고하지 않고 사실상 폐업상태에 있는 경우
- 그 밖에 사업자가 위 ①부터 ④까지의 규정과 유사한 사유로 사실상 사업을 시작하지 않는 경우

5-2-2. 사업자등록증의 회수

사업자등록을 말소하는 경우 관할 세무서장은 지체 없이 등록증을 회수해야 하며, 등록증을 회수할 수 없는 경우에는 등록말소 사실을 공시해야 합니다(부가가치세법 시행령 제15조제1항).

5-3. 사업자등록의 갱신

5-3-1. 사업자등록의 갱신 발급

사업장 관할 세무서장은 부가가치세의 업무를 효율적으로 처리하기 위해 필요하다고 인정되면 사업자등록증을 갱신하여 발급할 수 있습니다(「부가가치세법」 제8조제9항 및 「부가가치세법 시행령」 제16조).

§. 휴업 및 폐업신고

1. 휴업신고

1-1.「식품위생법」상 휴업 시 행정처분

- 영업허가 취소 또는 영업소 폐쇄명령

식품의약품안전처장 또는 특별자치시장·특별자치도지사·시장·군수·구청장은 영업자가 정당한 사유 없이 6개월 이상 계속 휴업하는 경우에는 영업허가를 취소하거나 영업소 폐쇄를 명할 수 있습니다(식품위생법 제75조제3항제1호).

1-2.「부가가치세법」상 휴업신고

1-2-1. 휴업신고

사업자등록을 한 사업자가 휴업을 하거나 사실상 사업을 시작하지 않게 될 때에는 지체 없이 세무서장(관할 세무서장 또는 그 밖의 모든 세무서장을 말함)에게 휴업신고를 해야 합니다(부가가치세법 제8조제7항 및 부가가치세법 시행령 제13조제1항).

1-2-2. 휴업신고서 제출

휴업신고를 하는 경우에는 다음의 사항을 적은 휴업(폐업)신고서를 제출(국세정보통신망에 의한 제출을 포함)해야 합니다(부가가치세법 제8조제7항 및 부가가치세법 시행령 제13조제1항).

1) 사업자의 인적사항
2) 휴업 연월일과 그 사유
3) 그 밖의 참고 사항

1-2-3. 허가 또는 신고관청에의 휴업신고

법령에 따라 허가를 받거나 신고를 해야 하는 사업의 경우에는 허가 또는 신고가 필요한 사업의 주무관청에 휴업(폐업)신고서를 제출할 수 있으며, 휴업(폐업)신고서를 받은 주무관청은 지체 없이 관할 세무서장에게 그 서류를 송부(정보통신망을 이용한 송부를 포함)해야 하고, 허가 또는 신고가 필요한 사업의 주무관청에 제출해야 하는 해당 법령에 따른 신고서를 관할 세무서장에게 제출한 경우에는 관할 세무서장은 지체 없이 그 서류를 관할 주무관청에 송부해야 합니다(부가가치세법 시행령 제13조제5항).

1-2-4. 휴업신고의 효력

① 휴업하는 날은 사업장별로 그 사업을 실질적으로 휴업하는 날 (실질적으로 휴업하는 날이 분명하지 않은 경우에는 휴업신고서의 접수일)로 합니다(부가가치세법 시행령 제13조제6항).

② 휴업신고서에 적힌 휴업기간을 산정할 때에는 계절적인 사업의 경우 그 계절이 아닌 기간은 휴업기간으로 봅니다(부가가치세법 시행령 제13조제7항).

2. 폐업신고

2-1. 「식품위생법」 상 폐업신고

2-1-1. 폐업신고

영업의 허가를 받거나 신고를 한 자가 그 영업을 폐업하는 경우에는 식품의약품안전처장 또는 특별자치시장·특별자치도지사·시장·군수·구청장에게 신고해야 합니다(식품위생법 제37조제3항 및 제4항 후단).

2-1-2. 폐업신고서 제출

① 폐업신고를 하는 경우에는 영업의 폐업신고서(식품위생법 시행규칙 별지 제42호서식. 전자문서로 된 신고서를 포함) 에 영업허가증 및 영업신고증을 첨부하여 허가관청 및 신고 관청에 제출해야 합니다(식품위생법 시행규칙 제44조제1항).

② 폐업신고를 하는 자가 「부가가치세법」 제8조제7항에 따른 폐업신고를 같이 하려는 경우에는 위의 폐업신고서에 「부가 가치세법 시행규칙」 에 따른 폐업신고서(부가가치세법 시행 규칙 별지 제9호서식)를 함께 제출해야 합니다(「식품위생법 시행규칙 제44조제2항 전단).

2-1-3. 영업신고의 말소

식품의약품안전처장 또는 특별자치시장·특별자치도지사·시장·군수· 구청장은 영업신고를 한 영업자가 「부가가치세법」 제8조에 따라 관할세무서장에게 폐업신고를 하거나 관할세무서장이 사업자등록 을 말소한 경우에는 신고사항을 직권으로 말소할 수 있습니다(식품 위생법 제37조제7항).

2-1-4. 위반 시 제재

폐업신고를 하지 않은 경우에는 3년 이하의 징역 또는 3천만원 이하의 벌금에 처해집니다(식품위생법 제97조제1호).

2-2. 「부가가치세법」 상 폐업신고

2-2-1. 폐업신고

사업자등록을 한 사업자가 폐업을 하거나 사실상 사업을 시작 하지 않게 될 때에는 지체 없이 세무서장(관할 세무서장 또는 그 밖의 모든 세무서장을 말함)에게 폐업신고를 해야 합니다

(부가가치세법 제8조제7항).

2-2-2. 폐업신고서 제출

① 폐업신고를 하는 경우에는 다음의 사항을 적은 휴업(폐업) 신고서를 제출(국세정보통신망에 의한 제출을 포함)해야 합니다(부가가치세법 제8조제7항 및 부가가치세법 시행령 제13조제1항).

1) 사업자의 인적사항

2) 폐업 연월일과 그 사유

3) 그 밖의 참고 사항

② 폐업신고서에는 사업자등록증을 첨부해야 합니다(부가가치세법 시행령 제13조제2항).

③ 폐업을 하는 사업자가 부가가치세 확정신고서에 폐업 연월일과 그 사유를 적고 사업자등록증을 첨부하여 제출하는 경우에는 폐업신고서를 제출한 것으로 봅니다(부가가치세법 시행령 제13조제3항).

■ 폐업신고 및 부가가치세 확정신고·납부

> *Q* 치킨집을 운영하고 있지만, 장사가 너무 안 돼서 그만 정리하
> 려고 생각 중이에요. 영업신고를 한 것에 대해서 폐업신고만
> 하면 되나요?

> *A*
> 　음식점을 폐업하는 경우에는 허가 및 신고관청에 영업허가 또는
> 영업신고에 대한 폐업신고를 해야 하고(식품위생법 제37조제3항 및
> 제4항 후단), 이와 함께 사업자등록에 대한 폐업신고도 세무서에 해
> 야 해요(부가가치세법 제8조제7항).
>
> 　그리고 폐업을 하는 사업자는 과세기간 개시일부터 폐업일까지의
> 사업실적에 대해 폐업일이 속하는 달의 다음 달 25일 이내에 부가가
> 치세 확정신고·납부를 해야 합니다(부가가치세법 제49조제1항).

2-2-3. 허가 또는 신고관청에의 폐업신고

① 법령에 따라 허가를 받거나 신고를 해야 하는 사업의 경우
　에는 허가 또는 신고가 필요한 사업의 주무관청에 휴업(폐
　업)신고서를 제출할 수 있으며, 휴업(폐업)신고서를 받은
　주무관청은 지체 없이 관할 세무서장에게 그 서류를 송부
　(정보통신망을 이용한 송부를 포함)해야 합니다.

② 허가 또는 신고가 필요한 사업의 주무관청에 제출해야 하
　는 해당 법령에 따른 신고서를 관할 세무서장에게 제출한
　경우에는 관할 세무서장은 지체 없이 그 서류를 관할 주무
　관청에 송부해야 합니다(부가가치세법 시행령 제13조제5항).

2-2-4. 폐업신고의 효력

① 사업자가 폐업하는 경우의 과세기간은 폐업일이 속하는 과
세기간의 개시일부터 폐업일까지로 합니다(부가가치세법
제5조제3항 전단).

② 폐업일은 사업장별로 그 사업을 실질적으로 폐업하는 날
(폐업한 날이 분명하지 않은 경우에는 폐업신고서의 접수
일)로 합니다(부가가치세법 제5조제3항 후단 및 부가가치
세법 시행령 제7조제1항제3호).

③ 사업 개시일 전에 사업자등록을 한 자로서 사업자등록을
한 날부터 6개월이 되는 날까지 재화와 용역의 공급실적이
없는 자에 대해서는 그 6개월이 되는 날을 폐업일로 봅니
다(부가가치세법 시행령 제7조제3항 본문).

■ 음식점의 양도 및 상속

Q 아버지가 운영하던 음식점을 제가 물려받아서 운영하려고 합니다. 이런 경우, 폐업신고를 하고 다시 새롭게 영업신고를 해야 하나요?

A
음식점을 더 이상 운영하지 않게 된 경우에는 폐업신고를 하면 돼요. 하지만 기존에 운영 중인 음식점을 양도받거나 영업자가 사망하여 이를 상속받게 된 경우에는 「식품위생법」에 따라 1개월 이내에 영업자 지위 승계 신고를 하고 음식점을 운영하면 돼요(식품위생법 제39조제1항 및 제3항).

■ 폐업신고는 어떻게 해야 하나요?

Q 장사가 너무 안 돼서 운영하던 음식점을 그만 정리하려고 합니다. 폐업신고는 어떻게 해야 하나요?

A
음식점을 폐업하는 경우에는 허가 및 신고관청에 영업허가 또는 영업신고에 대한 폐업신고를 해야 하고, 이와 함께 세무서에도 폐업신고를 해야 해요.

◇ 「식품위생법」상 폐업신고
영업의 허가를 받거나 신고를 한 자가 그 영업을 폐업하는 경우에는 식품의약품안전처장 또는 특별자치시장·특별자치도지사·시장·군수·구청장에게 신고해야 합니다.

◇ 「부가가치세법」상 폐업신고
① 사업자등록을 한 사업자가 폐업을 하거나 사실상 사업을 시작하지 않게 될 때에는 지체 없이 세무서장(관할 세무서장 또는 그 밖의 모든 세무서장)에게 폐업신고를 해야 합니다.

② 폐업을 하는 사업자가 부가가치세 확정신고서에 폐업 연월일과 그 사유를 적고 사업자등록증을 첨부하여 제출하는 경우에는 폐업신고서를 제출한 것으로 봅니다.

◇ 부가가치세의 납부

폐업하는 사업자는 과세기간 개시일부터 폐업일까지의 사업실적에 대하여 폐업일이 속하는 달의 다음 달 25일 이내에 부가가치세 확정신고·납부를 해야 합니다.

부록 : 관련법령

- 소상공인기본법

- 소상공인 보호 및 지원에 관한 법률

- 소상공인 생계형 적합업종 지정에 관한 특별법

소상공인기본법

[시행 2021. 3. 9.]
[법률 제17623호, 2020. 12. 8., 일부개정]

제1장 총칙

제1조(목적)

이 법은 소상공인의 지속가능한 성장과 경영안정을 촉진하고 사회적·경제적 지위 향상 및 고용안정을 도모하기 위한 시책의 기본적 사항을 정함으로써 국민경제의 균형 있는 발전에 이바지함을 목적으로 한다.

제2조(정의)

① 이 법에서 "소상공인"이란 「중소기업기본법」 제2조제2항에 따른 소기업(小企業) 중 다음 각 호의 요건을 모두 갖춘 자를 말한다.

 1. 상시 근로자 수가 10명 미만일 것
 2. 업종별 상시 근로자 수 등이 대통령령으로 정하는 기준에 해당할 것

② 제1항을 적용할 때 소상공인이 그 규모의 확대 등으로 소상공인에 해당하지 아니하게 된 경우 그 사유가 발생한 연도의 다음 연도부터 3년간은 소상공인으로 본다. 다만, 소기업 외의 기업과 합병하거나 그 밖에 대통령령으로 정하는 사유로 소상공인에 해당하지 아니하게 된 경우에는 그러하지 아니하다.

제3조(정부와 지방자치단체의 책무)

① 정부는 소상공인의 보호와 자주적 육성을 위한 종합적인

소상공인시책을 수립·시행하여야 한다.

② 지방자치단체는 제1항에 따른 소상공인시책에 따라 관할 지역의 특성을 고려하여 그 지역의 소상공인시책을 수립·시행하여야 한다.

③ 정부와 지방자치단체는 소상공인 보호·육성에 필요한 재원을 지속적이고 안정적으로 확보하여야 한다.

④ 정부와 지방자치단체는 상호 간의 협력과 소상공인시책의 연계를 통하여 소상공인에 대한 지원의 효과를 높일 수 있도록 노력하여야 한다.

제4조(소상공인의 책무)

① 소상공인은 자주적인 노력을 통하여 경쟁력을 확보하고 투명하고 건전한 영업활동 및 사회적 책임을 다하여 국민경제의 발전에 이바지하도록 노력하여야 한다.

② 소상공인은 정부와 지방자치단체의 시책에 협조하고 상호 간의 협력을 강화하도록 노력하여야 한다.

제5조(다른 법률과의 관계)

① 소상공인의 보호·육성에 관한 다른 법률을 제정하거나 개정할 때에는 이 법의 목적에 맞도록 하여야 한다.

② 소상공인에 관하여 다른 법률에 특별한 규정이 있는 경우를 제외하고는 이 법에서 정하는 바에 따른다.

제6조(소상공인 주간)

소상공인에 대한 국민 인식의 제고, 소상공인의 사회적·경제적 지위 향상 및 지역주민과의 관계 증진 등을 위하여 대통령령으로 정하는 날을 소상공인의 날로 하고 소상공인의 날 이전 1주간을 소상공인 주간으로 한다.

제2장 소상공인 지원 기본계획 수립 및 운영 체계

제7조(소상공인 지원 기본계획 수립·시행)

① 정부는 소상공인의 보호·육성을 지원하기 위하여 3년마다 소상공인 지원 기본계획(이하 "기본계획"이라 한다)을 수립·시행하여야 한다.

② 기본계획을 수립하거나 변경하는 경우에는 국무회의의 심의를 거쳐야 한다. 다만, 대통령령으로 정하는 경미한 사항을 변경하는 경우에는 그러하지 아니하다.

③ 기본계획에는 다음 각 호의 사항이 포함되어야 한다. <개정 2020. 12. 8.>

1. 소상공인 지원정책의 기본방향
2. 소상공인 현황 및 여건, 전망에 관한 사항
3. 소상공인 보호를 위한 시책에 관한 사항
4. 소상공인 창업, 혁신 및 육성을 위한 시책에 관한 사항
5. 그 밖에 소상공인의 보호·육성을 지원하기 위하여 필요한 사항

④ 그 밖에 기본계획의 수립·시행에 필요한 사항은 대통령령으로 정한다.

제8조(소상공인 지원 시행계획 수립·시행 및 연차보고)

① 정부는 기본계획에 따라 매년 정부와 지방자치단체가 소상공인을 보호·육성하기 위하여 추진할 소상공인 지원 시행계획(이하 "시행계획"이라 한다)을 수립하여 관련 예산과 함께 3월까지 국회에 제출하여야 한다.

② 특별시장·광역시장·특별자치시장·도지사 및 특별자치도지사(이하 "시·도지사"라 한다)는 기본계획에 따라 매년

관할 지역의 특성을 고려한 지역별 소상공인 지원 시행계획 (이하 "지역별 시행계획"이라 한다)을 수립·시행하여야 한다.

③ 시·도지사는 대통령령으로 정하는 바에 따라 지역별 시행계획의 추진실적을 중소벤처기업부장관에게 제출하여야 한다.

④ 중소벤처기업부장관은 전년도 시행계획의 실적과 성과를 평가하고, 그 평가결과를 반영하여 소상공인 정책에 관한 연차보고서를 정기국회 개회 전까지 국회에 제출하여야 한다.

⑤ 제1항에 따라 시행계획을 수립하는 중앙행정기관의 장과 제4항에 따른 성과평가를 실시하는 중소벤처기업부장관은 필요한 경우 관계 중앙행정기관과 지방자치단체의 장에게 협조를 요청할 수 있다. 이 경우 요청을 받은 자는 특별한 사유가 없으면 그 요청에 적극 협조하여야 한다.

⑥ 그 밖에 시행계획의 수립·시행과 연차보고에 필요한 사항은 대통령령으로 정한다.

제9조(실태조사 및 통계작성)

① 중소벤처기업부장관은 소상공인 보호·육성에 필요한 시책을 효율적으로 수립·시행하기 위하여 매년 소상공인의 현황 및 경영실태 등에 관한 실태조사를 실시하고 그 결과를 공표하여야 한다.

② 중소벤처기업부장관은 제1항에 따른 실태조사 등을 참고하여 소상공인에 관한 통계를 작성·관리하고 공표하여야 하며, 필요한 경우 통계청장과 협의할 수 있다.

③ 중소벤처기업부장관은 제1항에 따른 실태조사 및 제2항에 따른 통계의 작성·관리를 위하여 필요한 때에는 관계

중앙행정기관의 장, 시·도지사, 「공공기관의 운영에 관한 법률」 제4조에 따른 공공기관의 장, 소상공인 또는 소상공인 관련 단체에 자료 또는 의견 제출을 요청할 수 있다. 이 경우 요청을 받은 자는 특별한 사유가 없으면 그 요청에 따라야 한다.

④ 중소벤처기업부장관은 제1항에 따른 실태조사 및 제2항에 따른 통계의 작성·관리 업무를 제32조에 따른 전문연구평가기관 또는 「소상공인 보호 및 지원에 관한 법률」 제17조에 따른 소상공인시장진흥공단에 위탁할 수 있다.

⑤ 그 밖에 제1항에 따른 실태조사와 제2항에 따른 통계 작성·관리의 방법 및 절차 등에 관하여 필요한 사항은 대통령령으로 정한다.

제10조(소상공인정책심의회)

① 소상공인의 보호·육성과 관련된 주요 정책 및 계획과 그 이행에 관한 사항을 심의·조정하기 위하여 중소벤처기업부에 소상공인정책심의회(이하 "심의회"라 한다)를 둔다.

② 심의회는 다음 각 호의 사항을 심의·조정한다.

1. 소상공인의 보호·육성을 위한 주요 정책 및 계획의 수립 등 지원정책 전반에 관한 사항
2. 기본계획의 수립·시행에 관한 사항
3. 해당 연도 시행계획의 수립 및 전년도 시행계획의 실적 및 성과의 평가에 관한 사항
4. 둘 이상의 중앙행정기관이 관련된 주요 소상공인 보호·육성 정책의 조정에 관한 사항

5. 소상공인과 관련된 제도 및 법령에 관한 사항

6. 그 밖에 위원장이 소상공인 보호·육성 정책에 관하여 심의에 부치는 사항

③ 심의회는 위원장 1명을 포함하여 25명 이내의 위원으로 구성한다.

④ 위원장은 중소벤처기업부장관이 되며, 위원은 다음 각 호의 사람이 된다.

1. 대통령령으로 정하는 관계 중앙행정기관의 차관 또는 차관급 공무원

2. 소상공인, 경제·산업 등의 분야에 관한 경험과 전문지식이 풍부한 사람 중에서 중소벤처기업부장관이 위촉하는 사람

⑤ 제2항 각 호에 따라 심의회에 상정되는 안건의 협의를 효율적으로 지원하기 위하여 실무조정회의를 둘 수 있다.

⑥ 실무조정회의는 소관 사항을 전문적으로 검토하기 위하여 분과별 전문위원회를 둘 수 있다.

⑦ 제1항부터 제6항까지에서 규정한 사항 외에 심의회, 제5항에 따른 실무조정회의 및 제6항에 따른 분과별 전문위원회의 구성·운영과 그 밖에 필요한 사항은 대통령령으로 정한다.

제3장 소상공인 지원 및 육성 시책

제11조(창업촉진 및 성장)
정부는 유망 분야에 소상공인의 창업을 촉진하고 창업한 소상공인이 성장·발전할 수 있도록 필요한 시책을 실시하여야 한다.

제12조(인력 확보의 지원)

정부는 소상공인이 필요한 인력을 원활히 확보할 수 있도록 인력 양성과 공급, 근로환경 개선, 소상공인에 대한 인식 개선 등 필요한 시책을 실시하여야 한다.

제13조(직무능력 향상 지원)

정부는 소상공인 및 소상공인에게 근로를 제공하는 사람의 직무능력이 향상될 수 있도록 필요한 시책을 실시하여야 한다.

제14조(판로의 확보)

정부는 소상공인의 매출증대를 위하여 거래방식의 현대화와 유통기업과의 협동화 등 판로의 확보에 필요한 시책을 실시하여야 한다.

제15조(디지털화 지원)

정부는 소상공인의 원활한 거래 및 영업활동을 촉진하기 위하여 온라인 쇼핑몰, 전자결제 시스템, 스마트·모바일 기기의 활용 등 디지털화 활성화에 필요한 시책을 실시하여야 한다.

제16조(혁신의 촉진)

정부는 소상공인의 소득을 높이기 위하여 창의성에 기초한 상품의 개발 및 판매, 지속적인 사업장 운영 등 혁신활동의 촉진에 필요한 시책을 실시하여야 한다.

제17조(사업장 환경의 개선)

정부와 지방자치단체는 소상공인과 근로자의 건강을 보호하고 고객의 편의를 높이기 위하여 소상공인 사업장의 환경 개선에 필요한 시책을 실시하여야 한다.

제18조(국제화 촉진)

정부는 소상공인의 국제화를 촉진하기 위하여 해당 사업의 육성, 수출 경쟁력의 제고 및 해외시장 진출 활성화 등 필요한 시책을 실시할 수 있다.

제19조(조직화 및 협업화 지원)

① 정부는 소상공인이 서로 도와 그 사업의 성장·발전 및 비용의 절감을 기할 수 있도록 협업 조직의 구성과 그 운영의 합리화에 필요한 시책을 실시하여야 한다.

② 정부는 소상공인 사이의 협업사업에 필요한 시책을 실시하여야 한다.

제20조(업종별 지원)

정부는 산업의 구조, 생산 및 서비스 제공의 방식 등 업종별 특수성을 종합적으로 고려하여 해당 업종에 적합한 소상공인 시책을 실시할 수 있다.

제21조(상권 등 집적지역의 지원)

정부와 지방자치단체는 지역의 경쟁력을 강화하고 지원의 효율성을 제고하기 위하여 지역상권 등 소상공인 사업장이 집적된 지역에 대해 시설, 장비, 시스템, 서비스 등 공동사업에 필요한 시책을 실시할 수 있다.

제22조(구조고도화의 지원)

정부는 소상공인의 구조개선 및 경영합리화 등 구조고도화가 이루어질 수 있도록 필요한 시책을 실시하여야 한다.

제4장 소상공인 보호 시책

제23조(경영안정의 지원)

정부는 시장상황의 급격한 경색으로 인하여 상당수의 소상공인이 경영상의 어려움을 겪고 있거나 겪을 우려가 있는 경우 소상공인의 경영정상화에 필요한 자금지원 등의 시책을 실시하여야 한다.

제24조(사회안전망 확충 및 삶의 질 증진)

① 정부는 소상공인의 사회안전망 확충에 필요한 시책을 실시하여야 한다.

② 정부와 지방자치단체는 소상공인의 생산성 제고 및 삶의 질 증진을 위하여 소상공인의 복지 수준 향상에 필요한 시책을 실시하여야 한다.

제25조(폐업 및 재기에 대한 지원)
정부는 폐업하였거나 폐업하려는 소상공인의 사업정리, 취업, 재창업 등을 지원하기 위하여 필요한 시책을 실시하여야 한다.

제26조(공제제도의 확립)
① 정부는 소상공인이 폐업이나 사업전환, 노령화 등에 따른 생계위협으로부터 생활안정과 사업재기의 기반을 갖출 수 있도록 하기 위한 공제(共濟)제도의 확립에 필요한 시책을 실시할 수 있다.

② 제1항에 따른 소상공인 공제제도에 관하여는 「보험업법」을 적용하지 아니한다.

제27조(공정경쟁 및 상생협력의 촉진)
정부와 지방자치단체는 소상공인과 소상공인이 아닌 기업 등 다른 기업과의 공정경쟁 및 상생협력이 이루어질 수 있도록 필요한 시책을 실시하여야 한다.

제28조(사업 영역의 보호)
① 정부와 지방자치단체는 시장의 균형 있는 발전과 소상공인 보호를 위하여 소상공인 규모로 경영하는 것이 적정한 분야·장소·시간 등을 고려하여 소상공인이 그에 적합한 사업 영역을 확보할 수 있도록 필요한 시책을 실시하여야 한다. <개정 2020. 12. 8.>

② 지방자치단체는 소상공인으로 창업하려는 자가 요청하는

경우 제9조에 따른 실태조사 결과 등 대통령령으로 정하는 정보를 제공하여야 한다. <신설 2020. 12. 8.>

제29조(재난 피해에 대한 지원)
정부와 지방자치단체는 「재난 및 안전관리 기본법」 제3조 제1호에 따른 재난의 발생으로 영업에 심대한 피해를 입었거나 피해를 입을 우려가 있는 소상공인에 대하여 예방·대비·대응·복구 및 지원 등 필요한 시책을 실시할 수 있다.

제30조(소상공인에 대한 고용보험료 등의 지원)
정부는 소상공인에 대하여 「고용보험 및 산업재해보상보험의 보험료징수 등에 관한 법률」에 따른 고용보험료 및 「국민연금법」에 따른 연금보험료의 일부를 지원할 수 있다.

제31조(조세의 감면)
정부나 지방자치단체는 소상공인의 경영안정과 성장을 지원하기 위하여 필요한 경우에는 소상공인에 대하여 「조세특례제한법」, 「지방세특례제한법」, 그 밖의 관계 법률에서 정하는 바에 따라 소득세, 법인세, 취득세, 재산세 및 등록면허세 등을 감면할 수 있다.

제5장 소상공인시책의 기반조성

제32조(전문연구평가기관의 설치)
① 정부는 소상공인시책의 수립 등에 필요한 소상공인 현황 파악 등 조사, 연구 및 평가를 수행하는 전문연구평가기관을 설치할 수 있다.
② 정부는 제1항에 따른 전문연구평가기관이 조사, 연구 및 평가를 수행하는 데에 필요한 경비를 예산의 범위에서 출연하거나 보조할 수 있다.

제33조(중소기업 옴부즈만에 관한 특례)

「중소기업기본법」 제22조에 따른 중소기업 옴부즈만은 소상공인시책에 영향을 주는 기존 규제의 정비 및 소상공인의 애로사항 해결에 관한 업무를 수행할 수 있다.

제34조(소상공인 단체의 결성)

① 소상공인은 공동이익의 증진 및 사회적·경제적 지위의 향상을 위하여 단체를 설립할 수 있다.

② 제1항에 따른 단체는 소상공인에게 영향을 주는 불합리한 제도의 개선, 공정거래에 관한 사항 등에 관하여 관계 중앙행정기관의 장 및 지방자치단체의 장 또는 「중소기업기본법」 제22조에 따른 중소기업 옴부즈만에게 의견을 제시할 수 있다.

제35조(지원기관의 설치)

① 정부와 지방자치단체는 소상공인의 종합적인 경쟁력 확보를 위하여 소상공인 지원기관을 설치할 수 있다.

② 정부와 지방자치단체는 소상공인 지원기관을 운영하는 데에 필요한 경비의 전부 또는 일부를 출연하거나 보조할 수 있다.

제6장 보칙

제36조(소상공인 확인자료 제출)

① 소상공인시책에 참여하려는 자는 소상공인에 해당하는지를 확인할 수 있는 자료를 시책을 실시하는 중앙행정기관 및 지방자치단체(이하 "소상공인시책실시기관"이라 한다)에 제출하여야 한다.

② 중소벤처기업부장관은 소상공인에 해당하는지를 확인하기 위하여 필요하다고 인정하는 경우에는 국세청 등 관계

중앙행정기관 및 지방자치단체, 공공단체 등에 대하여 그
확인에 필요한 자료의 제출을 요청할 수 있다.

③ 중소벤처기업부장관은 제2항에 따라 국세청장에게 과세
정보의 제출을 요청할 경우에는 다음 각 호의 사항을
명시하여 문서로 하여야 한다.

1) 상시 근로자 수
2) 매출액
3) 자산총액

④ 제2항 및 제3항에 따라 자료의 제출을 요청받은 자는
특별한 사유가 없으면 그 요청에 따라야 한다.

제37조(과태료)
① 소상공인이 아닌 자로서 제36조에 따른 자료를 거짓으로
제출하여 소상공인시책에 참여한 자에게는 500만원 이하
의 과태료를 부과한다.

② 제1항에 따른 과태료는 대통령령으로 정하는 바에 따라
소상공인시책실시기관의 장이 부과·징수한다.

부칙 <제17153호, 2020. 3. 31.> (조달사업에 관한 법률)
제1조(시행일)
이 법은 공포 후 6개월이 경과한 날부터 시행한다.
다만, 부칙 제4조제3항은 2021년 2월 5일부터 시행한다.
제2조 및 제3조 생략
제4조(다른 법률의 개정)
① 및 ② 생략
③ 법률 제16954호

소상공인기본법 일부를 다음과 같이 개정한다.
부칙 제7조제10항 중 "조달사업에 관한 법률"을
"법률 제17153호 조달사업에 관한 법률 전부개정법률"로,
"제5조제2항"을 "제14조제2항"으로 한다.
제5조 생략

부칙 <제17623호, 2020. 12. 8.>
이 법은 공포 후 3개월이 경과한 날부터 시행한다.

소상공인 보호 및 지원에 관한 법률
[시행 2021. 10. 8.]
[법률 제18292호, 2021. 7. 7., 일부개정]

제1장 총칙

제1조(목적)
이 법은 소상공인의 자유로운 기업 활동을 촉진하고 경영안정과 성장을 도모하여 소상공인의 사회적·경제적 지위 향상과 국민경제의 균형 있는 발전에 이바지함을 목적으로 한다.

제2조(정의)
이 법에서 "소상공인"이란 「소상공인기본법」 제2조에 따른 소상공인을 말한다. [전문개정 2020. 2. 4.]

제3조 삭제 <2020. 2. 4.>

제4조 삭제 <2020. 2. 4.>

제5조(다른 법률과의 관계)
소상공인의 보호 및 지원에 관하여 다른 법률에 특별한 규정이 있는 경우를 제외하고는 이 법에서 정하는 바에 따른다.

제2장 소상공인 지원 기본계획 등의 수립

제6조 삭제 <2020. 2. 4.>

제7조 삭제 <2020. 2. 4.>

제3장 소상공인 창업 및 경영안정 등의 지원

제8조(소상공인 창업 지원)

중소벤처기업부장관은 소상공인 창업을 지원하기 위하여 다음 각 호의 사항에 관한 사업을 할 수 있다. <개정 2017. 7. 26.>

1. 우수한 아이디어 등을 보유한 소상공인 창업 희망자의 발굴
2. 소상공인 창업을 위한 절차 등에 대한 상담·자문 및 교육
3. 자금조달, 인력, 판로 및 사업장 입지(立地) 등 창업에 필요한 정보의 제공
4. 그 밖에 소상공인 창업을 지원하기 위하여 필요한 사항

제9조(소상공인의 경영안정 등 지원)

중소벤처기업부장관은 소상공인의 경영안정과 성장을 지원하기 위하여 다음 각 호의 사항에 관한 사업을 할 수 있다. <개정 2016. 12. 2., 2017. 7. 26., 2018. 12. 11., 2021. 4. 20.>

1. 소상공인에 대한 경영상담·자문 및 교육
2. 소상공인에 대한 자금·인력·판매·수출 등의 지원
3. 소상공인에 대한 전자상거래, 스마트 기기를 이용한 결제 시스템의 도입 등 상거래 현대화 지원
4. 소상공인 온라인 공동 판매 플랫폼 구축 지원
5. 소상공인 전용 모바일 상품권의 발행 및 유통 활성화 지원 사업
6. 그 밖에 소상공인의 경영안정과 성장을 지원하기 위하여 필요한 사항

제10조(소상공인의 구조고도화 지원)

정부는 소상공인의 구조개선 및 경영합리화 등의 구조고도화(이하 "구조고도화"라 한다)를 지원하기 위하여 다음 각 호의 사항에 관한 사업을 할 수 있다. <개정 2021. 4. 20.>

1. 새로운 사업의 발굴
2. 사업전환의 지원
3. 사업장 이전을 위한 입지 정보의 제공
4. 소상공인 온라인 공동 판매 플랫폼 이용 활성화를 위한

관련 정보의 제공

5. 소상공인 해외 창업의 지원

6. 그 밖에 소상공인의 구조고도화를 지원하기 위하여 필요한 사항

제11조(소상공인의 조직화 및 협업화 지원 등)

① 중소벤처기업부장관은 소상공인의 조직화 및 협업화를 위하여 다음 각 호의 사항에 관한 지원사업을 할 수 있다. <개정 2017. 7. 26.>

1. 「협동조합 기본법」 제2조제1호에 따른 협동조합의 설립

2. 제품 생산 및 서비스 제공 등에 필요한 시설 및 장비의 공동 이용

3. 상표 및 디자인의 공동 개발

4. 제품 홍보 및 판매장 설치 등 공동 판로 확보

5. 그 밖에 소상공인의 조직화 및 협업화를 지원하기 위하여 필요한 사항

② 중소벤처기업부장관은 대통령령으로 정하는 수 이상의 소상공인이 공동으로 소상공인공동물류센터를 건립하여 운영하는 경우 이에 필요한 행정적·재정적 지원을 할 수 있다. <개정 2017. 7. 26.>

③ 제2항에 따른 소상공인공동물류센터의 사업내용, 운영방법, 시설기준 등에 관한 사항은 대통령령으로 정한다.

제12조(폐업 소상공인에 대한 지원 등)

① 중소벤처기업부장관은 폐업하였거나 폐업하려는 소상공인(이하 "폐업 소상공인"이라 한다)을 지원하기 위하여 다음 각 호의 사항에 관한 사업을 할 수 있다. <개정 2018. 12. 31.>

1. 재창업 지원

2. 취업훈련의 실시 및 취업 알선

3. 그 밖에 폐업 소상공인을 지원하기 위하여 필요한 사항

② 중소벤처기업부장관은 제1항의 사업을 실시하기 위하여 소상
공인폐업지원센터를 설치·운영할 수 있다. <신설 2018. 12. 31.>

③ 중소벤처기업부장관은 소상공인폐업지원센터를 운영하는 데
필요한 경비의 전부 또는 일부를 출연하거나 보조할 수 있으
며, 필요에 따라 지방중소벤처기업청이나 소상공인지원센터의
시설이나 장비 등을 활용할 수 있다. <신설 2018. 12. 31.>

④ 그 밖에 소상공인폐업지원센터의 설치·운영에 필요한 사항
은 대통령령으로 정한다. <신설 2018. 12. 31.> [제목개정
2018. 12. 31.]

**제12조의2(「감염병의 예방 및 관리에 관한 법률」에 따른 조
치로 인하여 발생한 손실보상)**

① 중소벤처기업부장관은 「감염병의 예방 및 관리에 관한
법률」 제49조제1항제2호에 따른 조치로서 영업장소 사용 및
운영시간 제한 등 대통령령으로 정하는 조치로 인하여 소상
공인에게 경영상 심각한 손실이 발생한 경우 해당 소상공인
에게 그 부담을 완화하기 위한 손실보상을 하여야 한다.

② 제1항에도 불구하고 중소벤처기업부장관은 제12조의4제1항
에 따른 손실보상 심의위원회(이하 "심의위원회"라 한다)의
심의를 거쳐 소상공인 외의 자로서 「중소기업기본법」에 따른
중소기업에 해당하는 자에게도 손실보상을 할 수 있다.

③ 제1항 및 제2항에 따라 손실보상을 받으려는 자(이하 "신청인"
이라 한다)는 대통령령으로 정하는 바에 따라 중소벤처기업부
장관에게 손실보상금의 지급을 신청하여야 한다.

④ 제3항에 따른 신청을 받은 중소벤처기업부장관은 심의
위원회의 심의를 거쳐 손실보상금의 지급 여부 및 금액을

결정한 후 신청인에게 손실보상금을 지급하여야 한다. 이 경우 신청인이 「감염병의 예방 및 관리에 관한 법률」 제49조 제1항제2호에 따른 조치를 위반한 경우에는 손실보상금을 감액하거나 지급하지 아니할 수 있다.

⑤ 중소벤처기업부장관은 제4항에 따라 손실보상금을 지급받은 자가 「감염병의 예방 및 관리에 관한 법률」 제49조제1항 제2호에 따른 조치를 위반하는 등 대통령령으로 정하는 경우 에는 그 손실보상금의 전부 또는 일부를 환수할 수 있다.

⑥ 그 밖에 손실보상 및 환수의 대상과 절차 등에 관하여 필요 한 사항은 대통령령으로 정하며, 손실보상의 기준, 금액 및 시기 등에 관한 구체적인 사항은 심의위원회의 심의를 거쳐 중소벤처기업부장관이 고시한다. [본조신설 2021. 7. 7.]

제12조의3(이의신청)

① 제12조의2제4항 및 제5항에 따라 중소벤처기업부장관이 결정 및 처분한 사항에 대하여 이의가 있는 신청인은 그 결정 및 처분의 통지를 받은 날부터 30일 이내에 중소벤처 기업부장관에게 이의를 신청할 수 있다.

② 중소벤처기업부장관은 제1항에 따른 이의신청을 받은 경우 대통령령으로 정하는 기간 이내에 심의위원회의 심의를 거쳐 손실보상금의 지급, 증감 또는 환수 여부를 결정하고 그 결과 를 이의를 신청한 자에게 통지하여야 한다.

[본조신설 2021. 7. 7.]

[종전 제12조의3은 제12조의7로 이동 <2021. 7. 7.>]

제12조의4(손실보상 심의위원회)

① 제12조의2에 따른 손실보상에 관한 사항을 심의하기 위하여 중소벤처기업부에 손실보상 심의위원회를 둔다.

② 심의위원회는 위원장 1명을 포함한 15명 이내의 위원으로 구성하며, 위원장은 중소벤처기업부차관이 된다.

③ 심의위원회의 위원은 다음 각 호의 사람 중에서 대통령령으로 정하는 바에 따라 중소벤처기업부장관이 임명하거나 위촉한다.

1. 손실보상 또는 방역 관련 분야에 대한 학식과 경험이 풍부한 사람

2. 소상공인을 대표할 수 있는 사람

3. 관계 행정기관의 공무원

④ 심의위원회는 다음 각 호의 사항을 심의한다.

1. 제12조의2제1항부터 제3항까지 및 같은 조 제4항 전단에 따른 손실보상의 대상, 손실보상금의 지급 여부 및 금액에 관한 사항

2. 제12조의2제4항 후단에 따른 손실보상금의 감액·미지급 및 같은 조 제5항에 따른 손실보상금의 환수에 관한 사항

3. 제12조의2제6항에 따른 손실보상의 기준, 금액 및 시기 등에 관한 사항

4. 제12조의3제2항에 따른 손실보상금의 지급, 증감 또는 환수 여부의 결정에 관한 사항

5. 그 밖에 손실보상의 업무 수행과 관련하여 위원장이나 중소벤처기업부장관이 필요하다고 인정하는 사항

⑤ 심의위원회는 제4항에 따른 사항을 심의하는 경우 「감염병의 예방 및 관리에 관한 법률」 제49조제1항제2호에 따른 조치의 수준, 기간 및 신청인의 사업상 소득, 사업 규모 등을 종합적으로 고려하여야 한다.

⑥ 심의위원회의 업무를 효율적으로 처리하기 위하여 심의

위원회에 실무위원회를 둘 수 있다.

⑦ 심의위원회의 구성과 운영 등에 관하여 필요한 사항은 대통령령으로 정한다.

[본조신설 2021. 7. 7.]

제12조의5(정보 제공 요청 등)

① 중소벤처기업부장관은 손실보상의 업무를 위하여 필요한 경우 관계 중앙행정기관(그 소속 기관 및 책임운영기관을 포함한다)의 장, 지방자치단체(그 소속 기관을 포함한다)의 장, 「공공기관의 운영에 관한 법률」 제4조에 따른 공공기관(이하 "공공기관"이라 한다)의 장, 법인·단체의 장, 개인에 대하여 손실보상의 대상에 관한 다음 각 호의 정보 제공을 요청할 수 있으며, 요청을 받은 자는 정당한 사유가 없으면 이에 따라야 한다.

1. 대표자의 성명, 「주민등록법」 제7조의2제1항에 따른 주민등록번호, 주소 및 전화번호(휴대전화번호를 포함한다) 등 인적사항

2. 사업자등록번호, 매출액, 개업일, 폐업일, 업종 등 필요한 과세정보로서 대통령령으로 정하는 정보

3. 그 밖에 손실보상의 업무를 위하여 필요한 정보로서 대통령령으로 정하는 정보

② 중소벤처기업부장관은 손실보상의 업무를 위하여 필요한 경우 제1항 각 호의 정보가 포함된 자료를 처리할 수 있다.

③ 중소벤처기업부장관은 제1항 및 제2항에 따라 수집한 정보를 심의위원회, 관계 중앙행정기관의 장, 지방자치단체의 장, 공공기관의 장 및 그 밖에 대통령령으로 정하는 자에게 제공할 수 있다. 이 경우 제공하는 정보의 범위는

322. 부록 : 관련법령

손실보상의 처리를 위하여 해당 기관의 업무에 관련된 정보
로 한정한다.

④ 제3항에 따라 정보를 제공받은 자는 이 법에 따른 손실
보상 관련 업무 이외의 목적으로 정보를 사용할 수 없으며,
업무 종료 시 지체 없이 해당 정보를 파기하고 중소벤처
기업부장관에게 통보하여야 한다.

⑤ 제3항에 따라 제공된 정보의 처리 및 보호에 관한 사항은 이
법에서 정한 것을 제외하고는 「개인정보 보호법」에 따른다.
[본조신설 2021. 7. 7.]

제12조의6(전담조직의 설치)

① 중소벤처기업부장관은 손실보상의 업무를 위하여 필요한
경우 전담조직을 설치할 수 있다.

② 제1항에 따른 전담조직은 다음 각 호의 업무를 수행한다.
 1. 손실보상을 위한 자료 수집·처리
 2. 손실보상의 체계 구축 및 운영
 3. 그 밖에 심의위원회의 운영 및 손실보상을 위하여 필요한 업무

③ 그 밖에 전담조직의 구성·운영 등에 필요한 사항은 대통령
령으로 정한다.
[본조신설 2021. 7. 7.]

제12조의7(소상공인에 대한 고용보험료의 지원)

① 정부는 「고용보험 및 산업재해보상보험의 보험료징수 등
에 관한 법률」 제49조의2제1항에 따라 고용보험에 가입한
소상공인에 대하여 같은 조 제6항에 따라 부담하는 고용
보험료의 일부를 예산의 범위에서 지원할 수 있다.

② 제1항에 따른 고용보험료의 지원 대상은 대통령령으로
정하며, 지원 수준·방법 및 절차 등에 필요한 사항은

중소벤처기업부장관 고시로 정한다. <개정 2017. 7. 26.>

[본조신설 2016. 1. 27.]

[제12조의3에서 이동 <2021. 7. 7.>]

제13조(상권정보시스템의 구축 및 운영)

① 중소벤처기업부장관은 소상공인의 입지 및 업종 선정을 지원하기 위하여 상권(商圈) 관련 정보를 종합적으로 제공하는 정보시스템(이하 "상권정보시스템"이라 한다)을 구축·운영할 수 있다. <개정 2017. 7. 26.>

② 중소벤처기업부장관은 상권정보시스템의 구축·운영을 위하여 필요한 경우 다음 각 호의 자료 또는 정보의 제공을 해당 호의 구분에 따른 자에게 요청할 수 있다. 이 경우 요청을 받은 자는 특별한 사유가 없으면 그 요청에 따라야 한다. <개정 2017. 7. 26., 2018. 12. 11., 2018. 12. 31., 2020. 12. 8., 2020. 12. 22.>

1. 「국세기본법」 제81조의13에 따른 과세정보로서 「부가가치세법」 제8조제1항·제8항, 제48조, 제49조 및 제67조에 따라 사업자가 관할 세무서장에게 신청 또는 신고하거나 같은 법 제8조제6항에 따라 부여받은 다음 각 목의 정보: 국세청장

  가. 상호, 등록번호 및 매출액

  나. 사업장의 소재지 및 업종

  다. 개업일·휴업일 및 폐업일

2. 그 밖에 지역별 인가·허가 사업장에 관한 정보, 사업장의 종사자 수, 지역별 인구정보 등 중소벤처기업부장관이 상권정보시스템의 구축·운영에 필요하다고 인정하는 상권 관련 자료 또는 정보로서 대통령령으로 정하는 자료 또는 정보: 해당 자료 또는 정보의 관계 중앙행정기관의 장, 공공

기관의 장, 관계 기관·법인·단체의 장, 그 밖에 관계 민간 기업체의 장

③ 상권정보시스템의 구축·운영 업무를 담당하였거나 담당 하는 공무원(공무원이었던 사람을 포함한다)은 제2항에 따라 제공받은 자료 또는 정보를 제공받은 목적 외의 다른 용도로 사용하거나 다른 사람 또는 기관에 제공하거나 누설 하여서는 아니 된다.

④ 중소벤처기업부장관은 상권정보시스템의 구축·운영에 필요한 조사를 실시할 수 있다. <개정 2017. 7. 26.>

제14조(조세의 감면)

국가나 지방자치단체는 소상공인의 경영안정과 성장을 지원 하기 위하여 필요한 경우에는 소상공인에 대하여 「조세특례 제한법」, 「지방세특례제한법」, 그 밖의 관계 법률에서 정하는 바에 따라 소득세, 법인세, 취득세, 재산세 및 등록면허세 등 을 감면할 수 있다.

제15조(불공정거래 피해상담센터의 설치·운영)

① 중소벤처기업부장관과 지방자치단체의 장은 불공정거래로 인하여 피해를 입은 소상공인의 보호 및 지원을 위하여 소상공인 불공정거래 피해상담센터(이하 이 조에서 "상담 센터"라 한다)를 설치·운영할 수 있다.

② 상담센터의 업무는 다음 각 호와 같다.
 1. 소상공인 불공정거래 피해상담
 2. 소상공인 불공정거래에 관한 실태조사
 3. 소상공인 불공정거래 피해예방 교육
 4. 소상공인 불공정거래 피해 관련 법령·제도 개선 건의
 5. 소상공인 불공정거래 피해상담에 대한 사후관리

6. 그 밖에 불공정거래로 인하여 피해를 입은 소상공인의
보호 및 지원을 위하여 필요한 사항

③ 중소벤처기업부장관과 지방자치단체의 장은 상담센터의
업무 수행 및 운영에 필요한 경비를 예산의 범위에서
지원할 수 있다.
[전문개정 2020. 2. 11.]

제16조 삭제 <2020. 2. 4.>

제4장 소상공인시장진흥공단

제17조(소상공인시장진흥공단의 설립 등)
① 소상공인의 경영안정과 성장 및 「전통시장 및 상점가
육성을 위한 특별법」 제2조에 따른 전통시장, 상점가 및
상권활성화구역(이하 "전통시장등"이라 한다)의 활성화를
위한 사업을 효율적으로 수행하기 위하여 소상공인시장
진흥공단(이하 "공단"이라 한다)을 설립한다.

② 공단은 법인으로 한다.

③ 공단은 주된 사무소의 소재지에서 설립등기를 함으로써 성립한다.

④ 공단은 지역별 소상공인지원센터를 설치·운영하며, 정관으로
정하는 바에 따라 지부, 연수원 또는 부설기관을 설치할 수 있다.

⑤ 공단은 다음 각 호의 사업을 한다. <개정 2017. 7. 26.,
2019. 8. 20., 2021. 1. 26.>
1. 소상공인의 경영안정과 성장 및 전통시장등의 활성화를
위한 다음 각 목의 사업
가. 소상공인 및 전통시장등에 대한 지원 정책에 관한 연구·
조사·평가 및 홍보
나. 소상공인 및 전통시장등에 대한 지원사업 효과에 관한 평가

2. 소상공인의 경영안정과 성장 및 전통시장등의 활성화를 위한 전문인력 양성 및 파견

3. 전통시장등의 경영 현대화를 위한 정보 제공 및 상담·교육

4. 소상공인 지원을 위한 데이터베이스 구축·운영

5. 소상공인 창업 및 경영 정보 제공을 위한 방송 운영

6. 소상공인의 업종별 창업지침 개발·보급 및 점포 개선

7. 소상공인의 기술 개발 및 업종 간의 교류 지원

8. 소상공인의 공동구매 및 유통물류센터 구축 등 소상공인의 조직화 및 협업화 지원

8의2. 소상공인의 해외시장 진출 및 해외 유통망 구축 지원

9. 소상공인에 적합한 새로운 사업의 발굴 및 보급

10. 전통시장등의 활성화를 지원하는 법인이나 단체에 대한 지원

11. 전통시장등의 상인 자조(自助) 조직 육성

12. 「전통시장 및 상점가 육성을 위한 특별법」 제2조제3호의2에 따른 문화관광형시장의 육성

13. 중소벤처기업부장관 또는 지방자치단체의 장이 소상공인의 경영안정과 성장 및 전통시장등의 활성화를 위하여 위탁하는 사업

14. 그 밖에 중소벤처기업부장관이 소상공인의 경영안정과 성장 및 전통시장등의 활성화를 위하여 필요하다고 인정하는 사업

⑥ 공단은 제5항제8호의2에 해당하는 지원 사업을 원활하게 수행하기 위하여 「대한무역투자진흥공사법」에 따른 대한무역투자진흥공사 등 관련 기관·단체에 협조를 요청할 수 있다. 이 경우 요청을 받은 기관·단체는 특별한 사유가 없으면 협조하여야 한다. <신설 2019. 8. 20.>

⑦ 정부는 공단의 사업 수행에 필요한 경비를 출연하거나

보조할 수 있다. <개정 2019. 8. 20.>

⑧ 공단에 관하여 이 법에서 규정한 것 외에는 「민법」 중 재단법인에 관한 규정을 준용한다. <개정 2019. 8. 20.>

⑨ 이 법에 따라 설립된 공단이 아닌 자는 소상공인시장진흥공단 또는 이와 유사한 명칭을 사용하여서는 아니 된다. <개정 2019. 8. 20.>

제17조의2(자료제공의 요청)

① 공단은 국가, 지방자치단체, 「국민연금법」 에 따른 국민연금공단, 「국민건강보험법」 에 따른 국민건강보험공단 및 「산업재해보상보험법」 에 따른 근로복지공단, 그 밖에 대통령령으로 정하는 공공단체에 제21조제1항제1호에 따른 업무 수행에 필요한 자료의 제공을 요청할 수 있다.

② 공단은 납세자의 인적 사항 및 사용 목적을 적은 문서로 관할 세무관서의 장 또는 지방자치단체의 장에게 과세정보(종합소득세 및 지방세 과세자료, 이와 관련된 사업자 등록 자료의 구체적 항목에 한정한다)의 제공을 요청할 수 있다. 이 경우 과세정보의 제공 요청은 제21조제1항제1호에 따른 업무와 그에 따른 대출자산의 회수활동을 위하여 필요한 최소한의 범위에서 하여야 하며 다른 목적을 위하여 남용해서는 아니 된다.

③ 제1항 및 제2항에 따른 요청을 받은 자는 특별한 사유가 없으면 요청에 따라야 한다.

[본조신설 2019. 8. 20.]

제17조의3(대리인의 선임)

공단 이사장은 임직원 중에서 공단의 업무에 관하여 재판상 또는 재판 외의 모든 행위를 할 권한이 있는 대리인을 선임할 수 있다.
[본조신설 2019. 8. 20.]

제18조(공단의 업무에 대한 지도·감독)

① 중소벤처기업부장관은 공단의 업무를 지도·감독하며, 필요한 경우에는 사업에 관한 지시나 명령을 할 수 있다. <개정 2017. 7. 26.>

② 공단에 대한 중소벤처기업부장관의 지도·감독 등에 필요한 사항은 대통령령으로 정한다. <개정 2017. 7. 26.>

제5장 소상공인시장진흥기금

제19조(소상공인시장진흥기금의 설치)

전통시장등의 상인 등 소상공인의 경영안정과 성장 및 구조고도화 등을 지원하는 데 필요한 재원을 확보하기 위하여 소상공인시장진흥기금(이하 "기금"이라 한다)을 설치한다.

제20조(재원의 조성)

① 기금은 다음 각 호의 재원으로 조성한다.
 1. 정부의 출연금(직전 회계연도 관세 징수액의 100분의 3을 기준으로 한다)
 2. 정부나 지방자치단체 외의 자가 출연하는 현금·물품 또는 그 밖의 재산
 3. 다른 기금으로부터의 전입금 및 차입금
 4. 「복권 및 복권기금법」에 따라 배분된 복권수익금
 5. 「공공자금관리기금법」에 따른 공공자금관리기금으로부터의 예수금(預受金)
 6. 기금의 운용으로 생기는 수익금
 7. 그 밖에 대통령령으로 정하는 수입금

② 정부는 회계연도마다 예산의 범위에서 출연금을 세출 예산에 포함시켜야 한다.

제21조(기금의 사용 등)

① 기금은 다음 각 호의 사업을 위하여 사용할 수 있다. <개정 2016. 1. 27., 2017. 7. 26., 2018. 12. 11., 2019. 8. 20., 2020. 12. 8., 2021. 1. 26., 2021. 4. 20.>

1. 소상공인의 지속 성장을 위한 직접융자 등 자금 지원
2. 소상공인 과밀 업종의 사업전환 지원
3. 소상공인의 구조고도화 및 정보화 지원
4. 소상공인의 조직화·협업화 및 가맹사업화 지원
5. 소상공인공동물류센터 건립·운영 지원
6. 혁신형 소상공인 지원
7. 소상공인에 대한 교육 및 자문
8. 소상공인 창업(해외 창업을 포함한다)의 지원
9. 새로운 사업의 발굴·보급 및 관련 정보 제공
10. 소상공인 지원을 위한 전문인력 양성
11. 소상공인의 경영안정과 성장을 위한 조사 및 연구
12. 소상공인의 기술 개발 및 업종 간 교류 지원
13. 전통시장등에 대한 지원
14. 소상공인에 대한 인식 개선 등 소상공인 활력 제고에 관한 사항
15. 소상공인을 위한 방송 운영
16. 폐업 소상공인에 대한 취업 지원
17. 「대·중소기업 상생협력 촉진에 관한 법률」에 따라 중소기업 적합업종·품목으로 공표되었거나 사업조정 중인 업종의 소상공인에 대한 지원
17의2. 소상공인에 대한 고용보험료의 지원
18. 다른 기금으로부터의 차입금에 대한 원리금 상환

19. 「공공자금관리기금법」에 따른 공공자금관리기금으로 부터의 예수금에 대한 원리금 상환

20. 기금의 조성·관리 및 운용을 위한 경비의 지출

21. 전자상거래, 스마트 기기를 이용한 전자결제 시스템의 도입 등 상거래 현대화 지원

22. 소상공인 전용 모바일 상품권의 발행 및 유통 활성화 지원

22의2. 「재난 및 안전관리 기본법」 제3조제1호에 따른 재난의 발생으로 피해를 입은 소상공인에 대한 재정 지원

23. 소상공인 온라인 공동 판매 플랫폼 구축 지원

24. 소상공인의 세무·회계 처리 지원

25. 그 밖에 소상공인의 보호와 지원을 위하여 중소벤처 기업부장관이 위탁하는 사업

② 중소벤처기업부장관은 제1항 각 호의 사업을 수행하기 위하여 필요한 경우 전통시장등의 상인 등 소상공인이나 관련 단체 등에 대하여 대통령령으로 정하는 바에 따라 기금에서 보조금을 지급할 수 있다. <개정 2017. 7. 26.>

③ 중소벤처기업부장관은 기금을 사용하는 자가 그 기금을 지출 목적 외의 용도로 사용한 경우 등 대통령령으로 정하는 경우 에는 지출된 기금을 환수할 수 있다. <개정 2017. 7. 26.>

④ 제3항에 따른 기금의 환수는 국세 체납처분의 예에 따른다.

제22조(기금의 관리 및 운용)

① 기금은 중소벤처기업부장관이 관리·운용한다. <개정 2017. 7. 26.>

② 중소벤처기업부장관은 대통령령으로 정하는 바에 따라 기금 의 관리·운용에 관한 업무의 일부를 공단 등에 위탁할 수 있다. <개정 2017. 7. 26.>

③ 기금의 관리·운용자는 「국가재정법」 제66조에 따른 기금

운용계획에서 정하는 바에 따라 기금을 대출 등의 방법으로 운용할 수 있다.

④ 기금의 회계연도는 정부의 회계연도에 따른다.

⑤ 기금의 관리·운용자는 기금의 회계를 다른 회계와 구분하여 회계처리하여야 한다.

⑥ 제1항부터 제5항까지에서 규정한 사항 외에 기금의 관리·운용에 필요한 사항은 대통령령으로 정한다.

제22조의2(상환기간 연장 및 상환 유예)

① 공단은 제22조제3항에 따른 대출을 받은 자가 대출금을 상환하기 곤란하다고 인정되면 그 상환기간을 연장하거나 상환을 유예할 수 있다.

② 제1항에 따른 상환기간 연장 및 상환 유예의 기준 및 절차 등에 필요한 사항은 대통령령으로 정한다.
[본조신설 2019. 8. 20.]

제22조의3(이익금과 손실금의 처리)

① 기금의 결산에서 이익금이 생겼을 때에는 이를 전액 적립하여야 한다.

② 기금의 결산에서 손실금이 생겼을 때에는 제1항의 적립금으로 보전하고, 그 적립금으로 보전하고도 부족할 때에는 정부가 이를 보전한다.
[본조신설 2019. 8. 20.]

제22조의4(부실채권의 매각)

① 공단은 부실채권의 효율적인 회수와 관리를 위하여 필요하다고 인정하는 경우에는 중소벤처기업부령으로 정하는 바에 따라 부실채권을 상각 또는 매각할 수 있다.

② 제1항에 따라 부실채권을 매각하는 경우 다음 각 호의 자에게 매각할 수 있다. <개정 2019. 11. 26.>

 1. 「한국자산관리공사 설립 등에 관한 법률」 에 따라 설립된 한국자산관리공사

 2. 그 밖에 부실채권의 매매·관리를 전문으로 하는 자로서 대통령령으로 정하는 자

 [본조신설 2019. 8. 20.]

제22조의5(재난 시의 신속 지원)

공단은 「재난 및 안전관리 기본법」 제3조제1호에 따른 재난의 발생으로 영업에 심대한 피해를 입은 소상공인의 피해 복구를 위하여 융자 지원 등을 하는 경우 소상공인이 신속하게 지원받을 수 있도록 노력하여야 한다.

 [본조신설 2020. 12. 8.]

제23조(기금운용위원회)

① 기금의 관리·운용에 관한 주요 사항을 심의하기 위하여 중소벤처기업부에 기금운용위원회를 둔다. <개정 2017. 7. 26.>

② 제1항에 따른 기금운용위원회의 조직과 운영에 필요한 사항은 대통령령으로 정한다.

제6장 소상공인연합회

제24조(소상공인연합회의 설립 및 운영)

① 다음 각 호의 요건을 모두 갖춘 법인·조합 및 단체는 소상공인연합회(이하 "연합회"라 한다)를 설립할 수 있다.

 1. 회원의 100분의 90 이상이 소상공인일 것

 2. 대표자가 소상공인일 것

② 연합회는 법인으로 한다.

③ 연합회는 주된 사무소의 소재지에서 설립등기를 함으로써 성립한다.

④ 연합회를 설립하려는 자는 중소벤처기업부령으로 정하는 바에 따라 정관과 그 밖에 필요한 서류를 중소벤처기업부장관에게 제출하여 설립허가를 받아야 한다. <개정 2017. 7. 26.>

⑤ 연합회는 지역별 사업의 원활한 추진을 위하여 정관으로 정하는 바에 따라 지회(支會)를 둘 수 있다.

⑥ 연합회에 관하여 이 법에서 정한 것 외에는 「민법」 중 사단법인에 관한 규정을 준용한다.

⑦ 연합회의 설립 및 운영에 관한 사항과 그 밖에 필요한 사항은 중소벤처기업부령으로 정한다. <개정 2017. 7. 26.>

⑧ 이 법에 따라 설립된 연합회가 아닌 자는 소상공인연합회 또는 이와 유사한 명칭을 사용하여서는 아니 된다.

제25조(연합회의 사업)

① 연합회는 다음 각 호의 사업을 한다. <개정 2018. 12. 31.>
1. 소상공인 상호 간의 친목 도모를 위한 상부상조사업
2. 소상공인 창업, 투자 및 경영활동 등에 관한 정보 제공
3. 소상공인의 구매 및 판매 등에 관한 공동사업
4. 소상공인의 애로사항 해결을 위한 정책 건의
5. 소상공인을 위한 조사·연구 및 교육사업
6. 소상공인을 위한 정보의 수집·제공 및 정보화체계 구축·운영
7. 소상공인을 위한 세무·회계 및 법률 서비스 지원
8. 소상공인을 위한 조직화 지원사업
9. 그 밖에 연합회의 목적 달성을 위하여 정관으로 정하는 사업

② 정부와 지방자치단체는 연합회가 제1항에 따른 사업을 수행하는 데 필요한 비용을 지원할 수 있다.

제25조의2(보조금)

① 중소벤처기업부장관은 소상공인을 육성하기 위하여 예산의 범위에서 연합회 운영에 필요한 경비를 보조할 수 있다.

② 지방자치단체의 장은 소상공인을 육성하고 지역 사회를 개발하기 위하여 관할 구역에 있는 연합회 지회의 운영에 필요한 경비의 일부를 연합회를 통하여 보조할 수 있다. [본조신설 2018. 12. 31.]

제26조(지도·감독)

① 중소벤처기업부장관은 필요한 경우 연합회의 사무에 관하여 지도·감독할 수 있다. <개정 2017. 7. 26.>

② 중소벤처기업부장관은 제1항에 따른 지도·감독을 위하여 필요한 경우에는 연합회에 서류 등의 제출을 요구할 수 있다. 이 경우 연합회는 특별한 사유가 없으면 그 요구에 따라야 한다. <개정 2017. 7. 26.>

③ 연합회는 정관으로 정하는 바에 따라 연합회 정회원의 업무나 회계에 관하여 지도·감독하고, 연합회 정회원으로 하여금 업무나 회계에 관한 보고를 하게 하거나 감사를 받도록 명할 수 있다. <신설 2018. 12. 31.>
[제목개정 2018. 12. 31.]

제27조(행정명령)

① 중소벤처기업부장관은 연합회의 업무나 회계가 법령이나 정관에 위반된다고 인정되는 경우에는 기한을 정하여 업무의 시정과 그 밖에 필요한 조치를 명할 수 있다. <개정 2017. 7. 26.>

② 중소벤처기업부장관은 연합회가 제1항의 명령에 따르지 아니하면 임원의 해임 또는 연합회의 해산을 명할 수 있다. <개정 2017. 7. 26.>

③ 중소벤처기업부장관은 제2항에 따라 연합회의 해산을 명하려면 청문을 하여야 한다. <개정 2017. 7. 26.>

제7장 보칙

제28조(권한 등의 위임·위탁)

① 이 법에 따른 중소벤처기업부장관의 권한은 그 일부를 대통령령으로 정하는 바에 따라 소속 기관의 장이나 시·도지사에게 위임할 수 있다. <개정 2017. 7. 26.>

② 이 법에 따른 중소벤처기업부장관의 업무는 그 일부를 대통령령으로 정하는 바에 따라 다음 각 호의 자에게 위탁할 수 있다. <개정 2016. 3. 29., 2017. 7. 26., 2018. 12. 31.>

 1. 공단의 이사장
 2. 「신용보증기금법」 에 따라 설립된 신용보증기금의 이사장
 3. 「기술보증기금법」 제12조에 따라 설립된 기술보증기금의 이사장
 4. 「지역신용보증재단법」 제9조에 따라 설립된 신용보증재단의 이사장
 5. 연합회의 회장
 6. 그 밖에 소상공인에 대한 보호·지원 업무를 담당하는 기관의 장으로서 대통령령으로 정하는 자

제28조의2(벌칙 적용에서 공무원 의제)

심의위원회의 위원 중 공무원이 아닌 사람은 「형법」 제127조 및 제129조부터 제132조까지의 규정을 적용할 때에는 공무원으로 본다.

 [본조신설 2021. 7. 7.]

제8장 벌칙

제29조(벌칙)

① 제12조의5제4항을 위반하여 제공받은 정보를 이 법에 따른 손실보상 관련 업무 이외의 목적으로 사용한 자는 2년 이하의 징역 또는 2천만원 이하의 벌금에 처한다. <신설 2021. 7. 7.>

② 연합회가 제27조제1항에 따른 명령을 위반한 경우에는 1천만원 이하의 벌금에 처한다. <개정 2021. 7. 7.>

제30조(과태료)

① 제17조제9항을 위반하여 소상공인시장진흥공단 또는 이와 유사한 명칭을 사용한 자에게는 1천만원 이하의 과태료를 부과한다. <개정 2019. 8. 20.>

② 제24조제8항을 위반하여 소상공인연합회 또는 이와 유사한 명칭을 사용한 자에게는 3백만원 이하의 과태료를 부과한다.

③ 제1항과 제2항에 따른 과태료는 대통령령으로 정하는 바에 따라 중소벤처기업부장관이 부과·징수한다. <개정 2017. 7. 26.>

부칙 <제18105호, 2021. 4. 20.>
이 법은 공포한 날부터 시행한다. 다만, 법률 제17912호 소상공인 보호 및 지원에 관한 법률 일부개정법률 제21조제1항의 개정규정 은 2021년 4월 27일부터 시행한다

부칙 <제18292호, 2021. 7. 7.>
제1조(시행일)
이 법은 공포 후 3개월이 경과한 날부터 시행한다.
제2조(손실보상에 관한 적용례)
제12조의2의 개정규정은 이 법이 공포된 날 이후 발생한 손실

부터 적용한다. 다만, 정부는 공포된 날 전에 코로나바이러스
감염증-19와 관련하여 「감염병의 예방 및 관리에 관한 법률」
제49조제1항제2호에 따른 집합금지, 영업제한 등 행정명령으로
인하여 발생한 심각한 피해에 대해서는 조치 수준, 피해규모
및 기존의 지원 등을 종합적으로 고려하여 피해를 회복하기에
충분한 지원을 한다.

소상공인 생계형 적합업종 지정에 관한 특별법

[시행 2021. 2. 5.]

[법률 제16954호, 2020. 2. 4., 타법개정]

제1조(목적)

이 법은 소상공인이 생계를 영위하기에 적합한 업종을 지정하여 보호·육성함으로써 소상공인의 경영안정과 소득향상을 도모하고, 생존권을 보장하여 인간다운 생활을 누릴 수 있게 하며, 나아가 국민경제의 균형 있는 발전에 기여함을 목적으로 한다.

제2조(정의)

이 법에서 사용하는 용어의 뜻은 다음과 같다. <개정 2020. 2. 4.>

1. "소상공인"이란 「소상공인기본법」 제2조에 따른 소상공인을 말한다.

2. "소상공인단체"란 「대·중소기업 상생협력 촉진에 관한 법률」 제2조제7호에 따른 중소기업자단체 중 소상공인 회원사의 비율 또는 수가 대통령령으로 정하는 기준에 맞는 단체를 말한다.

3. "생계형 적합업종"이란 진입장벽이 낮아 다수의 소상공인이 영세한 사업형태로 그 업을 영위하고 있는 분야로서 제7조에 따라 중소벤처기업부장관이 지정·고시하는 업종·품목을 말한다.

4. "생계형 소상공인"이란 소상공인 중 생계형 적합업종을 영위하는 소상공인을 말한다.

5. "대기업등"이란 「대·중소기업 상생협력 촉진에 관한

법률」 제32조제1항 각 호의 어느 하나에 해당하는 기업을 말한다.

제3조(다른 법률과의 관계)
이 법은 생계형 적합업종의 지정·운영에 관하여 다른 법률에 우선하여 적용한다.

제4조(국가와 지방자치단체의 책무)
국가와 지방자치단체는 생계형 소상공인을 보호·육성하기 위하여 지역의 특성 등을 고려한 시책을 수립하여 시행하여야 한다.

제5조(생계형 소상공인 보호·육성 계획)
① 중소벤처기업부장관은 「소상공인기본법」 제7조제1항에 따른 소상공인 지원 기본계획과 같은 법 제8조제1항에 따른 소상공인 지원 시행계획을 수립하는 때에는 생계형 소상공인의 보호·육성을 위한 정책방향과 생계형 적합업종의 지정 및 해제에 관한 사항을 포함하여야 한다. <개정 2020. 2. 4.>

② 특별시장·광역시장·특별자치시장·도지사 및 특별자치도지사(이하 "시·도지사"라 한다)는 「소상공인기본법」 제8조제2항에 따른 지역별 소상공인 지원 시행계획을 수립하는 때에는 지역별 생계형 소상공인 보호·육성에 관한 사항을 포함하여야 한다. <개정 2020. 2. 4.>

제6조(생계형 적합업종 심의위원회)
① 생계형 소상공인의 보호·육성과 관련된 다음 각 호의 사항을 심의·의결하기 위하여 중소벤처기업부장관 소속으로 생계형 적합업종 심의위원회(이하 "심의위원회"라 한다)를 둔다.

1. 제7조에 따른 생계형 적합업종의 지정 및 해제에 관한 사항
2. 제8조제2항에 따른 대기업등의 생계형 적합업종 사업의 인수·개시 및 확장의 승인에 관한 사항
3. 제11조제1항에 따른 대기업등에 대한 영업범위 제한의 권고에 관한 사항
4. 그 밖에 생계형 소상공인의 보호·육성과 관련하여 중소벤처기업부장관이 필요하다고 인정하는 사항

② 심의위원회는 위원장 1명을 포함하여 15명 이내의 위원으로 구성한다.

③ 심의위원회의 위원은 다음 각 호의 사람을 중소벤처기업부장관이 위촉하며 위원장은 위원 중에서 중소벤처기업부장관이 임명한다.

1. 소상공인·중소기업·중견기업·대기업을 대변하는 단체 또는 법인이 추천한 사람 각 2명
2. 적합업종에 관한 전문지식과 경험이 풍부한 사람으로서 「대·중소기업 상생협력 촉진에 관한 법률」 제20조의2에 따른 동반성장위원회(이하 "동반성장위원회"라 한다)가 추천한 사람 2명
3. 경제·산업 및 소상공인 정책에 관한 학식과 경험이 풍부한 사람 중에서 대통령령으로 정하는 기준에 따른 사람 5명 이내

④ 그 밖에 심의위원회의 구성과 임기, 회의 및 운영 등에 필요한 사항은 대통령령으로 정한다.

제7조(생계형 적합업종의 지정 등)
① 소상공인단체는 다음 각 호의 어느 하나에 해당하는 업종·품목에 대하여 생계형 적합업종으로 지정할 것을 제2항에 따른 동반성장위원회의 추천을 거쳐 중소벤처기업부장관

에게 신청할 수 있다.

1. 「대·중소기업 상생협력 촉진에 관한 법률」 제20조의4
에 따라 적합업종으로 합의 도출된 업종·품목 중 1년
이내에 그 합의 기간이 만료되는 업종·품목

2. 「대·중소기업 상생협력 촉진에 관한 법률」 제20조의4
제1항에 따라 적합업종의 합의 도출이 신청된 업종·품목
중 대기업등이 사업을 인수·개시 또는 확장함으로써 해당
업종·품목을 영위하고 있는 소상공인이 현저하게 피해를
입거나 입을 우려가 있어 대통령령으로 정하는 바에 따라
이를 시급히 보호할 필요가 있는 경우에 해당하는 업종·품목

3. 제3항에 따라 생계형 적합업종으로 지정·고시된 업종·
품목 중 1년 이내에 그 지정 기간이 만료되는 업종·품목

② 제1항에 따라 소상공인단체가 생계형 적합업종의 지정을
신청할 때 동반성장위원회는 해당 업종·품목이 생계형
적합업종에 부합하는지 여부를 판단하여 생계형 적합업종
으로 지정할 것을 중소벤처기업부장관에게 추천할 수 있다.
이 경우 동반성장위원회는 다음 각 호의 사항이 포함된 추천
의견을 중소벤처기업부장관에게 제시하여야 한다.

1. 해당 업종·품목에 대한 실태조사 결과

2. 해당 업종·품목 관련 대기업등 및 소상공인단체, 전문가
등의 의견

3. 제1항제1호 또는 제2호에 해당하는 업종·품목에 대해서는
「대·중소기업 상생협력 촉진에 관한 법률」 제20조의4에
따른 적합업종 합의 도출이 진행된 경우 그 경과

③ 중소벤처기업부장관은 동반성장위원회가 제2항에 따라
생계형 적합업종의 지정을 추천한 날부터 3개월 이내에
심의위원회의 심의·의결에 따라 생계형 적합업종을 지정·

고시하여야 한다. 다만, 중소벤처기업부장관이 필요하다고 인정하는 경우 1회에 한정하여 3개월 이내의 범위에서 그 기간을 연장할 수 있다.

④ 생계형 적합업종 지정에 관한 구체적인 심의기준은 업종 내 사업체 규모 및 소득의 영세성, 안정적 보호 필요성, 소비자 후생 및 산업경쟁력에 미치는 영향 등을 종합적으로 고려하여 중소벤처기업부장관이 고시한다.

⑤ 제3항에 따른 생계형 적합업종의 지정 기간은 그 고시일부터 5년으로 한다.

⑥ 중소벤처기업부장관은 제5항에도 불구하고 생계형 적합업종 지정·고시 후 시장의 현저한 변화 등으로 인하여 그 지정의 해제가 필요하다고 판단되는 경우 5년이 경과하지 아니하더라도 심의위원회의 심의·의결에 따라 생계형 적합업종의 지정을 해제할 수 있다.

⑦ 그 밖에 생계형 적합업종의 신청·추천, 심의, 지정·고시 및 해제에 필요한 사항은 대통령령으로 정한다.

제8조(대기업등의 참여제한)
① 대기업등은 생계형 적합업종의 사업을 인수·개시 또는 확장해서는 아니 된다.

② 중소벤처기업부장관은 제1항에도 불구하고 소비자 후생 및 관련 산업에의 영향을 고려하여 불가피하다고 인정되는 경우에는 심의위원회의 심의·의결에 따라 대기업등이 생계형 적합업종의 사업을 인수·개시 또는 확장할 수 있도록 승인할 수 있다.

③ 제2항에 따른 승인 기준 및 절차 등에 필요한 사항은 대통령령으로 정한다.

제9조(시정명령)

① 중소벤처기업부장관은 제8조를 위반하여 생계형 적합 업종의 사업을 인수·개시 또는 확장한 대기업등에 대하여 대통령령으로 정하는 바에 따라 기간을 정하여 위반과 관련된 행위의 시정을 명할 수 있다.

② 중소벤처기업부장관은 제1항에 따른 시정명령을 받은 대기업등이 정당한 사유 없이 그 시정명령을 따르지 아니하는 경우 대통령령으로 정하는 바에 따라 그 내용 등을 공표할 수 있다.

제10조(이행강제금)

① 중소벤처기업부장관은 대기업등이 제9조제1항에 따른 시정명령을 받은 후 정한 기간 내에 그 시정명령을 이행하지 아니하면 위반행위와 관련된 매출액의 100분의 5를 넘지 아니하는 범위에서 대통령령으로 정하는 금액을 이행강제금으로 부과·징수할 수 있다.

② 제1항의 이행강제금은 중소벤처기업부장관이 시정을 명한 날을 기준으로 매년 2회의 범위에서 시정명령이 이행될 때까지 반복하여 부과·징수할 수 있다.

③ 중소벤처기업부장관은 대기업등이 시정명령을 이행한 경우 새로운 이행강제금의 부과를 즉시 중단하되, 이미 부과된 이행강제금은 징수하여야 한다.

④ 중소벤처기업부장관은 체납된 이행강제금을 국세 체납 처분의 예에 따라 징수한다.

⑤ 중소벤처기업부장관은 이행강제금을 부과하기 전에 이행강제금을 부과·징수한다는 것을 미리 문서로 알려 주어야 하고, 이행강제금을 부과할 경우에는 이행강제금의 금액,

부과사유, 납부기한, 수납기관, 이의제기 방법, 이의제기 기관 등을 구체적으로 밝힌 문서로 하여야 한다.

⑥ 그 밖에 이행강제금의 부과·징수에 필요한 사항은 대통령령으로 정한다.

제11조(대기업등에 대한 권고 등)

① 중소벤처기업부장관은 제7조제3항에 따른 생계형 적합업종의 지정·고시 당시 해당 업종·품목을 영위하고 있는 대기업등에 대하여 심의위원회의 심의·의결에 따라 3년 이내의 기간을 정하여 품목·수량·시설·용역과 판매촉진활동 등 영업범위를 제한할 것을 권고할 수 있다.

② 중소벤처기업부장관은 제1항에 따른 권고를 받은 대기업등이 정당한 사유 없이 권고에 따르지 아니하는 경우 대통령령으로 정하는 바에 따라 그 권고 대상이나 내용 등을 공표할 수 있다.

③ 제1항의 권고에 관한 기준 및 절차 등에 필요한 사항은 대통령령으로 정한다.

제12조(대기업등에 대한 지원)

정부는 제11조제1항에 따라 사업의 품목·수량·시설·용역과 판매촉진활동 등을 제한한 대기업등에 대하여 금융·세제상의 지원을 할 수 있다.

제13조(권한 또는 업무의 위임·위탁)

① 중소벤처기업부장관은 이 법에 따른 권한의 일부를 대통령령으로 정하는 바에 따라 시·도지사에게 위임할 수 있다.

② 중소벤처기업부장관은 이 법에 따른 업무의 일부를 대통령령으로 정하는 바에 따라 관계 기관·단체 또는 법인에 위탁할 수 있다.

제14조(자료제출 요구 및 조사)

① 중소벤처기업부장관은 다음 각 호의 어느 하나에 해당하는 경우 필요하다고 인정되면 관련 단체 또는 대기업 등에게 자료제출을 요구하거나 소속 공무원으로 하여금 그 사무소·사업장 및 공장 등에 출입하여 장부, 서류, 시설 및 그 밖의 물건을 조사하게 할 수 있다.

1. 제7조에 따른 생계형 적합업종의 지정 및 해제를 위하여 실태를 파악하기 위한 경우

2. 제8조제2항에 따라 대기업등이 생계형 적합업종의 사업을 인수·개시 또는 확장하는 것이 불가피한지 여부를 파악하기 위한 경우

3. 제10조제1항에 따른 이행강제금의 부과 업무에 필요한 경우

② 제1항에 따른 자료제출 요구 및 조사의 절차·방법 등에 필요한 사항은 「행정조사기본법」에서 정하는 바에 따른다.

③ 동반성장위원회는 관련 대기업등 및 소상공인단체에 대하여 제7조제2항에 따른 실태조사, 의견청취 등에 필요한 자료의 제출 또는 회의참석을 요청할 수 있다.

제15조(벌칙)

다음 각 호의 어느 하나에 해당하는 자는 2년 이하의 징역 또는 1억 5천만원 이하의 벌금에 처한다.

1. 제8조제1항을 위반하여 생계형 적합업종의 사업을 인수·개시 또는 확장한 자

2. 거짓 또는 그 밖의 부정한 방법으로 제8조제2항에 따른 승인을 받은 자

제16조(양벌규정)

법인의 대표자나 법인 또는 개인의 대리인, 사용인, 그 밖의

종업원이 그 법인 또는 개인의 업무에 관하여 제15조에 해당하는 위반행위를 하면 그 행위자를 벌하는 외에 그 법인 또는 개인에게도 해당 조문의 벌금형을 과한다. 다만, 법인 또는 개인이 그 위반행위를 방지하기 위하여 해당 업무에 관하여 상당한 주의와 감독을 게을리하지 아니한 경우에는 그러하지 아니하다.

제17조(과태료)

① 제14조제1항에 따른 자료를 정당한 사유 없이 제출하지 아니하거나 거짓으로 제출한 자 또는 조사를 거부·방해 또는 기피한 자에게는 1천만원 이하의 과태료를 부과한다.

② 제1항에 따른 과태료는 대통령령으로 정하는 바에 따라 중소벤처기업부장관이 부과·징수한다.

부칙 <제16954호, 2020. 2. 4.> (소상공인기본법)

제1조(시행일)

이 법은 공포 후 1년이 경과한 날부터 시행한다.

제2조부터 제6조까지 생략

제7조(다른 법률의 개정)

①부터 ⑥까지 생략

⑦ 소상공인 생계형 적합업종 지정에 관한 특별법 일부를 다음과 같이 개정한다.

제2조제1호 중 "「소상공인 보호 및 지원에 관한 법률」 제2조에 따른 소상공인"을 "「소상공인기본법」 제2조에 따른 소상공인"으로 한다.

제5조제1항 중 "「소상공인 보호 및 지원에 관한 법률」 제6조제1항에 따른 소상공인 지원 기본계획"을 "「소상공인기본법」

제7조제1항에 따른 소상공인 지원 기본계획"으로, "같은 법 제6조제3항에 따른 소상공인 지원 시행계획"을 "같은 법 제8조 제1항에 따른 소상공인 지원 시행계획"으로 하고, 같은 조 제2항 중 "「소상공인 보호 및 지원에 관한 법률」 제6조제4항에 따른 지역별 소상공인 지원 시행계획"을 "「소상공인기본법」 제8조 제2항에 따른 지역별 소상공인 지원 시행계획"으로 한다.

⑧부터 ⑯까지 생략

제8조 생략

◨ 편저 프랜차이즈창업연구회 ◨

◨ 법률감수 김태구 ◨

□ 건국대학교 법학과 졸
□ 1984년 제26회 사법시험 합격
□ 경찰대학 교무과장
□ 강서경찰서 서장
□ 경찰청 외사3 담당관
□ (현)변호사

창업에서 각종 정부지원정책으로

소상공인! 이렇게 생존합시다!

2022년 2월 10일 인쇄
2022년 2월 15일 발행

편 저 프랜차이즈창업연구회
감 수 김태구
발행인 김현호
발행처 법문북스
공급처 법률미디어

주소 서울 구로구 경인로 54길4(구로동 636-62)
전화 02)2636-2911~2, 팩스 02)2636-3012
홈페이지 www.lawb.co.kr

등록일자 1979년 8월 27일
등록번호 제5-22호

ISBN 978-89-7535-996-5 (13360)

정가 18,000원

 이 도서의 국립중앙도서관 출판예정도서목록(CIP)은 서지정보유통지원시스템 홈페이지(http://seoji.nl.go.kr)와 국가
 자료종합목록 구축시스템(http://kolis-net.nl.go.kr)에서 이용하실 수 있습니다. (CIP제어번호 : CIP2020009923)

소상공인! 이렇게 생존합시다!

이 책에서는 소상공인에게 지원되는 다양한 각종 지원제도와 창업을 위한 절차,
경영에 대한 자세한 노하우와 음식점 운영자가 꼭 알아 두어야 할 사항과
지원제도를 알기 쉽게 체계적으로 정리하였습니다.

이러한 자료들은 법제처의 생활법령과 중소벤처기업부, 소상공인시장진흥공단,
한국소비자원의 홈 페이지를 참고하였으며, 이를 종합적으로 정리, 분석하여
누구나 이해하기 쉽게 편집하였습니다.

13360

9 788975 359965

ISBN 978-89-7535-996-5

18,000원